■I■ 新时代区域协调发展机制研究书系 ■I■

本书是国家自然科学基金青年项目"成渝城市群城市弹性的时空演变与优化路径研究（71804119）"的阶段性成果，同时得到了四川省社科联、四川省教育厅人文社会科学重点研究基地四川旅游发展研究中心2018年度一般项目"高铁对四川省县域旅游经济发展的影响研究（LYC18-25）"、2021年度重点项目"四川旅游业高质量发展新动能培育的路径研究（LY21-03）"的资助。

Gaosu Tielu Jianshe yu Zhongguo Quyu Lüyou Chanye Fazhan
Shizheng Yanjiu

高速铁路建设与
中国区域旅游产业发展
实证研究

孙根紧　何蔓莉◎著

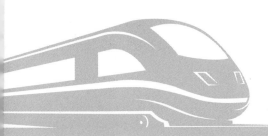

西南财经大学出版社
中国·成都

图书在版编目（CIP）数据

高速铁路建设与中国区域旅游产业发展实证研究/孙根紧,何蔓莉著.
—成都:西南财经大学出版社,2022.6
ISBN 978-7-5504-5309-8

Ⅰ.①高…　Ⅱ.①孙…②何…　Ⅲ.①高速铁路—工程建设—关系—
区域旅游—旅游业发展—研究—中国　Ⅳ.①F592.7

中国版本图书馆 CIP 数据核字（2022）第 052878 号

高速铁路建设与中国区域旅游产业发展实证研究

孙根紧　何蔓莉　著

策划编辑:高小田
责任编辑:高小田
责任校对:雷　静
封面设计:墨创文化
责任印制:朱曼丽

出版发行	西南财经大学出版社(四川省成都市光华村街 55 号)
网　　址	http://cbs.swufe.edu.cn
电子邮件	bookcj@swufe.edu.cn
邮政编码	610074
电　　话	028-87353785
照　　排	四川胜翔数码印务设计有限公司
印　　刷	四川五洲彩印有限责任公司
成品尺寸	170mm×240mm
印　　张	12.75
字　　数	236 千字
版　　次	2022 年 6 月第 1 版
印　　次	2022 年 6 月第 1 次印刷
书　　号	ISBN 978-7-5504-5309-8
定　　价	78.00 元

前言

　　交通基础设施是地区旅游业发展过程中至关重要的影响因素之一。交通可达性在一定程度上决定了旅游目的地的消费市场半径和旅游接待规模，而交通工具的便捷性和舒适性直接影响着旅游者的旅行体验和旅游满意度。在某些特殊情况下，交通方式本身也可以成为颇具特色的旅游吸引物，决定着旅游者的目的地选择情况。因此，旅游交通在旅游业发展过程中扮演着重要角色。

　　近年来，高速铁路作为现代科技在交通运输领域应用与创新的重要形式，实现了井喷式的快速发展，其发展速度和总体规模令人瞩目。高速铁路以便捷、快速、舒适、安全等优点赢得了旅游者的青睐，日益成为人们外出旅行的首选交通方式。对旅游目的地来说，随着高速铁路的开通和高速铁路网络的形成，不仅会扩大旅游市场半径，还会在更大区域范围内改变旅游流的走向和速度。与此同时，资金流、技术流、信息流等社会经济发展因素也会沿着高速铁路网络加快流动，从而为区域旅游经济带来新的发展契机与内在活力。

　　旅游消费不仅是提高居民生活幸福感的重要手段，也是居民消费升级的重要领域。大众旅游时代已经到来，旅游消费需求已成为居民刚性需求。以市场为导向的旅游产业发展日益成为旅游目的地经济发展的重要增长极，实现旅游产业高质量发展已成为多数地区实现经济社会发展的重要内容之一。高速铁路作为一种高效的现代化交通工具，将在中国旅游业发展过程中发挥重要作用。因此，在中国旅游业与高速铁路建设同时飞速发展的背景下，有必要及时掌握高速铁路建设对区域旅游经济变化影响的动态规律，量化分析高速铁路建设对旅游业发展的影响效应和作用机制，这对推动中国旅游业高质量发展具有重要参考意义。

本书基于产业经济学、旅游经济学与交通经济学相关理论，利用定性分析与定量分析相结合、总体分析与案例分析相结合、实证分析与规范分析相结合等分析方法，围绕高速铁路开通的区域旅游产业发展效应展开研究。具体而言，本书的主要研究内容包括以下七个方面：

第一，理论基础与文献综述。本书在详细介绍了相关概念和理论基础之后，分别从交通基础设施与旅游发展、高速铁路与旅游发展、高速铁路与区域旅游经济发展等方面对相关文献进行了梳理，并对现有研究进行评述。

第二，理论框架。本书阐述了高速铁路开通推动区域旅游经济发展的内在机制，并构建了高速铁路建设的区域旅游经济发展效应机制模型。

第三，现状分析。本书在回顾中国高速铁路建设历程的基础上，介绍了目前中国高速铁路客运的现状。同时，介绍了我国旅游经济发展的总体情况，以及国内旅游经济和入境旅游经济发展情况。

第四，区域旅游经济发展效应检验。本书使用 2003—2017 年中国 284 个地级市平衡面板数据，运用双重差分模型实证检验高速铁路开通对中国区域旅游经济发展的整体影响效应，以及对不同类型城市旅游经济的异质性影响，并从旅游供给视角验证了高速铁路开通影响区域旅游经济的机制渠道。

第五，城市旅游产业效率提升效应分析。本书利用 2004—2020 年省级面板数据，使用 Tobit 模型实证分析了高速铁路开通对中国区域旅游产业效率的促进效应，并从地理区位、旅游发展水平等方面进行了异质性分析。

第六，案例分析。本书以四川省为研究对象，围绕高速铁路开通对省级旅游经济发展效应、沿线城市旅游经济联系、区域通达性与旅游经济耦合协调关系展开研究。

第七，研究启示。本书基于理论分析和实证分析结果，对高速铁路沿线城市旅游发展提出针对性建议，以期在高速铁路时代各地能更好地利用高速铁路资源发展旅游事业，实现将旅游业发展为各地区战略性支柱产业的目标。

本书的主要研究结论如下：

第一，高速铁路开通对中国旅游经济发展具有显著的正向影响效应。在1%的显著性水平下，高速铁路的开通促进了城市旅游总人次和旅游总收入、国内旅游人次和国内旅游收入、入境旅游人次和入境旅游收入的增长。高速铁路开通对不同类型城市旅游经济的影响效应呈现异质性特征。劳动力市场、财政收入和创新环境这三大因素在高速铁路促进区域旅游经济增长的过程中起到了部分中介作用。

第二，高速铁路建设显著提升了中国区域旅游业生产效率，包括旅游产业综合效率、旅游产业纯技术效率和旅游产业规模效率。同样，高速铁路建设对区域旅游生产效率的促进效应具有地理区位和旅游发展水平等层面的异质性。

第三，高速铁路开通对四川省旅游经济发展起到显著的正向促进作用。同时，四川出省高速铁路强化了沿线城市之间的旅游经济联系。与高速铁路开通前相比，沿线城市的旅游经济潜能同比增加了172.2%以上，城市的旅游可达性增强。四川省各地级市高速铁路建设与旅游经济系统的耦合协调度在不断提升，但两系统间的耦合协调机制影响了整个地区的资源流动。在马太效应的作用下，成都市成了两系统协调发展的增长极。成都市的辐射带动作用日渐显现，周边城市的旅游经济联系度在其带动下快速上升，其中广元市旅游经济增长速度最快。

基于本书的研究结论，笔者对各地区在高速铁路时代如何促进旅游经济发展提出以下对策建议：一是正确看待高速铁路旅游效应，加强区域旅游合作；二是了解客源市场需求，开展精准产品服务营销；三是培育旅游产品特色，提升旅游供给质量；四是健全公共服务体系，完善基础设施支撑。

　　本书可能存在的创新之处有以下三点：

　　第一，研究视角的创新。本书基于要素流动视角从旅游需求和旅游供给两个方面分析高速铁路影响区域旅游经济的内在机制，并从聚集效应和扩散效应的角度阐述了高速铁路开通产生区域旅游经济异质性影响的主要机理，从理论层面更为系统地反映高速铁路影响区域旅游经济及形成区域差距的具体路径。

　　第二，研究对象的创新。现有文献多以国内外旅游总人次、总收入或国内旅游人次、收入作为衡量地区旅游经济的指标，而鲜有研究实证探究高速铁路开通对区域入境旅游经济的影响。为更全面地衡量旅游经济产出，本书进一步搜集了入境旅游人次和收入的数据，分别以旅游总体、国内旅游和入境旅游为研究对象分析高速铁路开通的区域旅游经济影响效应。

　　第三，研究内容的创新。在异质性影响效应检验部分，基于区位、规模、等级、旅游资源禀赋、旅游公共服务质量、其他交通基础设施发达程度等标准将地级市样本进行了细分。相较于现有文献，本书对城市类型的划分更为多样，对高速铁路的区域旅游经济异质性影响效应的分析更加全面。在机制检验部分，本研究利用面板数据从供给层面实证检验了高速铁路影响旅游经济发展的内在机制，验证了理论分析的合理性。同时，实证检验了高速铁路建设对中国区域旅游业的生产效率的影响，进一步挖掘高速铁路建设旅游发展效应的产生机制。另外，以四川省为案例，考察高速铁路建设对城市旅游经济联系、旅游经济潜能、旅游经济发展等方面的影响。

本书的主要执笔人是四川农业大学商旅学院孙根紧副教授和福州大学经济与管理学院旅游管理专业博士研究生何蔓莉。孙根紧设计了本书的整体撰写框架，并负责全书统稿。全书的具体分工情况如下：孙根紧撰写第一章和第六章，何蔓莉撰写第二章、第三章和第五章，孙根紧和何蔓莉共同撰写第四章和第八章，孙根紧与王苓、周於春、李彩奕、黄希共同撰写第七章。

本书的第二、三、四、五章是在何蔓莉硕士学位论文的基础上修改完善得来的。另外，本书部分章节在《西部经济管理论坛》和《中国西部》等国内学术期刊上发表过。在此，对上述刊物允许本书使用上述文献表示感谢。

在本书的写作过程中，我们参考了学术界已有的研究成果和其他形式的文献资料，对引用情况我们都以脚注的形式予以标注。在此，向各位给予我们研究基础与研究启示的作者表示由衷的感谢。此外，要特别感谢西南财经大学出版社高小田女士对书稿进度的把握和高效细致的编校。

我们从多角度、多层面就高速铁路建设对我国区域旅游产业发展影响的研究仍带有探索性质，加之笔者水平有限、时间仓促，本书的研究成果肯定存在诸多不足，希望各界专家学者不吝赐教。

孙根紧

2022 年 1 月

目录

1 绪论

1.1 研究背景

1.1.1 高速铁路建设为中国旅游业发展提供机遇

纵观全球发展历程，几乎每一次交通运输技术的突破都会对人类社会经济活动产生深刻而长远的影响，交通基础设施的发展被认为是实现"经济起飞"的重要前提条件①。旅游活动是人类社会、经济、文化发展到一定阶段的必然产物，其发展与交通运输条件密切相关②。在旅游六大要素中，"行"是关键环节之一，其依托的交通基础设施是旅游系统中不可分割的一部分。在旅游业蓬勃发展的今天，旅游与交通之间的联系和作用愈加紧密。交通基础设施对地区通达性的保障不仅是旅游资源开发和目的地建设的重要前提，其便利度更是反映了一个国家或地区的旅游业发达程度③，交通领域的任何革命性新技术的应用都将对旅游业产生重大影响。

1825 年，世界上第一条铁路在英国正式投入运营。这无疑颠覆了当时以人力或畜力为主要动力源的陆路交通运输概念，移动速度的加快及客运舒适度的提升使得铁路成为旅客出行的优先选择④。自此，旅游发展史上的"铁路时代"正式开启，这也为后来托马斯·库克通过包租火车的方式组织世界上第一次团体旅游活动进而拉开近代旅游业的序幕做了铺垫。然而，随着社会生产力和居民生活水平的提高，加之公路交通和航空运输的异军突起，旅客对交通

① ROSTOW W W. The stages of economic growth: a non-communist manifesto [M]. Cambridge: Cambridge University Press, 1960.

② 李天元. 旅游学概论 [M]. 7 版. 天津：南开大学出版社, 2014.

③ 保继刚，楚义芳. 旅游地理学 [M]. 3 版. 北京：高等教育出版社, 2012.

④ 田里. 旅游经济学 [M]. 3 版. 北京：高等教育出版社, 2016.

工具的运行速度和乘坐体验有了更高要求。普通铁路的运输效率难以满足日益变化的社会经济发展需求，由此，在集成各国动力、轨道等先进科研技术的基础上，高速铁路（以下简称"高铁"）应运而生。1964 年，世界上第一条高铁——东海道新干线在日本建成通车建成。随后，法国的 TGV 高速列车、德国的 ICE 特快列车先后于 1981 年、1991 年通车。至此，日本、法国、德国成为世界三大高铁技术输出国。20 世纪 80 年代末 90 年代初，世界高铁技术进入快速发展阶段，更多国家和地区投入高铁建设热潮之中，形成了以欧洲为代表的全国性和跨越国境的国际性区域高铁网。自 20 世纪 90 年代中期以后，高铁建设在世界范围呈现出全面发展趋势。据国际铁路联盟的数据，至 2016 年年底，日本、法国、德国、中国、美国、西班牙、意大利、比利时、俄罗斯、荷兰、英国、奥地利、波兰、瑞士、韩国、土耳其等已经拥有高铁。

中国高铁技术的研发和规划虽起步较晚，但建设发展成果举世瞩目。目前，无论是高铁的建设规模、运营里程还是运营速度均居世界首位，形成了具有中国特色的高铁自主创新发展模式。2003 年 10 月 12 日，由中国自主设计、建造的第一条高铁——秦沈客运专线正式通车，拉开了中国"高铁时代"的序幕。2008 年 8 月 1 日，京津城际高铁开通运营，这是中国第一条运营速度达 350 千米/小时的高铁，标志着中国高铁技术跻身世界先进行列。自此，高铁的规划与建设在国内开始快速发展。根据 2018 年国务院政府工作报告，2017 年年底中国高铁运营里程已超过 2.5 万千米，是世界其余高铁建设总里程的两倍。目前，中国"四横四纵"的高铁客运网络已基本建成，在未来还将进一步加大高铁建设的投资力度，加强高铁网络覆盖、紧密区域之间的联系，"八横八纵"的高铁运输格局指日可待。高铁的网络化建设不仅提高了我国的交通运输能力，还将对我国社会经济发展产生愈加深刻的影响。

高铁是现代高科技在交通运输领域应用与创新的重要形式，具有典型的外部性和公共性。作为一种社会先行资本，高铁也是国内政府宏观调控、促进经济增长的重要手段[1]。基于高铁突出的通达性、快捷性、舒适性等客运优势，其产生的影响主要集中在与旅游相关的活动[2]。在 2015 年举行的中国旅游产业发展年会"高铁旅游传播论坛"上，来自各地区的旅游相关管理部门、企业和行业协会的与会专家们在"高铁将改变中国旅游发展格局"这一观点上

---

① 崔百胜，杨晓勤. 交通基础设施对区域经济增长的空间溢出效应 [J]. 城市问题，2017 (7)：48-59.

② NAKAMURA H, UEDA T. The impacts of the Shinkansen on regional development [C] //The Fifth World Conference on Transport Research, Yokohama, 1989：3.

达成共识，同时也对在高铁时代旅游业发展面临的机遇与挑战表示高度关注。鉴于高铁在旅游业中的优良特征，浓郁的丽江民族文化风情的"七彩云南文化旅游列车（丽江号）"①、浙江首趟高铁旅游专列路线等众多专门以高铁为卖点的旅游线路不断涌现，而且深受旅游消费者的欢迎②。长江三角洲地区已经建成了旅游高铁网络，实现了高铁与城际高铁相连接，将区域内各个旅游景区景点串联成"游玩一条龙"的旅游线路，以方便游客外出旅行交通需求，明显促进了区域旅游业发展③。黑龙江大力推动"快旅慢游"交通旅游体系建设，通过融入全国高铁旅游网来提升旅游目的地的进入性和通达性，有效推动旅游业发展的供给侧改革④。中国社会科学院财经战略研究院、中国社会科学院旅游研究中心和社会科学文献出版社共同发布的《旅游绿皮书：2020—2021年中国旅游发展分析与预测》指出，高铁作为新时代的国家名片，能够产生巨大的时空压缩效应；未来应坚持品牌化发展方向，打造"中国高铁旅游"品牌；中国应完善高铁旅游线路的产品开发，打造中长干线高铁旅游产品、开发省内/铁路局管内的高铁短途游产品、积极发展"高铁+旅游"新业态、完善高铁旅游全产业链服务能力⑤。

1.1.2　旅游业在经济与社会发展中扮演重要角色

习近平总书记在 2013 年俄罗斯"中国旅游年"开幕式上的致辞中提出，"旅游是综合性产业，是拉动经济发展的重要动力"⑥。旅游业作为国民经济的一个相对独立的综合性产业，其综合性体现在旅游资源的综合性、旅游要素的综合性、旅游消费的综合性、旅游产品的综合性、旅游市场的综合性、旅游管理的综合性和旅游功能的综合性七个方面⑦。旅游业的综合性决定了它具有巨

① 徐华陵，李娜．"七彩云南文化旅游列车"（丽江号）今日启程［OL］．［2021-07-27］．http://www.yn.xinhuanet.com/original/2021/07/27/c_1310090141.htm.

② 许文峰，张牧，董会成，等．浙江首趟高铁旅游专列启程［EB/OL］．［2021-05-27］．https://m.thepaper.cn/baijiahao_12800526https://m.thepaper.cn/baijiahao_12800526.

③ 辰辰爱旅游．长三角组建旅游高铁网，实现高铁与城际高铁相连，促进旅游业发展［EB/OL］．［2021-05-27］．https://baijiahao.baidu.com/s? id=1703253107489110128&wfr=spider&for=pc.

④ 林都伊春：完善"快进慢游"旅游交通体系 融入全国高铁旅游网［EB/OL］．［2021-06-11］．https://baijiahao.baidu.com/s? id=1702246650126881321&wfr=spider&for=pc.

⑤ 中国高铁旅游大有潜力可挖 高质量发展大势所趋［EB/OL］．［2021-04-29］．https://baijiahao.baidu.com/s? id=1698334718243118156&wfr=spider&for=pc.

⑥ 习近平．在俄罗斯中国旅游年开幕式上的致辞［EB/OL］．［2013-03-23］．http://www.gov.cn/ldhd/2013-03/23/content_2360500.htm.

⑦ 梁文生．准确把握旅游产业综合性这一基本特征［EB/OL］．［2018-11-27］．https://www.pinlue.com/article/2018/11/2716/527682385446.html.

大的产业关联效应和带动效应，不仅集吃、住、行、游、购、娱等行业于一体，还可以带动区域文化、体育、科技、工业、农业、林业、海洋、水利等所有相关产业发展。综合性的产业特征使得旅游业更好地发挥在扩大内需、增加就业、改善民生、促进和谐中的积极作用。研究发现，中国旅游业发展对经济增长具有显著影响①。中国旅游研究院、国家旅游局数据中心发布的《2017 年中国旅游经济运行分析和 2018 年发展预测》指出，2017 年旅游发展的国内外环境持续优化，旅游经济继续保持良好运行态势，旅游对国民经济和社会就业的综合贡献率都将超过 10%②；到 2020 年旅游对国民经济的综合贡献度达到 12%③。

习近平总书记在中央全面深化改革委员会第十五次会议上强调，加快形成以国内大循环为主体、国内国际双循环相互促进的新发展格局，是根据我国发展阶段、环境、条件变化做出的战略决策，是事关全局的系统性深层次变革。在推动形成以国内大循环为主体、国内国际双循环相互促进的新发展格局中，打通消费堵点、加快培育新型消费是重要一环，以消费升级引领供给创新、以供给提升创造消费新增长点，使社会再生产的循环动力持续增强，实现更高水平的供需平衡，更好地发挥消费在国内国际双循环新发展格局中的基础性和引领性作用，具有重要而深远的意义。国家统计局《2016 年国民经济和社会发展统计公报》显示，2016 年我国最终消费支出对经济增长的贡献率为 64.6%，消费对经济增长的"稳定器"和"压舱石"作用日趋显现。随着人们生活水平的提高和消费方式的转变，旅游消费已成为中国"消费升级"的关键领域。

改革开放 40 多年来，中国居民旅游消费水平不断提高，在提升人们生活质量和推动国民经济发展方面发挥了重要作用。国家统计局的数据显示，2018年中国国内旅游花费支出为 51 278.3 亿元，人均旅游花费为 925.8 元，分别占居民总消费和人均消费的 14.48% 和 3.65%，分别比"十二五"末增长49.96% 和 8.03%。中国旅游研究院和银联商务股份有限公司联合发布的《中国旅游消费大数据报告 2019》显示，旅游消费的消费总支出占比达 18.8%，正逐渐成为人们生活消费的刚需。2019 年，国务院印发《国务院办公厅关于

① 毛丽娟，夏杰长. 旅游业发展对区域经济增长影响研究 [J]. 河海大学学报（哲学社会科学版），2021，23（3）：71-79.

② 旅游对国民经济综合贡献率将逾 10% [EB/OL]. [2017-12-22]. http://www.xinhuanet.com/politics/2017-12/22/c_129772314.htm.

③ 海南省旅游景区协会. 发改委：旅游对国民经济贡献度 2020 年将达 12% [EB/OL]. [2019-02-21]. https://www.sohu.com/a/296305913_797714.

进一步激发文化和旅游消费潜力的意见》提出了9项激发文化和旅游消费潜力的政策举措。党的十九大报告提出，中国特色社会主义进入新时代，中国社会的主要矛盾已经转化为人民日益增长的美好生活需要和不平衡不充分的发展之间的矛盾。作为五大幸福源泉之首，旅游业实现平衡充分发展以满足人们日益升级的和品质化的旅游消费需求，提高人们生活品质，是解决中国社会主要矛盾的重要途径之一。与此同时，中国经济发展已从高速增长阶段进入高质量发展阶段，亟须发挥消费的引领作用，培育形成新的供给力量。旅游消费作为消费升级的重要内容之一，将在新动能培育和国民经济发展过程中扮演重要角色。

1.1.3 高铁建设对旅游发展的影响效应值得探讨

当前，国内高铁网络化发展所形成的交通优势，改变了居民的出游方式，为各地区旅游经济发展带来了更多契机与活力。但不可忽视的是，基于我国差异性的城市区位条件，高铁过境可能会对地区旅游经济产生不同程度的影响效应，促进或制约区域旅游业发展[1]。对大多数城市而言，高铁或许只是作为城市的"过道"，未能发展成为拉动其旅游消费增长的"引擎"[2]。因此，高铁开通对区域旅游业发展的影响表现出"双刃性"，负面效应主要表现为"虹吸效应"和"过道效应"拉大地区之间的旅游发展差距，正面效应是通过"扩散效应"强化区域旅游一体化发展[3]。高铁建设从总体层面促进了旅游业的快速发展，但对不同区位条件或不同旅游资源禀赋的城市，其影响效应异质性表现是什么样的值得探讨。

由此，深入探究高铁开通影响区域旅游经济的内在机制和实际效应，一方面，能较为客观地反映出高铁对区域旅游经济的影响程度，掌握在现代化交通系统冲击下区域旅游经济的运行规律；另一方面，能为旅游目的地城市进行旅游规划开发以及旅游线路开发和产品设计提供经验指导，以促进区域旅游经济效益提升及可持续发展。

基于此，本书提出了如下研究问题：

（1）高铁开通对中国区域旅游经济是否有影响？如果有影响，其影响方

---

① 汪德根，陈田，陆林，等. 区域旅游流空间结构的高铁效应及机理：以中国京沪高铁为例 [J]. 地理学报，2015，70（2）：214-233.

② 姚红. 高铁开通对旅游消费的影响及其区域异质性研究 [J]. 商业经济研究，2021（6）：189-192.

③ 汪德根. 高铁网络时代区域旅游空间格局 [M]. 北京：商务印书馆，2016.

向和程度是什么样的？

（2）高铁影响区域旅游经济的内在机制是什么？可否对其内在机制进行实证检验？

（3）对不同类型的城市，高铁对其旅游经济的影响效应存在异质性吗？

（4）从生产效率看，高铁对城市旅游业发展的影响是什么样的？这样的影响是否也存在异质性？

（5）就特定地区而言，高铁建设将如何影响其旅游经济发展？在未来高铁建设和旅游发展过程中，如何采取针对性措施来推动旅游经济高质量发展？

本书尝试通过理论分析和实证检验对上述问题做出相对系统和科学的回答。

1.2 研究意义

1.2.1 理论意义

高铁为旅游业发展带来了不容小觑的外部冲击。当前，学术界围绕高铁建设与旅游业发展领域已进行了系列研讨，而把高铁作为重要影响因素，聚焦高铁的区域旅游经济发展效应的实证研究还比较欠缺。因此，本书从旅游需求、供给等视角，系统分析高铁对区域旅游经济的影响，厘清高铁影响区域旅游经济的内在机制和影响效应，并利用计量经济学的方法加以实证检验。这是对高铁时代下区域旅游经济发展规律的有益补充，有利于促进区域旅游经济发展学术研究的深化，进一步丰富区域旅游经济发展影响因素的理论研究支撑。从这个角度看，本书关于高铁的区域旅游发展效应研究具有一定的理论价值。

1.2.2 实践意义

本书的实践意义不仅体现在未来高铁网络构建过程中旅游发展因素的考虑，还体现在旅游高质量发展过程中高铁要素的纳入。作为旅游系统的重要组成部分，高铁的开通对旅游客源市场需求、目的地规划、产业要素布局等方面都有重要影响。但由于国内高铁发展时间较短、地区开通情况各异，学术界和社会实践各部门对高铁运行产生的旅游经济效应的认识还不够系统和全面。本书的研究结论将有助于旅游行政主管部门、旅游企业和旅游行业组织等深入了解高铁开通对区域旅游经济带来的外部冲击，提高旅游产业领域对高铁开通效应的重视程度，为未来深化区域旅游合作、旅游产品设计、旅游市场营销等提供理论依据和数据参考。同时，本书的研究结论也将为高铁规划、建设，以及后续经停车次安排方面更多考虑经济社会发展带动效应，基于旅游流规模和空间流向的考虑来构建高铁网络，为高铁旅游发展提供经验证据。

1.3 研究目的与研究思路

1.3.1 研究目的

本书的研究目的包括以下三个方面：

（1）从理论层面分析高铁开通影响区域旅游经济的内在机制。通过归纳总结国内外相关文献和相关理论的主要观点与研究成果，构建高铁开通影响区域旅游经济的理论框架，以明晰高铁开通如何影响区域旅游经济，为后续的实证研究部分的开展做好理论铺垫。

（2）实证检验高铁开通对区域旅游经济的影响效应。以全国地级市面板数据为支撑，利用计量经济学方法实证分析高铁开通对区域旅游经济的整体影响，并对比不同类型城市旅游经济受到的异质性影响，基于旅游供给视角检验高铁开通影响区域旅游经济的机制渠道，以全面呈现和客观评估高铁的旅游经济影响效应，为对策建议的提出提供科学凭证。

（3）根据研究结论对地区旅游管理部门和相关企业对于在高铁时代如何发展区域旅游经济提出对策建议，以发挥高铁对旅游经济更大、更有效的促进作用。

1.3.2 研究思路

本研究遵循"问题提出—理论分析—实证检验—对策建议"的研究思路，基于产业经济学、旅游经济学与地理经济学相关理论，利用定性分析与定量分析相结合、总体分析与案例分析相结合、实证分析与规范研究相结合等方法进行分析。首先，基于高铁的运输特性和时空压缩效应构建了高铁建设的旅游业发展效应理论模型；其次，在总体描述中国高铁建设和区域旅游业发展状况的基础上，分别利用计量经济回归模型对中国高铁建设的旅游业发展效应进行实证检验，并以成西高铁与四川省进行特定线路和区域案例分析；最后，根据研究结论，对如何在高铁快速发展背景下，推动中国旅游业实现区域旅游合作、旅游线路设计、旅游产品开发等方面提出对策建议。

1.4 研究内容与研究方法

1.4.1 研究内容

本书基于产业经济学、旅游经济学与交通经济学相关理论，利用定性分析与定量分析相结合、总体分析与案例分析相结合、实证分析与规范分析相结合等方法进行分析。研究内容主要包括高铁开通的区域旅游产业发展效应理论分析，高铁开通对旅游产业全要素生产效率的影响效应，并以成西高铁与四川省进行特定线路和区域案例分析。本书的研究内容主要包括以下七个方面：

第一，理论基础与文献综述。本书详细介绍了研究过程中所需的相关核心概念，包括高铁、旅游产业、旅游经济和区域旅游经济等，为后续研究做好概念准备。本部分围绕研究主题，简洁地介绍了经济增长理论、新经济地理理论、交通经济带理论和旅游系统理论，为后续研究奠定理论基础。继而分别从交通基础设施与旅游发展、高铁与旅游发展、高铁与区域旅游经济发展等方面对相关文献进行梳理，并对现有研究进行评述，总结其研究不足和未来拓展研究空间，为本书进一步研究寻求研究启示。

第二，高铁开通推动区域旅游经济发展的理论分析框架。本书理论分析包括两个方面的内容：一是高铁运输特性与时空压缩效应，二是高铁开通对区域旅游经济的影响效应，具体包括旅游需求、旅游供给和区域旅游市场异质性三个方面。在理论分析的基础上，本书构建了高铁建设的区域经济发展效应机制模型。

第三，中国高铁与旅游经济发展现状。本书在回顾中国高铁建设历程的基础上，介绍了目前中国高铁客运现状。同时，从旅游收入和旅游接待人次两个维度分别介绍中国旅游经济发展总体情况以及国内旅游经济和入境旅游经济发展情况，较为清晰地描绘了中国高铁建设和旅游发展相互融、相互促进的总体轮廓。

第四，高铁开通的区域旅游经济发展效应检验。本书使用 2003—2017 年中国 284 个地级市平衡面板数据，运用双重差分模型（difference - in - differences，DID）实证检验高铁开通对中国区域旅游经济发展的整体影响效应，以及对不同类型城市旅游经济的异质性影响，并从旅游供给视角验证了高铁开通影响区域旅游经济的机制渠道。

第五，高铁建设的城市旅游产业效率提升效应分析。本书基于产业规模效应、区域合作效应和环境优化效应，以我国 30 个省级行政单位为研究样本，利用 2004—2020 年平衡面板数据，使用 Tobit 模型实证检验了高铁开通对中国区域旅游产业效率的促进效应，并从地理区位、旅游发展水平等方面进行了异质性分析。

第六，高铁建设对区域旅游经济发展影响的四川案例分析。具体包括以下四个方面的内容：一是利用 2003—2017 年四川省高铁开通和城市旅游面板数据，运用双重差分法实证分析了高铁开通对四川省旅游经济发展的影响效应；二是以宁蓉线、兰渝高铁、西成高铁三条高铁线路作为实例研究，在 ArcGIS 技术支撑下运用可达性模型和修正重力模型，分析高铁对沿线川内城市可达性的影响以及对沿线城市旅游经济联系带来的变化；三是以成都、绵阳、德阳、广元四个西成高铁沿线川内城市为研究样本城市，分析了西安—成都高铁对省内沿线城市旅游经济发展的影响；四是利用通达性模型、引力模型和耦合协调模型来分析区域高铁通达性与区域旅游经济的相互作用关系，并进一步阐述了较小空间尺度下两者之间的耦合协调机制。

第七，研究启示。基于理论分析和实证结果，从区域旅游合作、旅游产品供给、旅游市场营销、公共服务等方面对高铁沿线城市旅游发展提出有针对性的对策建议，以期各地在高铁时代能更好地利用高铁资源来发展旅游产业，深入挖掘旅游业发展新动能以实现旅游业发展新旧动能转换，推动区域旅游业纵深进行供给侧结构性改革以实现旅游业高质量发展，更好地发挥旅游业在推动区域经济社会发展和提升人们生活幸福感方面的基础性作用。

1.4.2 研究方法

在本书的研究过程中，主要采用以下四种研究方法：

第一，计量经济分析法。利用中国地级市以上城市面板数据，采用双重差分法从"有无"高铁通过和高铁通过"前后"的双重对比视角准确估计高铁开通对区域旅游经济的净影响效应，同时对高铁沿线不同类型城市受到的高铁旅游经济影响效应进行异质性对比分析，并从旅游供给角度检验高铁开通影响区域旅游经济的机制渠道；同时，利用 Tobit 模型考察了高铁建设对中国区域旅游业生产效率的影响。另外，利用双重差分法（DID）实证检验了高铁开通对四川省地级城市旅游业的影响效应。

第二，描述性统计分析法。本书利用可达性研究测算了四川省地级市旅游市场半径，利用旅游经济联系指数和潜能指数对四川省地级市旅游经济之间的关联性和发展潜能进行了测度，利用耦合协调模型对四川省地级市旅游经济发展与高铁建设之间的耦合协调程度进行了量化分析。

第三，逻辑演绎法。本书以相关文献以及经济增长理论、新经济地理理论、交通经济带理论和旅游系统理论为基础，从高铁客运特征和时空压缩效应入手，首先从旅游者出游决策、高铁沿线旅游流两个方面分析高铁对区域旅游需求的影响，其次从区域旅游生产要素流动视角探讨高铁对区域旅游供给的影响，最后基于高铁影响旅游的普遍现象和一般规律，系统总结高铁影响区域旅游经济的内在机制。

第四，文献分析法。通过查阅、收集高铁与区域旅游经济等方面的纸质和电子文献，分析、总结国内外相关研究成果，逐步掌握国内外最新研究进展和发展趋势，为本书寻求研究启示，并通过文献分析提炼出实证模型的相关变量等内容。

1.5　研究重点与研究难点

1.5.1　研究重点

本书的研究重点有三个方面：

第一，剖析高铁开通推动区域旅游经济发展的内在机理，构建高铁建设的区域旅游发展效应机制模型，为后续的实证分析提供理论基础；

第二，高铁开通的区域旅游经济发展效应的实证检验分析，包括实证检验高铁开通对区域旅游经济的整体影响效应和异质性影响效应，以及机制渠道检验和旅游产业效率提升效应分析；

第三，以四川省为例，就单条高铁线路、高铁网络对四川省旅游经济的空间联系、耦合性进行研究，且利用四川省高铁开通和城市旅游面板数据，运用双重差分法实证分析高铁开通对四川省旅游经济发展的影响效应。

1.5.2　研究难点

本书的研究难点有三个方面：

第一，高铁对区域旅游经济发展影响的理论分析，这部分内容既是研究重点也是研究难点。高铁网络和旅游发展是两个相互独立的系统，而且旅游业是综合性产业，影响因素众多，发展机制复杂，加之不同旅游目的地的经济社会结构因素和旅游产业发展因素大相径庭，如何从综合性和合理性角度去分析其中的内在机制是一个研究难点。

第二，在实证研究部分，如何选择合适的计量回归分析方法去对高铁开通的区域旅游经济发展效应进行实证检验分析，并实证检验高铁对旅游业发展影响的内在机制，为高铁旅游线路的开发提供经验证据。同样，旅游业发展内涵丰富，如何通过合适的方法去探究高铁建设对它的影响效应，并对内在机制进行实证检验是一个研究难点。

第三，如何基于理论分析和实证研究结论提出研究启示与对策措施是一个研究难点。高铁线路规划、选址涉及众多因素，同样旅游业发展也涉及众多因素，高铁建设与旅游发展涉及诸多部门，同时各地区经济社会结构因素和旅游资源禀赋差异性大。如何提出有针对性且兼具前瞻性和可操作性的对策建设是具有挑战性的任务。

1.6　可能的创新与存在的不足

1.6.1　可能的创新

本研究存在三个方面的创新之处：

第一，研究视角的创新。本书基于要素流动视角，从旅游需求和旅游供给两个方面分析高铁影响区域旅游经济的内在机制，并从聚集效应和扩散效应的角度阐述了高铁开通产生区域旅游经济异质性影响的主要机理，从理论层面更为系统地反映了高铁影响区域旅游经济及形成区域差距的具体路径。

第二，研究对象的创新。现有文献多以国内外旅游总人次、总收入或国内旅游人次、收入作为衡量地区旅游经济的指标，而鲜有研究实证探究高铁开通对区域入境旅游经济的影响。为更全面地衡量旅游经济产出，本书进一步搜集了入境旅游人次和收入的数据，分别以旅游总体、国内旅游和入境旅游为研究对象分析高铁开通的区域旅游经济影响效应。

第三，研究内容的创新。在异质性影响效应检验部分，基于区位、规模、等级、旅游资源禀赋、旅游公共服务质量、其他交通基础设施发达程度等标准将地级市样本进行了细分，相较于现有文献，本书对城市类型的划分更为多样，对高铁的区域旅游经济异质性影响效应的分析更加全面。在机制检验部分，利用面板数据从供给层面实证了高铁影响旅游经济发展的内在机制，验证了理论分析的合理性。

1.6.2　存在的不足

囿于作者能力水平和数据可得性，本书的研究存在三个方面的不足：一是本书基于供给视角考虑高铁建设对区域旅游经济的影响，尚未考虑高铁建设对旅游消费需求的影响。二是在核心解释变量的数据选择上，本书使用的是城市是否拥有高铁站点，但高铁发车频率才是影响旅游流的关键，也就是说，城市的高铁经停或发车频率才是关键，但是本书尚未搜集到足够的相关数据。三是虽然本书将研究的空间视角细化到地级城市层面，并以四川省为典型案例区域进行了分析，但缺少从旅游企业或旅游者层面考察高铁建设对旅游业发展产生的影响效应。这些不足都是笔者在未来研究中的努力方向。

1.7　本章小结

本章作为本书的开篇，主要对全书的研究思路和写作框架做出基本规划。

本章基于中国高铁建设和旅游业蓬勃发展的现实特征介绍了本书的宏观背景，阐述了本书的理论和现实意义，在介绍研究目的之后详细描述了本书的主要内容。在明确了研究思路之后，本章以研究技术路线图形式展示了研究逻辑和技术安排，并对研究方法进行简单介绍。本章基于研究内容和研究方法，对研究重点和研究难点进行分析，并归纳了本书的可能创新点和不足之处。

通过本章的论述，本书的研究脉络和写作安排基本得以体现。

2 理论基础与文献述评

2.1 相关概念

2.1.1 高铁

基础设施是指为居民生活和社会生产提供公共环境保障的物质工程设施和公共服务系统，不仅包括交通、电力、通信等提供工程设施、物质条件和有形资产的公共行业和部门，还包括文化、教育、科学技术等无形资产部分①。其中，交通基础设施属于有形的物质基础设施，是由公共部门为生产和消费运输服务提供的具有一定排他性和非竞争性的公共物品，基础性、建设周期长和投资规模大是其主要特点。目前，我国综合交通运输体系主要由公路、铁路、航空、水路和管道等运输类型组成。

高铁是交通运输体系中铁路运输系统的重要组成部分。在不同的时期、地域和机构，高铁的界定是存在差异的（见表2-1），但从已有的定义可以看出运行速度是区分高铁与普通铁路的主要因素。

表 2-1　高铁的定义汇总

机构	定义
国际铁路联盟（1962）	既有线路改造后列车时速超过 200 千米，或新建线路列车时速超过 250 千米，具有一定轨距限制的铁路
日本政府（1970）	列车在主要区间以 200 千米/小时以上速度运行的干线铁路
国际铁路干线协议(1985)	时速为 250 千米以上的新建客货运列车混用型高铁，或时速为 350 千米以上的新建客运列车专用型高铁

---

① 魏后凯. 现代区域经济学 [M]. 北京：经济管理出版社，2006.

表2-1（续）

机构	定义
欧盟委员会（1996）	新建铁路上时速超过250千米，改建铁路上时速超过200千米的铁路
世界高铁大会（2008）	拥有新建的高质量轨道线路以及特制的列车专用设备，并且时速不低于250千米的动车组列车
中国国家铁路局（2009）	新建设计开行250千米/小时（含预留）及以上动车组列车，初期运营速度不小于200千米/小时的客运专线铁路

一般来说，铁路速度可以划分以下5种：100~120千米/小时为常速、120~160千米/小时为中速、160~200千米/小时为准高速/快速、200~400千米/小时为高速、400千米/小时以上为特高速[1]。基于该速度划分标准以及国家铁路局对高铁的界定，本书将高铁定义为时速达200千米以上的铁路专线。

目前，在我国满足时速超过200千米这一标准的铁路线路有三种，分别是以G字为开头的高铁、以C字为开头的城际高铁以及以D字为开头的动车。其中，动车组的速度是200千米/小时级别，高铁和城际高铁的速度是300千米/小时级别。虽然这三种铁路运行类型在铁轨修建、硬件设施等方面有所区别，但在时速方面均满足高铁的基本界定，因此高铁、城际高铁和动车都属于本书的研究范围。

本书所关注的高铁开通具体是指高铁建设工程在某区域竣工通车并投入运营的一个客观现象，在实证检验中采用虚拟变量来衡量某区域是否开通了高铁。

2.1.2 旅游经济

旅游活动的界定随着学者研究角度和目的不同、时代背景的发展变化而一直没有统一定论。狭义的旅游活动的关注焦点在于旅游者的行为，是指人们出于休闲、娱乐、商务等除移民和就业以外的目的，暂时离开自己习惯并长久居住的生活环境并且前往异地所开展旅行、逗留访问等活动[2]。广义的旅游活动则是对与旅游直接相关的各类活动的总称，其中不仅包括旅游者的游览行为，还包括旅游开发者、经营者、管理者以及旅游科技、文化、教育人员所涉及并开展的系列旅游领域开发、经营、管理、宣传、教育等活动[3]。其中，广义的

---

① 王胜明. 中华人民共和国侵权责任法解读［M］. 北京：中国法制出版社，2010.
② 李天元. 旅游学概论［M］. 7版. 天津：南开大学出版社，2014.
③ 陈淑兰. 旅游经济学［M］. 北京：机械工业出版社，2011.

旅游活动概念从更为整体和系统的视角反映旅游要素之间的互动关系，有助于更好地理解旅游活动所涉及的范围。

旅游活动是具有经济属性的，旅游者在旅游的过程中必然伴随一系列生产消费活动。本书借鉴张立生（2016）①的界定，认为旅游经济是旅游需求者和旅游供给者通过市场交换形式所产生的相互经济联系，以及由此引发的不断变化和发展的经济现象与经济关系的总和。旅游经济的主体是旅游者、旅游产品供给者和旅游目的地国家（地方）政府，分别扮演了旅游市场供需双方和管理者的角色。旅游需求方的旅游欲望是潜在的旅游需求，其旅游行为、旅游流向决定了旅游活动及旅游经济现象的可能范围，而旅游供给方的生产能力、提供产品的类型和质量决定了旅游活动和旅游经济现象的实际范围，由此旅游产品成为双方联系的焦点（石斌，2013）。其中，劳动力、资本、技术等旅游生产要素是影响旅游产品生产的重要因素，其结构的改变将导致旅游生产结构、生产模式及产业结构发生明显变化，进而引发原有的旅游资源类型、出游方式甚至旅游流向发生较大改变②，进一步对区域旅游经济产生多方面的影响。

旅游经济的定量测度需基于一定指标。指标的选择，一方面，应符合旅游经济概念内涵，可以较为客观、有效地反映出地区旅游经济的总体水平和发展态势；另一方面，还需考虑指标在区域间的可比性和分析数据的可获取性。在当前的旅游经济相关实证研究中，旅游经济衡量指标的选择略有差异。其中，最常见的是以旅游收入来衡量的③，如吴媛媛与宋玉祥（2018）以国内旅游收入和旅游外汇收入综合反映区域旅游经济发展水平④。部分文献采用旅游企业营业收入作为地区旅游经济衡量指标⑤，如杨天英等人（2017）使用了包括旅行社、星级饭店、旅游景区和旅游车船公司等旅游企业的营业收入代表了省际旅游经济发展情况⑥。囿于数据的可获取性，这类数据多用于省级面板数据的

① 张立生. 旅游经济学 [M]. 北京：中国人民大学出版社，2016.

② 苏建军，朱海艳. 中国旅游投资水平的时空格局演变及驱动因素分析 [J]. 世界地理研究，2019，28（4）：144-155.

③ 王兆峰. 公路交通对旅游经济影响的评价分析：以武陵山区为例 [J]. 湖南师范大学社会科学学报，2018，47（1）：82-88.

④ 吴媛媛，宋玉祥. 中国旅游经济空间格局演变特征及其影响因素分析 [J]. 地理科学，2018，38（9）：1491-1498.

⑤ 吴玉鸣. 旅游经济增长及其溢出效应的空间面板计量经济分析 [J]. 旅游学刊，2014，29（2）：16-24.

⑥ 杨天英，李许卡，郭达. 不同旅游资源对区域旅游经济增长的影响研究：基于中国省际面板数据分析 [J]. 生态经济，2017，33（6）：105-109.

实证研究中。还有研究使用旅游收入和旅游人数共同衡量地区旅游经济[①]，以更好地反映旅游经济产出。

2.1.3 区域旅游经济

区域是与整体相对的一种概念，区域是整体的组成部分，同时某一特定区域自身也可被看作一个较小空间尺度的整体。社会经济活动的开展基于要素在时间维度和空间维度之上相互作用，在时间维度一定的情况下，在不同的空间尺度内事物运行的一般规律也存在显著区别。特别是在中国这样地大物博的空间版图上，区域之间原本就具有不平衡的发展态势，从越细化的空间视角探究区域要素配置问题，越有助于揭示在不同尺度下的社会经济事物发展规律，有利于学术领域和社会实践领域从不同层面了解国内社会经济发展现状与区域差异，为相关部门做出管理决策提供多视角的科学借鉴，进一步凸显研究的现实应用意义。

本书借鉴江孝君（2019）的定义，认为区域是基于一定标准对地球表面进行主观划分而得到的具有一定尺度、一定范围的地理空间单元，其由生态、社会、经济等多方面元素聚合形成，是具备一定功能且能有序动态运行的有机整体[②]。基于此，本书将区域旅游经济定义为，在某一确定的地理空间范围内，旅游经济是旅游需求者和旅游供给者通过市场交换形式所产生的相互经济联系，以及由此引发的不断变化和发展的经济现象及经济关系的总和。其主要表现为旅游者的旅游消费需求和旅游经营者的旅游经营收入的持续变化。

区域的尺度划分具有主观性，尺度标准的不同将造成各类型区域范围和界限的差异。当前，在国内的区域旅游经济相关研究中，学者们多基于不同级别的行政单元对区域范围进行界定，其中以省域[③]和地级市[④]为目标研究区域的

---

① 刘瑞明，李林，亢延锟，等.景点评选、政府公共服务供给与地区旅游经济发展 [J].中国工业经济，2018（2）：118-136；李光勤，胡志高，曹建华.制度变迁与旅游经济增长：基于双重差分方法的"局改委"政策评估 [J].旅游学刊，2018，33（1）：13-24.

② 江孝君.中国区域经济差异的多尺度时空演化特征及驱动机制研究 [D].长春：东北师范大学，2019.

③ 孙盼盼，戴学锋.中国区域旅游经济差异的空间统计分析 [J].旅游科学，2014，28（2）：35-48；程金龙.中国区域旅游经济差异演变及主导因素分析 [J].华东经济管理，2018，32（12）：56-62.

④ 于秋阳，颜鑫.区域旅游经济的时空分异及收敛性研究：以江苏省为例 [J].华东经济管理，2019，33（1）：11-18.

居多。为深入探究高铁开通的区域旅游经济效应，本书将选择地级市作为目标研究区域。其原因在于，一方面，相较于省际层面，基于地级市的区域研究视角有助于更深层次地反映高铁开通对区域旅游经济的影响规律，有利于进一步分析高铁引致的区域异质性旅游经济影响效应；另一方面，相较于县级或更低行政级别的区域单元，选择地级市为目标研究区域能更最大限度地保障旅游经济相关数据获取的全面性和完整性。

基于此，综合现有文献中学者对旅游经济衡量指标的选择，并考虑地级市旅游数据的可得性以及现有高铁旅游经济实证研究中在研究对象方面的不足，为全面反映地区旅游经济产出情况，本书拟采用国内外旅游总人次、国内外旅游总收入、国内旅游人次、国内旅游收入、入境旅游人次和国际旅游收入 6 个指标衡量区域旅游经济状况。

2.2 理论基础

高铁的旅游业发展效应研究是当前旅游经济发展和经济地理问题研究的焦点之一。它主要建立在以下四个方面的理论基础之上：一是新经济增长理论，二是新经济地理理论，三是交通经济带理论，四是旅游系统理论。下面我们分别从上述四个方面来追溯该主题研究的理论渊源。

2.2.1 新经济增长理论

现代经济增长理论发端于 20 世纪 40 年代的哈罗德-多马模型（Harrod-Domar Model），该模型将储蓄和资本投资视为经济稳定增长的主要因素，但其所阐释的是经济长期均衡增长的"刀锋条件"，不能解决长期增长的稳定性问题。罗伯特·索洛（Robert M. Solow）和斯旺（Swan）发现传统生产要素（劳动和物质资本）无法解释全部的经济增长，为此将外生的技术进步视为一种重要的生产要素引入解释模型中，从而建立了新古典增长理论（neoclassical growth theory）。该理论认为，经济长期均衡增长取决于外生的技术进步率，但它无法使长期增长在经济系统内部得到解释。随后，阿罗（Kenneth Arrow）、宇泽弘文（Hirofumi Uzawa）等人尝试通过将技术"内生化"来解释经济长期增长，但由于将技术进步归为生产经验的积累而无法解决"索洛剩余（Solow residual）"问题①。自 20 世纪 80 年代中期以来，以保尔·罗默（Paul Romer）和罗伯特·卢卡斯（Robert Lucas）为代表的一批经济学家，在将技术进步"内生化"的基础上创立了可以解释长期经济增长的理论——新经济增长理论（new economic growth theory）②。新经济增长理论并非一种达成共识的理论，而是一系列基于规模收益递增和不完全竞争的角度来说明一国经济如何实现长期增长的研究成果的总称，其最重要的共同特征是试图使增长率内生化，因而也称为内生性增长理论（endogenous growth theory）。

新经济增长理论与传统增长理论的重大差别在于，新经济增长理论认为经济发展的动力来自经济系统内部，而不是由外生的技术进步和人口增长所决定的。"内生增长的目的，就是理解技术知识与各种经济和社会结构特性之间的相互作用，以及这种相互作用如何导致经济增长。"③ 其理论的核心在于，假定"当资本存量增加时，其边际生产率不能减少为零"。在此假设下，规模收益递增保证长期成为可能。然而，在收益递增的前提下，"市场定价"的企业竞争行为不再是一个有效的假定。为此，新经济增长理论强调了两种机制：马歇尔学说的外部效应，张伯伦学说的产品多样性，即不完全竞争。阿罗（Arrow, 1962）④ 认为，技术进步是一个经济系统的内生变量，一个厂商进行投资不仅有助于提高自身的生产率，也会通过外溢推动这一经济系统中其他生产厂商效率的进一步提高。因此，他通过构建"边干边学"模型，试图将新古典经济增长模型中的外生性技术内生化，用技术的外部性来解释经济增长。罗默（Romer, 1986）⑤ 在《政治经济学》期刊上发表的"报酬递增与长期增长"一文中，进一步深化了阿罗（Arrow）的研究，提出了一个由外部性、报酬递减和新知识生产中的报酬三个要素共同构成的竞争性均衡模型，开辟了知识外溢和报酬递增的内生性增长思路的研究。他认为，知识是私人投资的产物，它具有极强的溢出效应，以至于知识溢出能够弥补因固定生产要素存在而

① ARROW, KENNETH J. The economic implications of learning by doing [J]. Review of economic studies, 1962, 29：156-172.

② ROMER P M. Increasing returns and long-run growth [J]. Journal of political economy, 1986, 94（5）：1002-1037；LUCAS ROBERT E, JR. On the mechanics of development [J]. Journal of monetory economies, 1988, 22：3-40.

③ 阿吉翁，霍伊特. 内生经济增长 [M]. 陶然，倪彬华，译. 北京：北京大学出版社，2004：2.

④ ARROW, KENNETH J. The economic implications of learning by doing [J]. Review of economic studies, 1962, 29：156-172.

⑤ ROMER P M. Increasing returns and long-run growth [J]. Journal of political economy, 1986, 94（5）：1002-1037.

引起的知识资本边际产品递减，从而使得知识投资的社会收益率保持不变或呈递增趋势。在社会投资过程中，知识溢出不断产生，社会收益率得以维持或提高，从而推动经济长期增长。卢卡斯（1988）[1] 将舒尔茨的人力资本和索罗的技术进步概念相结合并具体化为"每个人"的、"专业化的人力资本"，提出两资本模型。将技术进步解释为人力资本的溢出效应，说明经济增长是只有专业化的人力资本不断积累的结果。与上述学者提出技术进步源于资本（物质资本抑或人力资本）投资不同，巴罗（Barro，1999）[2] 认为技术进步表现为政府提供服务所带来的私人厂商生产率和社会生产率的提高。另外，大多数新经济增长模型强调了政策对经济增长的重要作用。

新经济增长理论提供了将社区、制度和包括学习、领导能力及社会资本在内的非传统经济变量视作区域经济发展进程中的主要投入的一种方式[3]。为了更好地分析各种发展要素在经济增长过程中的作用，新经济增长理论将这些发展要素区分为内生性因素和外生性因素。对外生性要素的作用而言，新经济增长理论的观点与传统经济增长理论一致，这些外生性要素的大规模投入可以在一定程度上推动一个国家或地区经济的增长，但是一旦这些外生性要素投入停止，这一经济系统的增长也随即停止。而新经济增长理论认为，即使是在封闭条件下，一个国家或地区的经济系统也可以实现增长和发展，其关键在于经济系统中内生性要素的存在。虽然一个国家或地区的经济增长受外生性要素的影响和更高阶条件的制约，但系统内生性要素的增加和积累可以扩大生产可能性边界，因此即使是完全内生或封闭的经济系统，通过内生变量的不断进步，区域经济系统也能得以自我维持和持续增长。

区域经济发展是区域发展的重要内容，是区域内部社会发展、政治发展和文化发展的基础。区域自我发展强调依赖区域系统内部力量来实现自身的发展，因而在一个区域内，经济实现内生性发展是实现区域自我发展的基本保障。一个地区的经济增长与发展涉及众多要素；但是一些外生性要素，诸如国际（区际）贸易、劳动力流动和迁徙、知识溢出和技术创新的扩散、商业周期以及资本流动等，虽然在一个地区的经济发展过程中起着十分重要的作用，

---

① LUCAS ROBERT E, JR. On the mechanics of development [J]. Journal of monetory economies, 1988, 22: 3-40.

② BARRO, ROBERT J. Economic growth in a cross section of countries [J]. Quarterly journal of economics, 1999: 106.

③ 斯廷森，斯托，罗伯茨. 区域经济发展分析与规划战略 [M]. 朱启贵，译. 上海：格致出版社，上海人民出版社，2012：289.

但这些因素并不在区域发展力量的控制范围之内。而一些内生性要素,诸如学习、领导能力、制度、物质基础设施和人力资本等,可以通过本土化发展来实现其作用的发挥。新经济增长理论致力于解释这些内生性要素在一个国家或地区经济增长中的作用,强调经济系统在增长过程中的自我推动作用,体现了区域内部系统依靠自身力量也能维持区域经济的增长和发展的观点。因此,新经济增长理论成为区域自我发展能力研究的主要理论基础之一。

2.2.2 新经济地理理论

新经济地理学(new economic geography)研究的蓬勃开展,与经济全球化和区域化的趋势日益显现不无关系①。它对"空间"的引入,在很大程度上弥补了主流经济学有意或无意地在经济研究过程中将空间忽略的遗憾。由于传统经济增长理论将报酬递减与完全竞争视为最基本的前提假设条件,它无法解释技术因素和制度因素推动现实经济增长的巨大作用。因此,经济学家提出了规模经济、报酬递增和不完全竞争假设前提,并通过构建新的经济增长模型来解释全球化背景下的经济现象②。新经济地理吸收了传统区位理论中的空间集聚和运输费用理论,强调由规模经济和运费的相互作用产生的内在集聚力,以及由于某些生产要素的不可移动性等带来的与集聚力相反的作用力,两者对空间经济活动的影响③。新经济地理所研究的主要内容大致可以分为两个方面:一是经济活动的空间聚集,二是区域经济增长收敛的动态变化。

在克鲁格曼(Paul R Krugman)和维纳布尔斯(Anthony J Venables)看来,空间集聚的动力主要来自三个方面:劳动力共享、中间产品的供求关系和技术外溢④。相对而言,克鲁格曼更关注资本外部性,强调资本外部性对于形成国家内部经济发展空间上的不平衡分布的重要性。交通运输成本和劳动力的可移动性是决定空间集聚的关键因素。资本外部性的相对规模、劳动力的转移性和交通成本将决定经济活动和财富在空间的配置。马丁(Martin Lawrence Weitzman)则强调区位竞争中的外部性问题⑤。在经济集聚过程中,赢得第一次区位竞争使得获胜区域对其他区域内部的企业具有较大的吸引力,所以参与

---

① 郭利平,沈玉芳. 新经济地理学的进展与评价 [J]. 学术研究,2003 (7):73-76.

② 王淑莉. 新经济地理与区域经济学研究述评:以区域为例 [J]. 广西社会科学,2006,132 (6):43-47.

③ 安虎森,等. 新经济地理学原理 [M]. 北京:经济科学出版社,2009:13-15.

④ 梁琦. 产业集聚论 [M]. 北京:商务印书馆,2006:7.

⑤ 郝寿义,安虎森. 区域经济学 [M]. 北京:经济科学出版社,2004:283-285.

最初区位竞争的第一个企业虽然可以获得较大的财政激励，但随后的其他企业却能够从该区域的产业聚集中形成外部经济中获益。对在区位竞争中获胜的区域而言，更重要的利益在于为随后进入的厂商提供了一个良好的环境。在同一区位的厂商数目随着外生的相对成本优势和内生的聚集优势的增加而增加，从而在竞争中获胜的区域形成低于产业簇群，使该区域走上一条自我发展的良性循环道路，由此产生和拉大区域经济发展差异。

关于地区经济增长收敛性动态变化的研究是新经济地理学关注的又一主题。在新古典经济增长理论中，假定资本和劳动收益递减，发展中国家因具有较低的人均资本存量而拥有较高的资本边际生产率和资本报酬率，由此可预测发展中国家应具有较快的增长速度，并最终赶上发达国家。但现实情况与新古典经济增长理论相去甚远。报酬递增生产函数则表明区域收敛率很慢，存在着内生变量和内生效应，区域将有条件地收敛于不同的区域稳定状态，而没有一个统一的稳定状态，由此在地区经济增长过程中存在收益递增。按照新经济地理学理论，资本外部性的相对规模、劳动力的可移动性和交通成本将决定经济活动和财富在空间配置上的区域整合程度。一方面，当资本外部性及劳动力的迁移通过区域整合增加时，新经济地理学模型将预言更大规模的空间集聚，富裕中心和较差的边缘区之间的差距将加大，经验结果也似乎支持这个预测；另一方面，如果区域之间仍然存在不可流动性，那么中心地区的劳动力和由于拥挤而带来的成本就会增加，并有利于经济活动的扩散和区域集聚的减弱。

2.2.3 交通经济带理论

随着近代社会生产力的提升，商业交易范围不断扩大、商品产量逐步增加，交通运输系统在保障社会经济生产活动顺利开展的过程中发挥着愈发重要的基础作用。在社会生产活动对交通运输通道的依赖性逐步增大时，人口、资源、信息等要素开始逐渐在交通枢纽处汇集且进一步形成城镇、产业集聚区，这样的现象引起了学者的重视，并由此衍生了交通经济带理论。

相较于其他经济理论，交通经济带理论更明确地把交通因素与区域经济发展现象相联系起来。从定义来看，交通经济带是指以区域布局的综合性交通运输通道为发展主轴，依托于交通轴上或其紧密吸引域内的大中城市或城镇，通过密切交通沿线各经济部门的生产联系和技术协作，在人口、资源、信息、产业、客货流量等要素的集聚与扩散作用下，形成的具有一定区域辐射范围的社会经济有机体和空间经济系统①。由此可以看出，交通干线、城市群和产业体系构成了交通经济带的三大核心要素，其中交通干线作为交通经济带形成的前提条件发挥了重要的连接和运输作用，不同的城市群构成了规模各异的增长极核，而产业的集聚、扩散及结构升级则是交通经济带得以维持并发展演化的重要动力。

交通经济带的形成和演化伴随显著的空间溢出效应。随着交通基础设施建设形成的放射化、网络化空间布局，其所辐射区域的各类产业要素将逐步在交通干线或枢纽处聚集，产生规模与传导效应。同时，主要增长极的劳动力、资金、信息等产业要素又将通过交通渠道扩散到次核心区，形成极核区对周边节点发展的涓滴效应，促使产业空间结构由"孤立节点"向"轴线状"和"网络化"演变。高铁作为一种快捷客运通道，起着发展轴的作用，将对城市旅游产业要素空间布局产生重要的影响。

2.2.4　旅游系统理论

20 世纪初期，系统论的思想开始进入人们视线。系统被认为是在特定的环境中，由若干个个体要素按照一定规律和结构形式经过系列相互作用与联结过程，进而形成的具备一定功能的有机整体②。其中，各类要素是系统的基本元素，但其不是孤立存在的，通过要素之间、要素与系统之间以及系统与环境之间的一定规律性联系与作用，将各类要素"点"进行"线"与"面"的连接最终形成一个立体系统。系统论强调要以整体视角看待事物关系与发展规律，同时也认为要从局部视角关注每一要素或环节的变化对系统整体带来的影响，如何有效协调各要素的关系、调整系统结构，使得系统实现优化目标是其主要目的。

旅游系统理论是系统论在旅游领域中的具体应用。旅游活动虽以旅游者个人体验为主要目的，但在旅游活动开展的过程中，旅游主体不仅需要与外界社会团体进行接触，还涉及与旅游交通、旅游资源等因素的互动，其本质就是一个带有旅游属性的复杂系统概念。由此，旅游活动可被看作一个为实现旅游价值，通过旅游者的活动将各种构成要素联合起来的旅游要素集合体。

当前，旅游系统理论已被学术界认同，但其内部元素的构成还难以统一。最先提出旅游系统模型的是美国学者 Gunn（1972），他以供给和需求的视角分

①　杨荫凯，韩增林. 交通经济带的基本理论探讨 [J]. 人文地理，1999（2）：6-10.
②　黎鹏. 区域经济协同发展研究 [M]. 北京：经济管理出版社，2003.

析了旅游系统的组成部分，并认为交通要素属于旅游系统中供给部分的五大子系统之一①。澳大利亚学者 Leiper（1979）强调旅游客源地、目的地和旅游通道是旅游系统中最重要的三要素，除此之外，旅游系统还包括旅游者、旅游业等要素②。保继刚（1996）认为，旅游客源地、旅游目的地、旅游通道要素共同构成了旅游系统③。吴必虎（1998）基于旅游活动性质和旅游学科对象将旅游系统具体划分为客源市场系统、出行系统、目的地系统以及支持系统④。

从以上国内外关于旅游系统的讨论可以看出，一方面，旅游系统的内部要素具有多样性、动态性和复杂性等特征，这使得旅游系统边界模糊化；另一方面，虽然学者们对旅游系统的元素构成有着不同看法，但旅游客源市场、旅游目的地市场和旅游通道三大核心要素在促进旅游系统形成和发展过程中发挥的重要作用一直是被重点讨论的内容。其中，包括交通因素在内的旅游通道起到了连接旅游需求系统和旅游供给系统的关键作用，为系统内部旅游者、劳动力、资金、信息等要素在个体和区域之间的流动建立起了沟通渠道。由此可见，交通因素是旅游系统不可剥离的一部分，无论是其规模数量还是其技术形式等方面的变化，都将对区域旅游发展产生连锁影响效应。

2.3 国内外文献综述

2.3.1 交通基础设施与旅游发展

交通基础设施作为地区发展的基础性因素和必要条件，其在影响旅游产业发展中发挥的重要作用普遍得到了学术界的认可与证实⑤。一方面，交通基础设施是旅游系统的重要组成部分⑥，其在满足游客出行和旅游产品生产要素运输基本需求的同时，也成为旅游供需市场连接的桥梁；另一方面，便利的交通

① LEIPER N. The framework of tourism: towards a definition of tourism, tourist, and the tourist industry [J]. Annals of tourism research, 1979, 6（4）: 390-407.
② GUNN C A. Vacation scape: designing tourist regions [M]. Texas: University of Texas Press, 1972.
③ 保继刚. 旅游开发研究: 理论、方法与实践 [M]. 北京: 科学出版社, 1996.
④ 吴必虎. 旅游系统: 对旅游活动与旅游科学的一种解释 [J]. 旅游学刊, 1998（1）: 20-24.
⑤ PRIDEAUX B. The role of the transport system in destination development [J]. Tourism management, 2000, 21（1）: 53-63; KHADAROO J, SEETANAH B. Transport infrastructure and tourism development [J]. Annals of tourism research, 2007, 34（4）: 1021-1032.
⑥ 汪德根. 高铁网络化时代旅游地理学研究新命题审视 [J]. 地理研究, 2016, 35（3）: 403-418.

条件不但是影响其他旅游产品实现价值的先决条件，其自身也是一种无形旅游吸引物，能在不同程度上满足游客在旅途中的游览、娱乐和体验等多重旅游需求①，现代化且舒适的旅游交通方式能显著提高游客满意度②。

当前，国内外学者围绕交通基础设施与旅游进行了多角度的研究，研究内容主要集中在旅游的通达性和流动性③、游客空间行为迁移规律④、游客需求和满意度影响⑤、旅游交通规划⑥、旅游目的地规划⑦、旅游系统组成⑧、区域旅游经济影响⑨、区域旅游空间影响⑩等方面。

从实证研究结果来看，现有的关于交通基础设施对旅游业发展影响的研究主要有以下三种结论：第一种结论认为，交通基础设施在影响地区旅游产业发展的过程中发挥了正向促进作用，且具有跨区域的正向空间溢出效应⑪。张茜与赵鑫（2018）利用全国 28 个省（自治区、直辖市）的面板数据，不仅从宏观层面证实了交通基础设施对旅游业整体发展起到的显著促进作用，还从微观的行业角度，实证了交通基础设施对星级酒店、旅行社和景区均存在显著的正

① 胡浩，王姣娥，金凤君.基于可达性的中小文化旅游城市旅游潜力分析［J］.地理科学进展，2012，31（6）：808-816.

② MO C, HOWARD D R, HAVITZ M E. Testing an international tourist role typology［J］. Annals of tourism research, 1993, 20（2）：319-335.

③ 李晓静，王兆峰.张家界旅游流与交通耦合协调发展研究［J］.资源开发与市场，2013，29（5）：529-532，552.

④ KOZAK M. Repeaters' behavior at two distinct destinations［J］. Annals of tourism research, 2001, 28（3）：784-807.

⑤ 汪丽，曹小曙.历史文化景区旅游交通满意度研究：以西安三大景区为例［J］.西北大学学报（自然科学版），2015，45（4）：665-669.

⑥ 陆锡明，李青华，朱浩.特大公园地区交通设施规划研究：以上海顾村公园地区为例［J］.城市交通，2017，15（1）：54-58，65.

⑦ 谢大伟，张诺.丝绸之路经济带新疆生态旅游业发展探析［J］.干旱区地理，2018，41（4）：844-850.

⑧ MURPHY P, PRITCHARD M P, SMITH B. The destination product and its impact on traveller perceptions［J］. Tourism management, 2000, 21（1）：43-52；龚胜生，吴清，张涛.湖北武陵山区旅游系统空间结构研究［J］.长江流域资源与环境，2014，23（9）：1222-1228.

⑨ 张广海，赵金金.我国交通基础设施对区域旅游经济发展影响的空间计量研究［J］.经济管理，2015，37（7）：116-126；DIMITRIOS D J, JOHN M C, MARIA S F. Quantification of the air transport industry socio-economic impact on regions heavily depended on tourism［J］. Transportation research procedia, 2017, 25：5242-5254.

⑩ 戴晓峰，张玲，陈方.旅游运输通道演化对区域旅游空间模式的影响机理：以云南省为例［J］.经济地理，2015，35（2）：202-208.

⑪ 赵磊，方成.中国旅游发展经济增长溢出与基础设施门槛效应实证研究［J］.商业经济与管理，2013（5）：49-59；ARBUÉS P, BANOS J F, MAYOR M. The spatial productivity of transportation infrastructure［J］. Transportation research part A：policy and practice, 2015, 75：166-177.

向溢出效应①。第二种结论认为，交通基础设施建设所产生的区域旅游影响效应不显著②。王淑新等人（2012）发现，公路交通条件的改善对西部地区旅游经济的发展影响不显著③。第三种结论认为，除非是地区发展需要，否则交通基础设施的新建在促进区域旅游业发展方面所发挥的影响作用并不大，甚至还有可能产生一定的阻碍作用④。由此可以看出，不同类型的交通基础设施在不同时期和地域的开通运营对区域旅游产生的影响存在较大差异。

从研究对象来看，学者已分别就公路⑤、铁路⑥、水路⑦、航空⑧等不同的交通运输类型对旅游业的影响进行了研究。其中，铁路运输是国内长距离旅游的运输骨干⑨，而高铁作为中国近十年开始大规模发展的交通运输方式，成为目前学术界和社会实践的关注热点。

2.3.2　高铁与旅游发展

与普通铁路交通相比，高铁运输更加舒适便捷，客运优势十分突出。由此，相较于生产性行业，高铁对更加依赖于人员和信息流动的知识密集型行业和服务行业发展的影响更为显著⑩。其中，旅游业是生活性服务业中的重点产业，高铁技术的研发和建设规模的扩大将对旅游系统产生全面且持续的影响。

①　ALBALATE D, BEL G. Tourism and urban public transport: Holding demand pressure under supply constraints [J]. Tourism management, 2010, 31（3）: 425-433.

②　张茜，赵鑫. 交通基础设施及其跨区域溢出效应对旅游业的影响: 基于星级酒店、旅行社、景区的数据 [J]. 经济管理，2018，40（4）: 118-133.

③　王淑新，王学定，徐建卫. 西部地区旅游经济空间变化趋势及影响因素研究 [J]. 旅游科学，2012，26（6）: 55-67.

④　PRIDEAUX B. Factors affecting bilateral tourism flows [J]. Annals of tourism research, 2005, 32（3）: 780-801.

⑤　王兆峰. 公路交通对旅游经济影响的评价分析: 以武陵山区为例 [J]. 湖南师范大学社会科学学报，2018，47（1）: 82-88.

⑥　杨春华，吴晋峰，周芳如，等. 铁路通达性变化对区域旅游业的影响: 以京津冀、长三角地区对比为例 [J]. 经济地理，2018，38（2）: 188-196.

⑦　阚如良，黄进，周军，等. 水利工程功能变迁及其遗产旅游开发 [J]. 资源开发与市场，2014，30（12）: 1521-1524.

⑧　KHAN S A R, QIANLI D, SONGBO W, et al. Travel and tourism competitiveness index: the impact of air transportation, railways transportation, travel and transport services on international inbound and outbound tourism [J]. Journal of air transport management, 2017, 58: 125-134.

⑨　保继刚，楚义芳. 旅游地理学 [M]. 3版. 北京: 高等教育出版社，2012.

⑩　HALL P. Magic carpets and seamless webs: opportunities and constraints for high-speed trains in Europe [J]. Built environment, 2009, 35（1）: 59-69.

当前，学者们从不同的研究内容、视角以及对象围绕高铁与旅游进行了相关探讨。

从研究内容来看，一是就高铁对旅游空间结构和竞争格局的影响效应进行了研究[①]。有着较高客运效率的高铁从时间维度和旅客心理维度缩短了相邻旅游目的地之间的现实距离，将零散景区连成一片，形成新的旅游目的地格局，让游客能在一次旅行中实现更大范围的游览。高铁有效节约了旅客在旅游交通上花费的时间成本，间接提升了旅客出游效用，在增强旅游目的地的吸引力的同时，也进一步加剧了区域旅游的利害关系竞争[②]。刘军林与尹影（2016）基于国内中小城市的视角，发现高铁的运行在改变旅游交通效用的同时，也加剧了对旅游目的地优胜劣汰的影响[③]。二是关注到高铁对其他旅游交通方式及可达性的影响（Cheng，2010），探讨了不同视角尺度下高铁网络如何影响交通节点间相互联系程度以及旅客到旅游目的地的便捷度[④]。Behrens 与 Pels（2012）对旅客从伦敦到巴黎的交通方式选择进行了市场调查，发现与选择飞机出行相比，约有51%的商务游客和70%的休闲游客更倾向于选择高铁作为出行交通工具，可以看出高铁在改变居民出游交通选择方面的空前影响力，高铁已占据当地主要旅游交通市场[⑤]。梁雪松（2012）认为，当前旅客对于旅游交通的需求逐渐从"通达度"向"快适度"转变，同时 600 千米是游客选择高铁或航空出行的分界点[⑥]。蒋海兵等人（2014）认为，当前日益增多的高铁交通节点显著增加了高铁沿线城市可达景点的数量，高铁沿线城市与景点成为高铁网络效应的主要受益者。三是探究了高铁运行对游客出游决策以及目的地

① GUTIERREZ J, GONZALEZ R, GOMEZ G. The European high-speed train network: predicted effects on accessibility patterns [J]. Journal of transport geography, 1996, 4 (4): 227–238; 穆成林，陆林. 京福高铁对旅游目的地区域空间结构的影响：以黄山市为例 [J]. 自然资源学报，2016, 31 (12): 2122–2136.

② MASSON S, PETIOT R. Can the high speed rail reinforce tourism attractiveness? The case of the high speed rail between Perpignan (France) and Barcelona (Spain) [J]. Technovation, 2009, 29 (9): 611–617.

③ 刘军林，尹影. 高铁交通体验对中小城市旅游空间结构的影响：以涪陵为例 [J]. 经济地理，2016, 36 (5): 190–194.

④ CHENG Y H. High-speed rail in Taiwan: new experience and issues for future development [J]. Transport policy, 2010, 17 (2): 51–63.

⑤ BEHRENS C, PELS E. Intermodal competition in the London-Paris passenger market: high-speed rail and air transport [J]. Journal of urban economics, 2012, 71 (3): 278–288.

⑥ 梁雪松. 旅游消费需求与交通工具选择的相关性研究：基于高铁与航空运输视角 [J]. 经济问题探索，2012 (11): 123–130.

选择等行为的影响①。冯英杰等人（2014）对南京市民进行问卷调查发现，高铁的开通对游客出游的时间和频率、旅游逗留的时间、出游方式和距离等方面有系统的影响②。Delaplace 等人（2014）利用回归模型研究了在高铁系统运行的情境下游客选择旅游目的地的影响因素，发现相较于罗马，巴黎的旅游业更依赖高铁③。Guirao 与 Campa（2015）运用计量经济模型对西班牙13 个不同省份的旅游业与高铁需求的交叉影响进行了统计分析，证实了旅游业对 HSR 需求有着积极影响，而高铁对游客旅游需求的影响还存在争议④。四是探讨了高铁对旅游产业要素结构及旅游规划的影响（Masson & Petiot，2009），旅游产业的结构和生产要素的流动都与旅游交通分不开，高铁开通使交通成本降低，这将对旅游产业发展和规划产生系列的连锁反应⑤。林上（2011）发现，高铁线路的运营使得"高铁休闲圈"和"高铁旅游圈"在东京到大阪之间形成，旅游产业进一步升级转型，上档次的商务宾馆明显增多⑥。黄泰等人（2014）从旅游资源吸引物、旅游者群体和城市旅游业等具体旅游要素入手，发现在高铁运行背景下，长三角地区都市圈城市旅游服务力格局呈现出典型的核心边缘结构模式⑦。五是探讨了高铁建设对旅游收益的影响⑧，认为高铁运行加速了劳动力、资金、信息等要素在区域之间的流动和重新布局，密切了地区之间与旅游相关的交流与合作，关注到旅游投资带来额外的发展效益。Banister 与 Berechman（2001）发现得益于高铁网的覆盖，加之大型赛事、展览的发展，英国的中西部地区约从商务旅游行业中获得了 66 亿英镑收入，并向社会提供了

---

① 崔莉，厉新建，张芳芳.郑西高铁乘客行为偏好与旅游发展分析 [J].地域研究与开发，2014，33（2）：94-98.

② 冯英杰，吴小根，刘泽华.高铁对城市居民出游行为的影响研究：以南京市为例 [J].地域研究与开发，2014，33（4）：121-125.

③ DELAPLACE M, PAGLIARA F, PERRIN J, et al. Can high speed rail foster the choice of destination for tourism purpose？[J]. Procedia-social and behavioral sciences, 2014, 111: 166-175.

④ GUIRAO B, CAMPA J L. The effects of tourism on HSR: Spanish empirical evidence derived from a multi-criteria corridor selection methodology [J]. Journal of transport geography, 2015, 47: 37-46.

⑤ MASSON S, PETIOT R. Can the high speed rail reinforce tourism attractiveness? The case of the high speed rail between Perpignan (France) and Barcelona (Spain) [J]. Technovation, 2009, 29 (9): 611-617.

⑥ 林上，冯雷.日本高速铁路建设及其社会经济影响 [J].城市与区域规划研究，2011，4（3）：132-156.

⑦ 黄泰，查爱欢，应南茜，等.高铁对都市圈城市旅游服务力格局演变的影响：以长三角都市圈为例 [J].经济地理，2014，34（11）：158-165.

⑧ 张春民，王玮强，李文添，等.基于面板数据的兰新高铁区域经济特性分析 [J].铁道科学与工程学报，2017，14（1）：12-18.

11.5万个就业岗位①。以上内容的研究为本书分析高铁影响区域旅游经济的作用路径提供了思路参考和理论支撑。

从研究视角来看，学术界多从旅游地理学研究视角研究国内高铁对旅游产生的影响，如黄泰等人（2017）基于旅游空间竞争模型，通过空间计量方法实证探究了长三角城市群在旅游空间竞争格局下宁杭高铁开通后的系列变化特征②。部分研究文献基于区域经济学视角进行研究，如颜麒等人（2013）将研究对象聚焦武广铁路，通过建立经济模型实证分析高铁开通对高铁沿线省域的国内旅游收入的影响③。有的基于产业发展学视角（Campa et al., 2016），如殷平等人（2016）探讨了在城际高铁开通的背景下，区域旅游产业内部以及与其他产业的融合路径和发展趋势④。还有的基于游客消费者行为学视角进行研究，如梁雪松（2012）认为，高铁的建设增加了旅客对旅游交通工具的选择空间，而这将对游客的旅游消费需求产生直接影响⑤。

从研究对象看，研究的空间尺度具有差异性，有的文献研究了中国高速网络整体对旅游带来的影响，如蒋海兵等人（2014）基于全国尺度，利用最短路径算法与网络分析技术测度了高铁通车前后旅游可达性空间格局与变化⑥。部分文献对某一特定地理空间内高铁的旅游发展进行了探究，如于秋阳与杨斯涵（2014）以西安市为研究对象，运用回归模型分析法实证了西安高铁对地区旅游经济结构与总量的影响及贡献⑦。还有的文献对某一特定高铁的旅游发展进行研究，如王洁与刘亚萍（2011）探讨了以武广高铁的开通对武汉市城

① BANISTER D, BERECHMAN Y. Transport investment and the promotion of economic growth [J]. Journal of transport geography, 2001, 9（3）：209-218.

② 黄泰，席建超，葛全胜. 高铁影响下城市群旅游空间的竞争格局分异 [J]. 经济地理，2017, 37（8）：182-191.

③ 颜麒，张邱汉琴，吴晨光. 武广高铁对沿线省区旅游发展影响效应实证研究 [J]. 北京第二外国语学院学报，2013, 35（7）：26-31, 87.

④ CAMPA J L, LÓPEZ-LAMBAS M E, GUIRAO B. High speed rail effects on tourism: Spanish empirical evidence derived from China's modelling experience [J]. Journal of transport geography, 2016, 57：44-54；殷平，何赢，袁园. 城际高铁背景下区域旅游产业的深度融合发展 [J]. 新视野，2016（1）：81-85, 100.

⑤ 梁雪松. 旅游消费需求与交通工具选择的相关性研究：基于高铁与航空运输视角 [J]. 经济问题探索，2012（11）：123-130.

⑥ 蒋海兵，刘建国，蒋金亮. 高铁影响下的全国旅游景点可达性研究 [J]. 旅游学刊，2014, 29（7）：58-67.

⑦ 于秋阳，杨斯涵. 高铁对节点城市旅游业发展的影响研究：以西安市为例 [J]. 人文地理，2014, 29（5）：142-148.

市旅游发展的影响①。马丽君和刘聪（2021）利用自回归分布滞后模型
（ADL）、皮尔逊相关检验等方法分析高铁开通对昆明旅游流流量、年内季节分
布、客源市场结构的影响，结果发现，高铁开通对旅游地旅游流的影响是全
面、复杂和长期的，并非对每年旅游流都有促进作用，而且昆明自开通高铁以
后，首位度指数和地理集中度指数变大，客源市场越来越集中，高铁开通对客
源市场的影响存在区域差异和距离衰减②。

2.3.3　高铁与区域旅游经济

当前，学者基于不同区域围绕高铁与旅游经济进行了系列定性和定量
研究。

在定性研究方面，学者们一般基于某一地区旅游产业发展情况，基于多种
研究视角分析了高铁开通影响区域旅游经济的途径和成效③。Masson 与 Petiot
（2009）利用核心-外围模型，从理论上探讨了在佩尔皮南和巴塞罗那之间高
铁的开通对区域旅游活动和经济发展的影响，认为高铁可以推动旅游业在最发
达地区的集聚，促进商业旅游和城市旅游的发展④。张辉等人（2010）认为，
高铁的开通促使我国旅游经济发展从旅游城市和旅游目的地建设阶段过渡到了
旅游圈建设阶段，为高铁沿线城市带来会展业、休闲文化业等多种旅游业态，
旅游需求进一步扩张⑤。黄爱莲（2011）基于新经济地理理论，从降低旅游成
本、改变旅游空间竞争等角度分析了武广高铁开通对地区旅游业的影响，认为
高铁的建设效应增强了城市旅游"同城化效应"，形成区域旅游网络化与网格
化，高端商务旅游产品的消费需求有了显著增加，但同时对于旅游目的地的转

---

①　王洁，刘亚萍. 高速铁路与城市旅游发展研究：以武汉市武广高铁旅游发展为例 [J]. 资
源开发与市场，2011，27（12）：1146-1149.

②　马丽君，刘聪. 高铁开通对目的地旅游流聚集的影响研究：以昆明为例 [J/OL]. 27
（12）：1146-1149 [2021-07-22]. https://kns.cnki.net/kcms/detail/51.1448.N.20210726.1751.002.
html.

③　王学峰. 郑西高铁开通对洛阳旅游经济的影响与对策思考 [J]. 兰州学刊，2011（2）：216-
218；郭吉安. 武广高铁对湖南省沿线旅游经济的影响分析 [J]. 铁道运输与经济，2012，34（6）：
8-12.

④　MASSON S, PETIOT R. Can the high speed rail reinforce tourism attractiveness? The case of the
high speed rail between Perpignan (France) and Barcelona (Spain) [J]. Technovation, 2009, 29 (9):
611-617.

⑤　张辉，赵广朝，宋文芸. 我国高铁对旅游业发展的影响分析 [J]. 中国铁路，2010（10）：
8-11.

型升级、传统旅游产品的创新提出了新的挑战①。张书明等人（2013）发现，高铁建设促使区域旅游产业形成了游客量增长的"旋风效应"、市场结构演进的"凸变效应"以及旅游资源集聚的"加剧效应"②。董丽媛与张东祥（2014）认为，高铁的建设增强了长三角地区旅游市场的集散能力、扩大了旅游市场规模、促进了旅游站点的快速形成，增加了长三角旅游经济圈的联系强度，对沿线城市旅游经济活动有促进作用③。赵双全（2018）认为，高铁促使广西旅游经济纵向、深入地发展，推动旅游市场需求自助化、高端化，旅游产品区域化，调整了旅游经济结构④。

在定量研究方面，从研究内容来看，首先基于地理空间视角探究高铁建设对区域旅游经济联系的影响是国内学者研究最多的内容⑤。其中，郭伟等人（2014）发现，高铁的建设使地区旅游业发展的"同城效应"更加显著，城市的相对地理位置以及各自旅游发展水平都是影响区域间旅游经济联系强度的直接因素，旅游经济联系总量沿着高铁线路呈现出多极化和分散化的发展趋势，区域边缘城市旅游经济联系加强、被边缘化的处境有所缓解⑥。倪维秋与廖茂林（2018）以中国省会城市为研究区域，基于旅游经济联系强度模型和社会网络分析，发现国内高铁旅游经济联系在整体上还较为松散⑦。其次，在高铁开通对旅游经济差异和旅游经济效率的影响效应方面，邬玮玮与史小珍（2014）利用2007—2012年国庆和春节的旅游经济数据，对青济高铁、京津高速城际铁路、京沪高铁连接城市的旅游经济差异性进行了分析，研究结果显示，高铁的开通使得地区旅游经济差异性趋于平衡和稳定⑧。魏丽等人

---

① 黄爱莲. 高速铁路对区域旅游发展的影响研究：以武广高铁为例 [J]. 华东经济管理, 2011, 25 (10)：47-49.

② 张书明, 王晓文, 王树恩. 高铁影响区域旅游产业发展的机制与效果分析 [J]. 东岳论丛, 2013, 34 (10)：177-180.

③ 董丽媛, 张东祥. 论"高速时代"长三角旅游经济圈市场结构的优化 [J]. 商业时代, 2014 (33)：139-140.

④ 赵双全. 广西高铁旅游经济发展研究 [J]. 经济研究参考, 2018 (23)：66-70, 75.

⑤ 郭建科, 王绍博, 李博, 等. 哈大高铁对东北城市旅游经济联系的空间影响 [J]. 地理科学, 2016, 36 (4)：521-529；杨莎莎, 邓闻静. 高铁网络下的中国十大城市群旅游交通格局及其经济联系的比较研究 [J]. 统计与信息论坛, 2017, 32 (4)：102-110.

⑥ 郭伟, 王伟伟, 孙鼎新. 高铁对京津冀旅游经济联系的影响分析 [J]. 企业经济, 2014, 33 (12)：76-79.

⑦ 倪维秋, 廖茂林. 高铁对中国省会城市旅游经济联系的空间影响 [J]. 中国人口·资源与环境, 2018, 28 (3)：160-168.

⑧ 邬玮玮, 史小珍. 基于地理集中度的"高铁时代"旅游经济差异分析 [J]. 统计与决策, 2014 (24)：145-147.

（2018）在运用省级面板数据的基础上，使用 Tobit 模型检验了高铁开通对提高中国旅游产业效率所起的作用，发现高铁开通对旅游产业综合效率和纯技术效率存在显著的积极影响，促进了旅游经济的发展；同时，相较于东部和西部地区，高铁对中部省份旅游产业规模效率的促进作用更为显著①。最后，在关于高铁影响区域旅游经济增长的相关研究方面，Campa 等人（2016）利用 OLS 面板回归模型研究了高铁对西班牙旅游经济的影响，发现高铁的开通为地区旅游业增加了约 1.3% 的游客和 1.7% 的旅游收入②。章逸扬（2016）利用灰色预测模型对高铁修建前后浙江省 8 个地级市旅游经济的发展影响进行了实证分析，发现高铁的开通对促进地区客运量和旅游经济都有显著的正向作用③。万文平（2013）关注到了高铁对沿线非枢纽城市旅游经济的影响效益，但没有进一步将枢纽城市和非枢纽城市进行比较分析④。辛大楞与李建萍（2019）使用双重差分法检验了中国 287 个地级市的高铁旅游效应，发现高铁开通对促进地区旅游经济发展具有十分显著的正向影响⑤。Gao 等人（2019）基于双重差分法，发现高铁开通促进了中国旅游人次的增加，而对旅游收入没有正向促进作用。冯烽与崔琳昊（2020）使用中国 286 个地级市面板数据，使用渐进型双重差分法发现高铁开通对站点城市旅游业发展仅有微弱的正向影响，并从城市规模效应、结构效应和技术效应检验了高铁影响区域旅游的传导机制⑥。李磊等人（2020）利用复杂网络分析方法，对合福高铁沿线城市和景区两个尺度上的旅游流网络结构和互动关系进行了研究⑦。

从研究对象来看，在与高铁相关的实证研究中主要用地区旅游总收入、总人数或国内旅游人数、收入来衡量区域旅游经济数量。如官芳屹（2018）以

① 魏丽，卜伟，王梓利. 高铁开通促进旅游产业效率提升了吗?：基于中国省级层面的实证分析 [J]. 经济管理，2018，40（7）：72-90.

② CAMPA J L, LÓPEZ-LAMBAS M E, GUIRAO B. High speed rail effects on tourism: Spanish empirical evidence derived from China's modelling experience [J]. Journal of transport geography, 2016, 57：44-54.

③ 章逸扬. 高速铁路对区域旅游经济发展影响研究 [D]. 杭州：浙江财经大学，2016.

④ 万文平. 高铁对沿线非枢纽城市旅游经济影响研究 [D]. 北京：北京第二外国语学院，2013.

⑤ 辛大楞，李建萍. 高铁开通与地区旅游业发展：基于中国 287 个地级及以上城市的实证研究 [J]. 山西财经大学学报，2019，41（6）：57-66.

⑥ 冯烽，崔琳昊. 高铁开通与站点城市旅游业发展："引擎"还是"过道"? [J]. 经济管理，2020（2）：175-191.

⑦ 李磊，陆林，孙小龙，等. 高铁沿线旅游流网络结构及其互动关系研究：以合福高铁沿线地区为例 [J]. 人文地理，2020（1）：132-140.

旅游收入和国内旅游人数来反映成绵乐区域 5 市的旅游经济发展情况①。邓涛涛等人（2016）以长三角地区 25 个城市 2006—2013 年旅游接待总人数来衡量地区旅游发展状况，并通过多期双重差分模型实证发现，高铁对地区旅游业的促进作用在高铁开通初期不显著，而在运行后期正向影响作用逐渐增大②。曾玉华与陈俊（2018）基于全国地级市数据使用双重差分法，发现高铁开通使得站点城市的旅游总收入和旅游总人数分别增加了 24.99%、18.51%③。马红梅和郝美竹（2020）以粤桂黔高铁经济带为例，研究发现贵广高铁、南广高铁的开通显著促进了粤桂黔高铁经济带沿线地区的旅游发展与经济高质量发展，但高铁建设对沿线城市旅游业发展增长速度的影响是负向的，对欠发达地区旅游业发展的带动作用较大，但对中等发达地区和欠发达地区经济发展的带动作用较小④。

在研究方法方面，学者主要采用以下三种方法对该问题进行实证研究。一是灰色预测模型⑤。先预测沿线城市的各旅游经济指标在"无"高铁项目时的数值，再进一步与"有"高铁项目时的实际数据对比，从而分析出高铁的旅游经济效应。但该方法将各个指标假定为严格的线性关系，这与变量间非线性的关系相矛盾，导致实证结果可能有误差性的存在。阎友兵和陈一铭（2020）运用数据包络分析法和灰色预测法，以湖南省为例，通过高铁开通前后湖南省沿线各区域旅游效率的对比，高铁沿线区域在假定"未开通高铁"的情况下旅游效率的预测值与实际值的对比，以及高铁沿线区域旅游效率变化与非高铁沿线区域旅游效率变化进行对比，发现高铁对沿线区域的旅游效率具有显著的提升作用⑥。二是 OLS 回归模型⑦。通过将区域旅游经济发展情况作为因变量、

① 官芳屹. 成绵乐城际铁路对区域旅游发展影响的实证研究 [D]. 成都：西南交通大学，2018.

② 邓涛涛，赵磊，马木兰. 长三角高速铁路网对城市旅游业发展的影响研究 [J]. 经济管理，2016，38（1）：137-146.

③ 曾玉华，陈俊. 高铁开通对站点城市旅游发展的异质性影响：基于双重差分方法的研究 [J]. 旅游科学，2018，32（6）：79-92.

④ 马红梅，郝美竹. 高铁建设、区域旅游与经济高质量发展：粤桂黔高铁经济带为例 [J]. 重庆社会科学，2020（2）：79-90.

⑤ 王璐. 武广高铁对其湖南沿线城市旅游经济的影响 [D]. 湘潭：湘潭大学，2016；张永庆，陈嫒. 高铁对区域旅游经济的影响：以贵州省为例 [J]. 开发研究，2018（5）：80-86.

⑥ 阎友兵，陈一铭. 高铁对沿线区域旅游效率影响的实证分析 [J]. 湖南社会科学，2020（3）：122-129.

⑦ CAMPA J L, LÓPEZ-LAMBAS M E, GUIRAO B. High speed rail effects on tourism: Spanish empirical evidence derived from China's modelling experience [J]. Journal of transport geography, 2016, 57: 44-54；官芳屹. 成绵乐城际铁路对区域旅游发展影响的实证研究 [D]. 成都：西南交通大学，2018.

把高铁及其他影响因素变量作为自变量进行回归，其中开通高铁与否的指标系数为项目实施效果。该方法不足的地方在于，可能存在将高铁开通作为解释变量的内生性问题，参数估计有偏甚至不一致，影响结果的准确性。三是双重差分法（俞敏，2016）。从"有无"和"前后"双重对比视角对高铁的区域旅游经济发展效应进行回归分析①。该方法在较为有效地解决内生性问题的同时，还可以将旅游经济随时间增长而自然增长的"时间效应"与政策实施带来的"政策处理效应"分离，从而较为准确地得出高铁影响区域旅游经济的净效应。

另外，还有学者研究高铁开通对旅游消费的影响。赵华（2020）认为，中原经济区各个城市的高铁通达性都有不断提高的趋势，但不同城市之间高铁通达性的差异仍然显著。而随着高铁开通，中原经济区的旅游消费潜能总体不断释放，表明高铁开通对中原经济区旅游消费潜能的释放产生了重要的影响。但是，不同城市旅游消费接受高铁开通带来的赋能效应也是有明显差异的，部分城市旅游消费潜能的释放仍未充分显现②。姚红（2021）利用2004—2019年我国城市面板数据评估了高铁对旅游消费的影响，发现高铁开通对旅游消费没有显著的促进作用，但对以旅游人次比衡量的旅游消费有促进作用，这导致了高铁开通对以实际货币消费支出的旅游消费具有负效应③。胡北明和黄欣（2021）基于消费者行为和交通行为理论，通过收集331份高铁旅游者调查问卷，从旅游决策行为、旅游消费行为和旅游时空行为三个维度对旅游消费者行为进行分析，探讨高铁时代背景下后现代旅游消费者行为的演变特征④。

2.3.4 评述

高铁建设的旅游发展影响效应已成为当前国内外旅游、经济等领域学者所关心和研究的热点问题。从文献的梳理情况来看，国外学者更早关注到该领域，而国内研究的数量随着近几年高铁建设规模的不断扩大而逐渐增加，研究内容也愈加全面、深入。从现有研究成果来看，学者们已通过相关定性研究，基本厘清了高铁与旅游相互作用的逻辑关系；同时，基于不同国家、地区的数

---

① 俞敏.基础设施建设对旅游经济的影响研究［D］.广州：暨南大学，2016.

② 赵华.高铁开通对旅游消费潜能发挥的影响：基于中原经济区的分析［J］.商业经济研究，2020（20）：156-159.

③ 姚红.高铁开通对旅游消费的影响及其区域异质性研究［J］.商业经济研究，2021（6）：189-192.

④ 胡北明，黄欣.高铁发展对后现代旅游消费者行为的影响研究［J］.四川师范大学学报（社会科学版），2021，48（2）：92-102.

据和多种研究方法的定量研究，实证、量化了两者之间的关系，证实了已有理论分析的合理性和客观性。现有研究结果和结论都为后续研究提供了宝贵的理论基础和经验借鉴。

从当前的研究成果可知，高铁开通对不同区域旅游经济的影响是具有异质性特征的，且影响效应到底是正面还是负面仍存在争议。在中国经济高速发展的今天为了及时掌握高铁影响区域旅游经济发展的动态变化规律，该领域仍需要进行更多的量化研究。基于现有文献的经验启示，本书认为该主题研究还存在以下3个亟待拓展之处：

首先，在研究视角方面，鲜有文献基于要素流动视角分析、实证高铁开通影响区域旅游经济的内在机制。从经济增长理论的观点来看，地区经济增长的本质就是要素的投入，而高铁开通产生的最直观影响就是带动了人流、资金流、信息流的聚集与扩散，由此基于要素流动视角理论分析高铁影响区域旅游经济的内在机制并利用相关数据进行实证检验是合理且必要的。

其次，在研究对象方面，大部分文献关注了高铁开通对区域旅游总收入、总人数或国内旅游收入、人数的影响，却因为默认入境游客占旅游总量的比例小、乘坐高铁的概率不高，而忽略了高铁对入境旅游群体的影响效应。这不利于全面分析高铁的旅游经济效应，难以反映高铁开通对我国旅游业国际化发展的影响作用。

最后，在研究内容方面，大部分文献只关注了高铁对研究对象旅游经济的整体影响，而在少量分析了高铁开通的异质性旅游经济影响效应的研究中多以城市区域、等级的差异视角进行实证，异质性类别划分较少。基于理论分析和现实情况，对拥有不同旅游资源禀赋、旅游公共服务质量以及其他交通运输发达程度的城市的高铁旅游效应进行探究，对指导地区旅游规划管理工作具有一定的现实意义，由此在异质性效应分析上还有扩展空间。

2.4　本章小结

本章详细介绍了研究过程中所需的相关概念，包括高铁、旅游产业、旅游经济和区域旅游经济等，为后续研究做好准备。本章围绕研究主题，简洁地介绍了经济增长理论、新经济地理理论、交通经济带理论和旅游系统理论，为后续研究奠定了理论基础；继而分别从交通基础设施与旅游发展、高铁与旅游发展、高铁与区域旅游经济发展等方面对相关文献进行梳理，并对现有研究进行评述。

3 中国高铁建设和旅游经济发展概况

3.1 中国高铁建设概况

虽然中国高铁的技术研究和规划建设相较于发达国家起步较晚，但从 20 世纪 90 年代至今，中国高铁从最初完全依靠技术进口的"中国制造"发展到如今独立攻克技术难关且引领世界的"中国智造"，实现了高铁建造实力从无到有、由弱至强的飞跃式发展。截至 2020 年年底，我国高铁运营里程达 3.79 万千米，稳居世界第一①。

3.1.1 中国高铁的发展历程

3.1.1.1 自我探索阶段（改革开放后至 2003 年）

自改革开放后，随着经济社会的快速发展和人们生活水平的日益提高，我国铁路运输需求空前旺盛，但铁路发展相对滞后，"一车难求""一票难求"的现象十分突出，铁路一时成了制约经济社会发展的"瓶颈"②，大力发展铁路事业迫在眉睫。1992 年，自邓小平南方谈话以后，建设京沪高铁的呼声日益高涨，随后关于京沪高铁建设的必要性和可行性论证工作拉开帷幕。关于是选择磁悬浮列车还是选择轮轨式铁路的论证，促使秦沈客运专线和上海磁悬浮列车示范运营线"试验田"分别于 1999 年 8 月和 2001 年 3 月开工建设，并分

---

① 我国高速铁路运营里程达 3.79 万千米，稳居世界第一 [EB/OL]. [2021 - 06 - 17]. https://www.thepaper.cn/newsDetail_forward_13180508.
② 国家铁路局《高铁经济学导论》编写组. 高铁经济学导论 [M]. 北京：中国铁道出版社，2018.

别于 2003 年 10 月和 2003 年 1 月正式开通运营。2003 年 5 月至 9 月，铁道部完成了轮轨技术和磁悬浮技术的比选论证，确定轮轨技术为高铁建设方向。在此期间，我国不仅开展了如广深准高铁、第五次铁路大提速和秦沈客专等三大线路试验与运营实践，也研发制造了"先锋""蓝剑""中华之星"等国产高速列车。

3.1.1.2 技术引进阶段（2004—2007 年）

2004 年 1 月，国务院审议通过《中长期铁路网规划》，规划建设"四横四纵"客运专线，设计速度指标在 200 千米/小时以上。为了实现跨越式发展，中国高铁确立"市场换技术"基本思路，通过与外国企业合作建设发展中国高铁技术，以较短的时间、较少的环节和较小的代价，实现与发达国家走过的发展历程相同的目标，明确了整体引进技术，消化吸收，逐步实现国产化，力争达到国际先进水平。这标志着我国高铁从持续了十几年的自主发展道路向引进—消化吸收—自主创新的路径上转变[①]。

国务院在 2004 年召开的专题会议上确定了引进少量原装、国内散件组装和国内生产的项目运作模式。2004 年 6 月，铁道部为第六次大提速进行时速 200 千米动车组招标，庞巴迪、川崎和阿尔斯通分别与各自的中方合作企业中标。2005 年，铁道部启动了引进设计时速 300 千米及以上的动力分散型动车组采购项目。通过这一轮制造工艺、制造流程和制造技术的引进，国内企业实现了核心部件和整车在制造上的本地化。由于外方只转让了设计结果即制造技术，并未转让核心技术即包括控制算法、调试运行在内的设计能力，因此很多环节还需要外方协助，我方并不具备自主研发能力。但是，中国企业在铁道部的统筹下，通过两轮大规模引进成功获得了日本、法国、德国的高铁技术，提高了设计能力，实现了技术积累，追上了世界先进水平。

在此期间，石太高铁于 2005 年 6 月开工建设，标志着中国正式进入标准化建设高速客运专线铁路阶段。此后，一大批干线高铁和城际高铁项目相继启动。2007 年 4 月，中国铁路实现第六次大面积提速，中国首次在全国局部地区初具规模开行运营速度为 200 千米/小时的动车组列车。

3.1.1.3 自主创新阶段（2008—2014 年）

2008 年，铁道部与科技部签署了《中国高速列车自主创新联合行动计

---

① 中国高铁崛起的发展历程［EB/OL］．［2018-05-21］．https://www.chnrailway.com/html/20180521/1832367.shtml.

划》，标志着我国高铁装备进入自主创新阶段。为实现这样的宏伟目标，我国充分发挥了举国体制的优势，将企业、高校、科研院所、重点实验室和工程研究中心通过国家科技支撑计划项目组织起来，突破关键技术，生产重点产品和零部件，最终成果就是 CRH380 系列动车组，至今其仍然是我国高铁运营的主力车型。新一代自主研发阶段的成果就是中国标准动车组，不仅实现了对动力、变流、网络控制等关键系统部件的自主化，完全摆脱了 CRH380 系列中日系和德系技术的影子，更具有标志性意义的是制定了中国标准。

在此期间，中国高铁事业在曲折中前行。2008 年 4 月，京沪高铁开工建设。2008 年 8 月，京津城际铁路开通运营。2009 年 12 月，京广高铁武广段开通运营，首次打破中国铁路春运的瓶颈，高铁运输在干线铁路上占据重要地位，标志着中国正式进入高铁时代。但是，2011 年我国高铁产业遭遇了重大挫折，铁道部多位领导涉嫌严重违纪和 "7·23" 甬温线特别重大铁路交通事故，对我国高铁发展产生了巨大打击。随后通过各方努力，我国高铁克服了艰难的内外部环境继续向前。2013 年，宁杭高铁和杭甬高铁开通，构筑了长三角高铁网骨架；2014 年 12 月，兰新高铁通车。

至 2017 年年底，中国铁路有国际标准 182 项，行业技术标准 1 036 项，其中高铁领域自主制定的标准占 3/2 左右。中国主持和参与 46 项 ISO、UIC 国际标准的制定和修订工作，这标志着中国高铁标准正逐步成为国际标准①。

3.1.1.4 高速发展阶段（2015 年至今）

2017 年 12 月 28 日，石济高铁开通运营，标志着中国铁路"四横四纵"快速通道全部建成通车。《中长期铁路网规划》提出，到 2020 年中国的"四纵四横"客运专线网络全长将达到 16 000 千米。高铁沿线城市对中国工业化和城镇化的发展起到了非常重要的促进作用。

我国高铁装备产业在满足国内需求的同时，大力实施"走出去"的战略。李克强总理也多次向出访国推销高铁，在国际市场的角逐中取得了一系列成绩：2014 年 7 月，中国铁建总承包的土耳其安伊高铁二期正式通车；2015 年 4 月，我国与印尼签署了价值 60 亿美元的雅加达至泗水高铁项目；2015 年 11 月，我国出口到马其顿的动车组在当地测试，这是我国动车组出口到欧洲的第一单。目前，中国高铁"海外版图"已扩展至亚、欧、非、美等五大洲数十个国家，作为中国的标志性工程，中国高铁顺利成为一张科技名片且与友

---

① 才铁军. 中国铁路 40 年（1978—2018）[M]. 北京：中国言实出版社，2018.

国建立起了"高铁外交"①。

3.1.2　中国高铁的建设运营状况

中国高铁的建设运营历程如图3-1所示。1998年，广深铁路历时两年成功通过了电气化提速改造试验，铁路运营时速大幅提升，为后续高铁技术的研发奠定了坚实基础。1999年4月，广深铁路电气化技术顺利通过国家的鉴定；同年8月，秦沈铁路建设项目正式启动。2003年10月，秦沈铁路建成通车，成为中国第一条高铁客运专线。2004年，国务院批准了《中长期铁路网规划》，规划中明确了到2020年全国铁路建设的目标，并且首次描绘了"四纵四横"高铁客运专线网的规划设计。2008年8月，京津城际铁路正式开通运营，最高运营速度达350千米/小时，且进一步实现了高密度发车的运营目标。届时，我国高铁运行时速的历史纪录被打破，成为我国高铁技术突破的重要标志性事件，至此高铁在我国开始大规模建设；同年10月，国务院批准了《中长期铁路网规划（2008年调整）》，规划中对到2020年全国铁路建设的总体目标进行了全面的调整。2016年7月，国务院在"四纵四横"高铁客运专线网络基本建成的情况下，对《中长期铁路网规划》（2016—2025）进行了重新布局，规划中构筑出了"八纵八横"的高铁主通道的雄伟蓝图，以沿海、京沪、京港（台）、京哈-京港澳、呼南、京昆、包（银）海、兰（西）广为"八纵"的通道和绥满、京兰、青银、陆桥、沿江、沪昆、厦渝、广昆为"八横"为主干道的高铁线路规划初见雏形。随着石济高铁在2017年年底开通运营，以京沪、京港、京哈、杭福深、徐兰、沪昆、青太、沪汉蓉为主体的"四纵四横"高铁网全面建成通车（见表3-1）。2017年12月，为了落实《中长期铁路网规划》（2016—2025）以及铁路改革发展的需求，国务院印发了《铁路"十三五"发展规划》，规划中明确到2020年全国高铁营业里程达到3万千米。当前，中国高铁已成为世界范围规模最大、发展最快的高铁网络。

---

① 程尔凡. 中国高铁，走向世界［EB/N］. 中国日报，［2021-05-27］. http://cn.chinadaily.com.cn/a/202105/27/WS60af3691a3101e7ce9751f57.html？ivk_sa=1023197a.

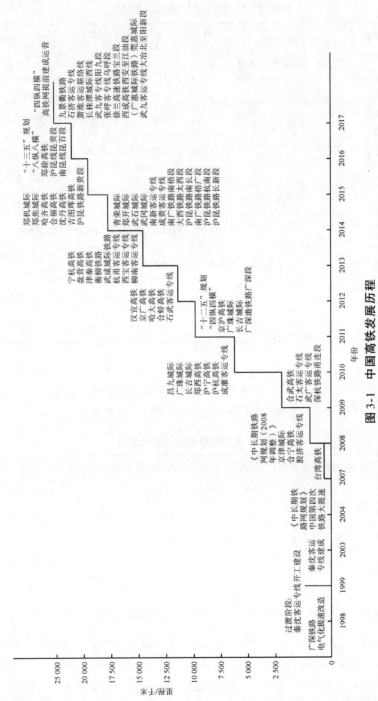

图 3-1 中国高铁发展历程

资料来源：国家铁路局官网、高铁网、《中国铁道年鉴》以及相关新闻报道或公告。

表 3-1　"四纵四横"铁路基本情况

	线路	具体线路	运营里程/千米	主线开通时间	设计时速/千米·小时⁻¹	连接地区
四纵	京沪高铁	北京—上海客运专线,包含蚌埠—合肥、南京—杭州客运专线	1 318	2011.06.30	350	京津至长江三角洲东部沿海经济发达地区
	京港客运专线	北京—武汉—广州—深圳(香港)客运专线	2 250	2011.12.26	350	华北及华南地区
	京哈客运专线	北京—沈阳—哈尔滨(大连)客运专线	1 612	2012.12.01	350	华北及关内地区
	杭福深客运专线	上海—杭州—宁波—福州—深圳客运专线	160	2013.07.01	350	长江三角洲、珠江三角洲及东南沿海地区
四横	徐兰客运专线	徐州—郑州—兰州客运专线	1 400	2016.09.10	250~350	西北及华东地区
	沪昆高铁	上海—杭州—南昌—长沙—昆明客运专线	2 080	2014.12.10	350	华中、华东及西南地区
	青太客运专线	青岛—石家庄—太原客运专线	906	2014.03.16	200~250	华东及华北地区
	沪汉蓉高铁	上海—南京—武汉—重庆—成都客运专线	1 600	2014.07.01	160~350	华东及西南地区

　　如表 3-2 所示,到 2017 年年底,中国铁路运营里程达到 12.7 万千米,相较于 2013 年提升了 23.3 个百分点。其中,高铁运营里程占铁路运营里程的 20%,共 2.5 万千米,相较于 2013 年提升了 127.27 个百分点。

表 3-2　中国高铁建设及营业情况

年份	全国铁路运营里程/万千米	高铁运营里程/万千米	新建高铁里程/千米
2013	10.3	1.1	1 672
2014	11.2	1.6	5 491
2015	12.1	1.9	3 306
2016	12.4	2.2	1 903
2017	12.7	2.5	2 182

资料来源:2013—2017 年交通运输行业发展统计公报以及铁道统计公报。

　　截至 2017 年年底,中国大陆地区共有 29 个省(自治区、直辖市)开通并运营高铁,仅剩西藏、宁夏两地还未开通高铁(见表 3-3)。目前,宁夏境内有规划和在建的高铁共计 4 条,分别为银川—西安、中卫—兰州、银川—包头、太原—中卫—银川(扩能改造)。而西藏因为自然条件等因素,其境内高铁的建设仍在研究与规划中。

表3-3　中国各地区高铁里程及主要路线

地区	里程/千米	主要路线
广西	1 751	南广、贵广、南昆
广东	1 542	京广、广深
福建	1 500	福厦、厦深、温福、合福
浙江	1 485	沪昆、温福、杭甬
安徽	1 403	京沪、合福、宁合
湖南	1 396	京广、沪昆
河北	1 335	京广、京沪、石济、保津
山东	1 240	京沪、石济、济青
贵州	1 200	兰广、沪昆、渝贵、贵开（城际）
河南	1 118	京广、徐新、郑焦（城际）
湖北	1 033	京广、武九
江西	870	沪昆、昌九
陕西	856	徐新、成西
江苏	846	京沪、宁合、沪宁（城际）
辽宁	843	哈大、丹大
甘肃	799	徐新
云南	780	沪昆、南昆
四川	720	成西、成渝
新疆	710	徐新、乌昌（城际）
海南	654	环岛高铁
山西	412	大西
吉林	381	哈大、长吉
重庆	380	成渝、渝贵
黑龙江	363	哈大、哈齐
青海	268	徐新
内蒙古	210	呼张
天津	201	京津、京沪、保津、津泰
北京	142	京津、京广、京沪
上海	110	京沪、沪宁、沪昆

资料来源：根据国家铁路局统计数据整理所得。

在中国高铁运营里程规模不断扩大的同时，高铁旅客运输量也在持续增加。根据《2017年交通运输业发展统计公报》的相关数据（见表3-4），至2017年年底铁路运输的旅客总量为30.84亿人，比2013年增长46.44个百分点，其中高铁旅客运输总量高达17.17亿人，比2013年增长155.5个百分点；同时，高铁旅客运输总量占铁路旅客运输总量的55.67%，相较于2013年增长了23.76个百分点。

表3-4　中国高铁运输旅客情况

年份	铁路旅客运输总量/亿人	高铁旅客运输总量/亿人	高铁占铁路旅客运输总量的比重/%
2013	21.06	6.72	31.91
2014	23.57	9.08	38.52
2015	25.35	11.61	45.80
2016	28.14	14.72	52.31
2017	30.84	17.17	55.67

资料来源：历年交通运输行业发展统计公报以及中国国情网。

截至2020年1月31日，中国高铁、快速铁路和城际高铁运营里程情况如表3-5所示[1]。

表3-5　中国高铁、快速铁路、城际高铁运营里程统计

（截至2020年1月31日）

序号	项目名称	线路标准名称	起止站点	运营里程/千米	通车时间	设计速度/千米·小时[-1]
1	秦沈客专	京哈线	秦皇岛—沈阳北	404	2003年10月12日	250
2	合宁铁路	沪蓉线	南京南—合肥南	157	2008年4月18日	250
3	京津城际铁路	京津城际线	北京南—天津	117	2008年8月1日	350
4	胶济客专	胶济客专线	大明湖—青岛	357	2008年12月21日	200
5	石太客专	石太客运专线	石家庄—太原南	206	2009年4月1日	250
6	合武客专	沪蓉线	合肥南—汉口	359	2009年4月1日	250
7	遂成铁路	沪蓉线	遂宁—成都东	146	2009年7月7日	200
8	甬台温铁路	杭深线	宁波—温州南	275	2009年9月28日	250

---

① 中国高铁历年开通里程统计，总里程已近4万千米［EB/OL］.［2021-01-02］. https://www.sohu.com/a/442063046_656927？qq-pf-to=pcqq.c2c.

表3-5(续)

序号	项目名称	线路标准名称	起止站点	运营里程/千米	通车时间	设计速度/千米·小时$^{-1}$
9	温福铁路	杭深线	温州南—福州南	294	2009年9月28日	250
10	武广高铁	京广高速线	武汉—广州南	1 069	2009年12月26日	350
11	郑西高铁	徐兰高速线	郑州东—西安北	523	2010年2月6日	350
12	福厦铁路	杭深线	福州南—厦门北	226	2010年4月26日	250
13	成灌城际铁路	成灌线	成都—青城山	65	2010年5月12日	200
14	沪宁城际铁路	沪宁城际线	上海—南京	301	2010年7月1日	300
15	昌九城际铁路	昌九城际线	南昌—九江	135	2010年9月20日	250
16	沪杭城际铁路	沪昆高速线	上海虹桥—杭州东	159	2010年10月26日	350
17	宜万铁路宜昌东—利川段	沪蓉线	宜昌东—利川	275	2010年12月22日	160
18	长吉城际铁路	长珲城际线	长春—吉林	111	2010年12月30日	250
19	海南东环铁路	海南环岛高铁线东段	海口—三亚	308	2010年12月30日	250
20	广珠城际铁路	广珠城际线	广州南—珠海北	93	2011年1月7日	200
		江门线	小榄—新会	27		
21	京沪高铁	京沪高速线	北京南—上海虹桥	1 318	2011年6月30日	350
22	广深港高铁	广深港高速线	广州南—深圳北	102	2011年12月26日	350
23	龙厦铁路	杭深线	厦门北—漳州	42	2012年6月29日	250
		龙漳线	龙岩—漳州	114	2012年6月29日	200
24	汉宜铁路	沪蓉线	汉口—宜昌东	292	2012年7月1日	250
25	石武客专郑州东—武汉段	京广高速线	郑州东—武汉	536	2012年9月28日	350
26	合蚌高铁	合蚌客专线	合肥—蚌埠南	132	2012年10月16日	350
27	哈大高铁	京哈高速线	沈阳北—哈尔滨西	538	2012年12月1日	350
		沈大高速线	大连北—沈阳北	383		
28	集包第二双线呼包段	京包客专线	呼和浩特东—包头	173	2012年12月3日	200
29	京石、石武客专石家庄—郑州东段	京广高速线	北京西—郑州东	693	2012年12月26日	350
30	广珠城际铁路珠海北—珠海	广珠城际线	珠海北—珠海	23	2012年12月30日	200
31	遂渝铁路	沪蓉线	重庆北—遂宁	158	2012年12月30日	200

表 3-5(续)

序号	项目名称	线路标准名称	起止站点	运营里程/千米	通车时间	设计速度/千米·小时$^{-1}$
32	宁杭高铁	宁杭高速线	南京南—杭州东	255	2013 年 7 月 1 日	350
33	杭甬高铁	杭深线	杭州东—宁波	155	2013 年 7 月 1 日	350
34	盘营高铁	盘营高速线	盘锦北—海城	90	2013 年 9 月 12 日	350
35	向莆铁路	昌福线	南昌西—福州	546	2013 年 9 月 26 日	200
		永莆线	永泰—莆田	57		
36	津秦高铁	津秦高速线	天津西—秦皇岛	261	2013 年 12 月 1 日	350
37	广昆铁路复线	广昆线	广通北—昆明	115	2013 年 12 月 27 日	200
38	西宝高铁	徐兰高速线	西安北—宝鸡南	167	2013 年 12 月 28 日	350
39	茂湛铁路	深湛线江湛段	茂名—湛江西	92	2013 年 12 月 28 日	200
40	渝利铁路	沪蓉线	利川—重庆北	278	2013 年 12 月 28 日	200
41	厦深铁路漳州—深圳段	杭深线	漳州—深圳北	472	2013 年 12 月 28 日	250
42	柳南客专	柳南客专线	南宁—柳州	223	2013 年 12 月 28 日	250
43	衡柳铁路	衡柳线	衡阳东—柳州	499	2013 年 12 月 28 日	200
44	武咸城际铁路	武咸城际线	武昌—咸宁南	91	2013 年 12 月 28 日	300
45	广西沿海铁路南钦、钦北段	邕北线	南宁东—北海	197	2013 年 12 月 30 日	250
46	广西沿海铁路钦防段	钦防线	钦州北—防城港	61	2013 年 12 月 30 日	250
47	成灌铁路彭州支线	郫彭线	郫县西—彭州	21	2014 年 4 月 30 日	200
48	武黄城际铁路	武九客专线	武汉—大冶北	95	2014 年 6 月 18 日	300
49	武冈城际铁路	武冈城际线	葛店南—黄冈东	36	2014 年 6 月 18 日	200
50	大西高铁太原南—西安北段	大西高速线	太原南—西安北	571	2014 年 7 月 1 日	250
51	杭长高铁	沪昆高速线	南昌西—长沙南	342	2014 年 9 月 16 日	350
			杭州东—南昌西	582	2014 年 12 月 10 日	
52	沪昆高铁湖南段	沪昆高速线	长沙南—新晃西	420	2014 年 12 月 16 日	350
53	成绵乐客专	西成客专线	成都东—江油	152	2014 年 12 月 20 日	300
		成贵客专线成乐段	成都东—乐山	131		
		峨眉山线	乐山—峨眉山	31		
54	兰新客专	兰新客专线	兰州西—乌鲁木齐	1 786	2014 年 12 月 26 日	250

表3-5(续)

序号	项目名称	线路标准名称	起止站点	运营里程/千米	通车时间	设计速度/千米·小时$^{-1}$
55	贵广高铁	贵广客专线	贵阳东—广州南	857	2014年12月26日	300
56	南广铁路	南广线	南宁—广州南	574	2014年12月26日	250
57	郑开城际铁路	郑开城际线	郑州东—宋城路	50	2014年12月28日	200
58	青荣城际铁路	青荣城际线	青岛北—荣成	303	2014年12月28日	250
59	贵开城际铁路	贵开线	贵阳北—开阳	65	2015年5月1日	200
60	沪昆高铁新晃西—贵阳北	沪昆高速线	新晃西—贵阳北	286	2015年6月18日	350
61	郑焦城际铁路	郑焦城际线	郑州—焦作	78	2015年6月26日	250
62	合福高铁	合福高速线	合肥北城—福州	850	2015年6月28日	350
63	哈齐高铁	哈齐客专线	哈尔滨北—齐齐哈尔南	266	2015年8月17日	300
64	沈丹高铁	沈丹客专线	沈阳南—丹东	208	2015年9月1日	300
65	吉图珲客专	长珲城际线	吉林—珲春	361	2015年9月20日	250
66	京津城际铁路延伸线	京津城际线	天津—于家堡	45	2015年9月20日	350
67	中川机场城际铁路	中川城际线	兰州西—中川机场	60	2015年9月30日	200
68	宁安客专	宁安客专线	南京南—安庆	258	2015年12月6日	250
69	南昆铁路二线南宁—百色段	南昆客专线	南宁—百色	223	2015年12月11日	250
70	丹大铁路	丹大线	丹东—大连北	292	2015年12月17日	200
71	成渝高铁	成渝高速线	成都东—重庆	308	2015年12月26日	350
72	金温铁路复线	金温线	金华—温州南	188	2015年12月26日	250
73	赣龙铁路复线	赣瑞龙线	赣县—龙岩	248	2015年12月26日	200
74	兰渝铁路重庆北—广元段	兰渝线	重庆北—广元	352	2015年12月26日	200
75	津保铁路	津霸客专线	天津西—霸州西	72	2015年12月28日	250
		霸徐线	霸州西—徐水	65		200
76	牡绥铁路	滨绥线	牡丹江—绥芬河	139	2015年12月28日	200
77	海南西环铁路	海南环岛高铁线西段	海口—三亚	345	2015年12月30日	200
78	广深港高铁深圳北—福田段	广深港高速线	深圳北—福田	9	2015年12月30日	200

表3-5（续）

序号	项目名称	线路标准名称	起止站点	运营里程/千米	通车时间	设计速度/千米·小时⁻¹
79	郑机城际铁路	郑机城际线	郑州东—新郑机场	28	2015年12月31日	200
80	娄邵铁路	益湛线	娄底南—邵阳	88	2016年1月6日	200
81	佛肇城际铁路	广肇城际线佛肇段	佛山西—肇庆	81	2016年3月30日	200
82	莞惠城际铁路常平东—小金口段	广惠城际线	常平东—小金口	97	2016年3月30日	200
83	宁启铁路复线	宁启线	南京—南通	284	2016年5月15日	200
84	郑徐高铁	徐兰高速线	郑州东—徐州东	362	2016年9月10日	350
85	渝万城际铁路	郑渝高速线万渝段	万州北—重庆北	245	2016年11月28日	250
86	武孝城际铁路	武孝城际线	汉口—孝感东	62	2016年12月1日	200
87	长株潭城际铁路	长株城际线	长沙—株洲南	58	2016年12月26日	200
		湘潭城际线	暮云—湘潭	24		
88	沪昆高铁贵阳北—昆明南段	沪昆高速线	贵阳北—昆明南	463	2016年12月28日	350
89	云桂铁路百色—昆明段	南昆客专线	百色—昆明南	487	2016年12月28日	250
90	昆玉河铁路昆明—玉溪段	昆玉河线	昆明南—玉溪	86	2016年12月28日	200
91	宝兰客专	徐兰高速线	宝鸡南—兰州西	401	2017年7月9日	250
92	张呼客专呼集段	京包客专线	呼和浩特东—乌兰察布	126	2017年8月3日	250
93	武九客专	武九客专线	大冶北—九江	128	2017年9月21日	250
94	西成高铁西安北—江油段	西成客专线	西安北—江油	469	2017年12月6日	250
95	长株潭城际铁路	长沙西城际线	长沙—长沙西	22	2017年12月26日	200
96	石济客专	石济客专线	石家庄—济南东	307	2017年12月28日	250
97	莞惠城际铁路常平东—道滘段	广惠城际线	常平东—道滘	44	2017年12月28日	200
98	萧淮客专线	萧淮线	萧县北—淮北北	25	2017年12月28日	250
99	九景衢铁路	衢九线	衢州—九江	334	2017年12月28日	200
100	渝黔铁路复线	渝贵线	重庆西—贵阳北	345	2018年1月25日	200
101	深茂铁路江茂段	深湛线江湛段	新会—江门—茂名	268	2018年7月1日	200

表3-5(续)

序号	项目名称	线路标准名称	起止站点	运营里程/千米	通车时间	设计速度/千米·小时$^{-1}$
102	广大铁路扩能改工程	楚大线	广通北—大理	175	2018年7月1日	200
103	广深港高铁福田—香港段	广深港高速线	福田—香港西九龙	30	2018年9月23日	200
104	大西高铁太原—原平段	大西高速线	太原南—原平西	116	2018年9月28日	250
105	哈佳铁路	哈佳线	哈尔滨—佳木斯	343	2018年9月30日	200
106	杭黄高铁	杭昌高速线杭黄段	杭州东—黄山北	285	2018年12月25日	250
107	哈牡客专	哈牡客专线	哈尔滨—牡丹江	300	2018年12月25日	250
108	济青高铁	济青高速线	济南东—红岛	305	2018年12月26日	350
109	青盐铁路	青盐线	青岛北—盐城北	428	2018年12月26日	200
110	怀邵衡铁路	怀衡线	怀化南—衡阳东	319	2018年12月26日	200
111	铜玉铁路	吉玉线铜玉段	铜仁—大宗坪	48	2018年12月26日	200
112	成浦铁路、川藏线朝雅段	成雅线	成都西—雅安	140	2018年12月28日	200/160
113	京沈高铁承德—沈阳段	京哈高速线承沈段	承德南—沈阳	504	2018年12月29日	350
114	新通客专	新通客专线	新民北—通辽	197	2018年12月29日	250
115	南三龙铁路	南龙线	南平北—龙岩	247	2018年12月29日	200
116	成贵客专	成贵客专线乐宜段	乐山—宜宾西	141	2019年6月15日	250
117	京雄城际铁路	京雄城际线北京段	李营—大兴机场	34	2019年9月26日	250
118	梅汕客专	梅汕客专线	梅州西—潮汕	120	2019年10月11日	250
119	鲁南高铁日照—曲阜段	日兰高速线日曲段	日照西—曲阜东	235	2019年11月26日	350
120	汉十高铁	武孝城际线孝云段	孝感东—云梦东	22	2019年11月29日	250
		武西高速线云十段	云梦东—十堰东	377	2019年11月29日	350
121	商合杭高铁商丘—合肥段	京港高速线商合段	商丘—合肥北城	378	2019年12月1日	350
122	郑阜高铁	郑阜高速线	郑州南—阜阳西	276	2019年12月1日	350

表3-5(续)

序号	项目名称	线路标准名称	起止站点	运营里程/千米	通车时间	设计速度/千米·小时$^{-1}$
123	郑万高铁郑州—襄阳段	郑渝高速线郑襄段	郑州东—襄阳东	389	2019年12月1日	350
124	穗莞深城际铁路新塘—深圳机场段	穗深城际线	新塘南—深圳机场	73	2019年12月15日	140
125	成贵客专	成贵客专线宜贵段	宜宾西—贵阳东	372	2019年12月16日	250
126	徐宿淮盐铁路	徐盐客专线	徐州东—盐城	313	2019年12月16日	250
127	连淮扬镇铁路董集—淮安段	连镇客专线董淮段	董集—淮安东	105	2019年12月16日	250
128	昌吉赣高铁	京港高速线昌赣段	横岗—赣州西	402	2019年12月26日	350
129	黔张常铁路	黔常线	黔江—常德	335	2019年12月26日	200
130	银中客专	银兰客专线银中段	银川—中卫南	207	2019年12月29日	250
131	京张高铁	京包客专线京张段	北京北—张家口	172	2019年12月30日	250~350
132	京张高铁崇礼支线	崇礼线	下花园北—太子城	52	2019年12月30日	250
133	张呼客专	京包客专线张集段	张家口—乌兰察布	161	2019年12月30日	250
134	大张高铁	张大客专线	怀安—大同南	121	2019年12月30日	250
135	商合杭高铁合肥—湖州段	合杭高速线	肥东—湖州	309	2020年6月28日	350/250
136	喀赤高铁	喀赤客专线	喀左—赤峰	156	2020年6月30日	250
137	沪通铁路一期	沪苏通线	赵甸—安亭西	137	2020年7月1日	200
138	安六客专	安六客专线	安顺西—水城	120	2020年7月8日	250
139	珠机城际铁路一期	珠机城际线	珠海—珠海长隆	16	2020年8月18日	100
140	潍莱高铁	潍荣高速线潍莱段	潍坊北—莱西	122	2020年11月26日	350
141	广清城际、新白广城际白广段	广清城际、广州东环城际	清城—花都—白云机场北	58	2020年11月30日	200/160
142	京张高铁延庆支线	延庆线	八达岭西—延庆	9	2020年12月1日	160
143	连淮扬镇铁路淮安—镇江段	连镇客专线淮丹段	淮安东—丹徒	199	2020年12月11日	250

表3-5(续)

序号	项目名称	线路标准名称	起止站点	运营里程/千米	通车时间	设计速度/千米·小时⁻¹
144	太焦高铁	郑太客专线太焦段	太原南—焦作	358	2020 年 12 月 12 日	250
145	机南城际铁路	郑机城际线新郑机场—郑州南段	新郑机场—郑州南	11	2020 年 12 月 12 日	200
146	合安高铁及安庆联终线	京港高速线合安段、安庆联终线	肥西—安庆	160	2020 年 12 月 22 日	350/200
147	银西高铁	银西客专线	吴忠—西安北	543	2020 年 12 月 26 日	250
148	福平铁路	福平线	福州—平潭	88	2020 年 12 月 26 日	200
149	汉宜铁路仙桃支线	仙桃城际线	大福—仙桃	17	2020 年 12 月 26 日	200
150	京雄城际铁路	京新雄城际线大兴机大兴机场—雄安段	大兴机场—雄安	59	2020 年 12 月 27 日	350
151	盐通高铁	盐通高速线	盐城—南通西	158	2020 年 12 月 30 日	350
	合计			39 415		

3.2 中国旅游经济发展概况

改革开放以来,中国旅游业蓬勃发展,实现了从旅游短缺型国家到旅游大国的历史性跨越,成长为世界重要的旅游目的地和客源国,形成了以国民大众旅游消费为主体、国内旅游与国际旅游协调发展的市场格局。下面,从旅游经济总体、国内旅游经济和入境旅游经济三个方面呈现大众旅游时代中国旅游经济发展现状。

3.2.1 中国旅游经济总体发展现状

2003—2017 年,中国旅游总收入呈现逐年上升趋势(见图 3-2)。2003 年中国旅游总收入为 4 882.96 亿元,2017 年中国旅游收入达到 53 993.64 亿元,是 2003 年的 11.06 倍,总增长率达到 1 005.76%。

从增长率来看,中国旅游总收入的增长率呈现上下起伏波动的现象。2003—2005 年,受非典疫情的影响,中国旅游总收入增速处于一个异常波动阶段,直至 2006 年才恢复正常增幅。2006—2007 年,中国旅游总收入增速处于上升阶段,增长率由 16.27%上升至 22.63%。2008 年受金融危机以及汶川地震的影响,中国旅游总收入增速处于快速下滑时期,增长率下降至 5.73%,降至近 10 年来增速的最低值。2009—2011 年,中国旅游总收入增速呈现飞速发展的趋势,增长率上升至 43.07%,达到了近 10 年来的增速最高峰值。2012年,中国旅游经济再次受金融危机的影响,旅游总收入增速极具下滑,增长率从 43.07%降至 15.28%,下降了 27.79 个百分点。2013—2017 年,中国旅游总收入增速呈现平稳的增长趋势,平均增长率为 15.9%。

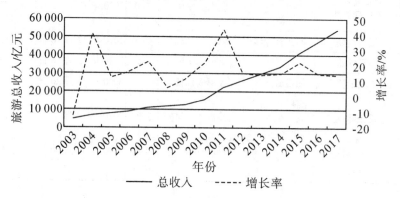

图 3-2　2003—2017 年旅游总收入及增长率走势

注:2015 年中国旅游收入增长率上升至 22.08%,是因为中国统计年鉴中,"国际旅游收入"统计方式改变,故出现增长率波动现象。

2003—2017 年我国旅游总人次呈现稳定增长趋势(见图 3-3),从 2003 年的 9.62 亿人次增长到了 2017 年的 51.40 亿人次,总增长率达到 434.3%。

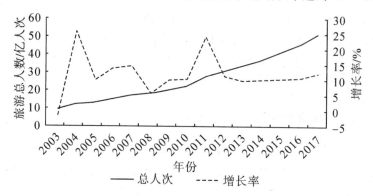

图 3-3　2003—2017 年旅游总人次及增长率走势

从历年增长率来看，中国旅游总人次的增长率出现上下波动的现象。2003—2005 年。中国旅游人次增速处于稳固恢复阶段，增长率由-1.43%恢复至 10.01%；2006—2007 年，中国旅游人次增速处于稳定增长阶段，增长率由 10.01%上升至 14.68%；2008 年，中国旅游人次增速处于减速阶段，增长率下降至 5.75%，下降了 8.93 个百分点；2009—2011 年，中国旅游人次增速经历了上升阶段，增长率上升至 24.13%，上升了 14.005 个百分点；2012—2013 年，国内外旅游人次增速经历了急速下滑的时期，增长率下降至 9.76%。2014—2017 年，中国旅游总人次增速处于稳定恢复阶段，增速恢复至 12.18%。

3.2.2 国内旅游经济发展现状

2003—2017 年，国内旅游收入均呈现逐年稳定上升的趋势（见图 3-4），从 2003 年的 3 442.27 亿元增长至 2017 年的 45 660.77 亿元，总增长率为 1 226.47%。

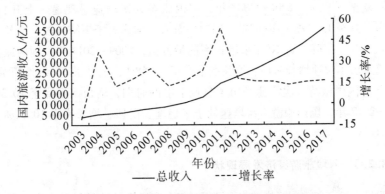

图 3-4　2003—2017 年国内旅游收入及增长率走势

国内旅游收入增长率是有起伏变化特征的，增长率基本以 18%为中心随时间序列呈现上下起伏波动；2003—2005 年，国内旅游收入增速处于恢复阶段，增长率恢复至 12.21%；2006—2007 年，国内旅游收入增速经历了上升阶段，增长率由 17.86%上升至 24.73%，上升了 6.88 个百分点；2008 年，国内旅游收入增速处于下降阶段，增长率下降至 12.59%；2009—2011 年，国内旅游收入经历了急速上升阶段，增长率上升至 53.46%，增幅达到 37.07 个百分点；2012 年，国内旅游收入经历了急速下降阶段，增长率由 53.46%下降至 17.62%，下降幅度达到 35.84%；2013—2017 年，国内旅游收入增速处于稳定阶段，平均增长率为 15%。

2003—2017 年，国内旅游总人次呈现逐年上升趋势（见图 3-5），从 2003

年的 8.7 亿人次增长至 2017 年的 50.01 亿人次，总增长率达到 474.83%，年均增长率达 31.66%。

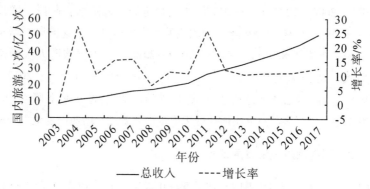

图 3-5　2003—2017 年国内旅游人次及增长率走势

从历年增长率来看，2003—2005 年国内旅游人次增速处于恢复阶段，增长率恢复至 9.98%；2006—2007 年，国内旅游人次增速呈现逐年上升趋势，增长率上升至 15.49%；2008 年，国内旅游人次增速处于下降阶段，增长率下降至 6.34%，下降至近 10 年来增长率的最低值；2009—2011 年，国内旅游人次增速经历了快速增长阶段，增长率上升至 25.58%，上升了 14.48 个百分点；2012 年，国内旅游人次增速经历了急速下滑的时期，增长率下降至 10.31%；2013—2017 年，国内旅游人次增速处于平稳增长阶段，增长率由 10.31%上升至 12.64%。

3.2.3　入境旅游经济发展现状

2003—2017 年，国际旅游收入呈现逐年上升趋势（见图 3-6），由 2003 年的 174.06 亿美元增长至 2017 年的 1 234.17 亿元，实现了国际旅游收入的稳定发展。

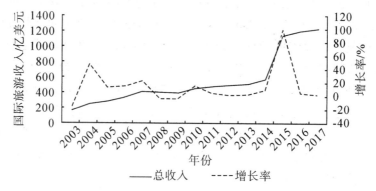

图 3-6　2003—2017 年国际旅游收入及增长率走势

从增长率来看，国际旅游收入增长率是有起伏变化特征的。2003—2005年，国际旅游收入增速处于一个异常波动阶段，直至2006年恢复正常；2005—2007年，国际旅游收入增速处于上升阶段，增长率由15.88%上升至23.48%；2008—2009年，国际旅游收入增速处于负增长阶段，增长率分别为-2.57%和-2.86%，下降了26.34个百分点；2010年，国际旅游收入增速呈现快速恢复阶段，增长率恢复至15.47%，上升18.33个百分点；2011—2013年，国际旅游收入增速快速下滑，增长率降至3.27%；2014—2017年，国家统计局对国际旅游收入的统计方式变更，导致国际旅游收入增长率在此期间出现了异常波动。

　　2003—2017年，入境旅游总人次呈现稳定上升趋势（见图3-7），由2003年的9 166.21万人次增长至2017年的13 948.24万人次，总增长率为52.17%。

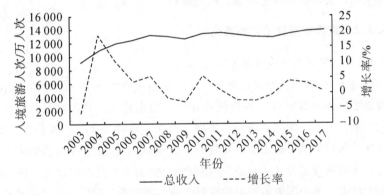

图3-7　2003—2017年入境旅游人次及增长率走势

　　从增长率看，入境旅游人次增长率是有起伏变化特征的，增长率基本以3%为中心随时间序列进行上下波动。2003—2007年，入境旅游总人次增长率处于恢复阶段，至2007年增长率恢复至5.55%；2008—2009年，入境旅游总人次呈负增长趋势，增长率分别为-1.14%和-2.73%；2010年，入境旅游总人次增长率呈现快速恢复阶段，增长率从-2.73恢复至5.76%；2011—2014年，入境旅游总人次增长率呈现持续下滑趋势并呈现持续负增长的现象，增长率为-0.99%；2015年，入境旅游总人次增长率处于上升阶段，增长率上升至4.14%；2016—2017年，入境旅游总人次增长率处于下降阶段，增长率由3.45%下降至0.75%。

3.3 中国高铁旅游发展概况

3.3.1 高铁旅游官方指导出炉

中华铁道网专设高铁旅游专题，以"乘着高铁去旅游，高铁时代快乐出行"为服务宗旨，为人民高铁旅游提供专业化指导。2019年4月26日，中国铁路总公司发布官方高铁旅游图，介绍了以北京为圆心，车程涵盖1~5小时的高铁旅游地图。高铁往返或在行程中加入高铁或动车行程的旅游线路，如雨后春笋般涌现，沿着高铁形成了一个个有独特风味的旅游圈。高铁旅游，让我们的每次出行变得更加绿色环保、简单随意。

3.3.2 高铁旅游联盟不断涌现

3.3.2.1 京沪高铁城市旅游联盟

2011年6月20日，京沪高铁城市旅游联盟成立大会暨《京沪高铁城市旅游联盟旅游合作泉城宣言》签约仪式在山东济南启动。京沪高铁旅游城市联盟包括北京、上海、天津、南京、济南、沧州、蚌埠7个京沪高铁沿线城市。京沪高铁是纵贯中国7省市的南北交通"大动脉"，也是连接环渤海和长三角两大经济区的黄金旅游"大通道"，沿线站点涵盖了9处世界遗产、16个中国优秀旅游城市，是中国旅游资源和旅游产业高度聚集的地区。京沪高铁旅游城市联盟各城市将依托京沪高铁，本着"资源共享、互利共赢"的原则，大力推进城市旅游合作，共同打造"交通旅游"的合作典范。

3.3.2.2 成绵乐高铁旅游联盟

2014年12月，由乐山牵头，成绵乐高铁沿线的乐山、成都、绵阳、德阳、眉山五个城市的旅游部门宣布成立成绵乐高铁旅游联盟，并签署了《成绵乐高铁旅游联盟合作协议》《成绵乐高铁旅游联盟五市旅行社分会互送客源合作协议》，乐山大佛景区管委会与西铁旅签署战略合作协议，全面携手合作共同开拓客源市。该联盟以"联动、合作、互惠、共赢"为宗旨，以政府部门、旅游管理部门合作为基础，通过开展线路整合、市场营销、形象宣传、产品展示、人才交流等旅游合作，推动旅游产品一体化开发和营销，实现旅游资源共享、信息互通、市场共赢的发展目标。

3.3.2.3 中国（长三角）高铁旅游联盟

2016年1月，在上海铁路局、上海市旅游局、江苏省旅游局、浙江省旅游局、安徽省旅游局的大力支持和精心指导下，由上海铁路局上海铁路国际旅游（集团）有限公司、浙报传媒旅游全媒体中心与《旅游时报》社共同发起组建的"中国（长三角）高铁旅游联盟"成立，这是国内首个由铁路部门发起并主导的旅游联盟组织。中国（长三角）高铁旅游联盟拥有独特的铁路行业资源优势，上海铁路局、上海市旅游局、江苏省旅游局、浙江省旅游局、安徽省旅游局为联盟指导单位，三家发起单位有着丰富的旅游行业运营经验和资源。中国（长三角）高铁旅游联盟将广泛联合高铁沿线城市、旅游企业、旅游服务商、媒体等各界资源，合力搭建高铁旅游整合传播平台、高铁旅游产品研发和销售平台、高铁旅游服务平台，在旅游目的地展示、高铁旅游产品研发销售、高铁旅游专列组织、高铁旅游服务中心建设、高铁旅游要素集成平台搭建、区域旅游联动推广等方面发挥更大的作用。中国（长三角）高铁旅游联盟充分发挥长三角地区高铁网络和运力优势，整合高铁站点、客运专列及相应数据资源，进一步凸显高铁对长三角旅游一体化发展的服务功能、助推功能和整合功能。高铁旅游联盟实现"铁路服务旅游"新模式。

3.3.2.4 粤桂黔高铁经济带旅游联盟

2017年8月8日，第三届粤桂黔高铁经济带合作试验区联席会旅游联盟互动交流会在都匀经济开发区举行。在这次交流会上，来自粤桂黔高铁沿线13个城市达成了粤桂黔高铁经济带旅游联盟协同创新合作共识。该联盟秉承"资源共享、市场共拓、品牌共创"的原则，进一步建立健全议事交流机制，搭建旅游宣传共享平台，推动沿线旅游企业出台优惠措施、开发更多优质的粤桂黔旅游精品和线路，推动实现三省（区）旅游合作共赢发展，把"粤桂黔高铁之旅"打造成为全国乃至世界的知名旅游品牌。该联盟通过加强区域旅游合作，有针对性地出台一系列推进产业布局、打破地域壁垒、整合资源要素、加速业态融合、完善基础设施等配套政策。目前，已实现了《粤桂黔高铁旅游手册》《粤桂黔高铁旅游地图》首发，粤桂黔高铁旅游资讯App正式上线，粤桂黔高铁经济带中小企业综合征信中心建设启动。

3.3.3 高铁旅游研究日益深入①

2021年4月28日，中国社会科学院财经战略研究院、中国社会科学院旅游研究中心及社会科学文献出版社共同在北京发布了《旅游绿皮书：2020—2021

---

① 宋瑞，金准，李为人，等. 旅游绿皮书：2020—2021年中国旅游发展分析与预测［M］. 北京：社会科学文献出版社，2021.

年中国旅游发展分析与预测》。该书中提出，高铁作为新时代的国家名片，能够产生巨大的时空压缩效应。高铁旅游是中国高铁战略的重要组成部分，未来应坚持品牌化发展方向，打造"中国高铁旅游"品牌，促进高铁旅游高质量发展。未来应从打造中长干线高铁旅游产品，开发省内/铁路局管内的高铁短途游产品，完善高铁旅游线路的产品开发，积极发展"高铁+旅游"新业态，增强高铁旅游全产业链服务能力的产品开发五个方面推动高铁旅游发展。

3.3.4 高铁旅游消费势头强劲

因高铁安全、快速、准点，广东旅行社也多利用高铁资源，策划和开发出"高铁游"的产品，大受街坊的喜爱。途牛旅游网监测的数据显示，2018年预订高铁出游的人次同比增幅为25%。据广之旅方面的信息，目前，高铁游产品数，约占国内游产品总数的30%。贵广高铁、青藏铁路、成昆铁路、哈大高铁四大铁路的使用率最高[1]。中国旅游研究院、携程旅游大数据联合实验室联合发布的《15项发现和待启动的旅行：国人疫情后旅游意愿调查报告》数据显示，在旅行交通方式选择上，高铁占29%，仅次于自驾游41%，远远高于客车16%和飞机14%的占比[2]。随着我国高铁"八纵八横"网络的完善，四通八达的高铁成为人们出行的重要选择。消费者日益多元的旅游需求，也赋予了高铁游愈来愈多的可能性。

3.4 本章小结

本章回顾了中国高铁建设的发展历程，描述了目前中国高铁运营状况。从旅游总体情况、国内旅游经济、入境旅游经济三个方面描述了中国旅游经济发展状况。随后，从行政引导、开发研究和消费情况三个方面介绍了中国高铁旅游发展概况。

---

① 肖阳. 高铁游约占国内游产品总数30%，4小时高铁旅游圈老广最爱 [EB/N]. 南方都市报，[2020-10-02]. https://www.sohu.com/na/422350450_161795.

② 张越熙. 大数据看疫后旅游趋势：出行需求依然大，将以自驾游、高铁游为主 [EB/N]. 封面新闻，[2020-03-20]. https://view.inews.qq.com/a/20200320A0TD8J00? tbkt = F&uid = 1001749017 06&refer=wx_hot.

4 高铁开通影响区域旅游经济的理论分析

高铁影响区域旅游经济发展的过程中受到多种因素的影响。为客观反映高铁与区域旅游经济的内在联系和影响机理,有必要在系统分析高铁运输特性和高铁运行产生的时空压缩效应的基础上,从旅游需求、旅游供给和异质性效应三个方面剖析高铁开通对区域旅游经济的影响。

4.1 高铁运输的特性及时空压缩效应

4.1.1 高铁运输的特性

作为一种新兴的交通运输方式,高铁凭借高速便捷、安全舒适、运输能力强等优点迅速在中国综合交通运输系统中占据重要的地位,成为城市之间交通客运网络的主要通道之一。

第一,高铁具有高速便捷性。从高铁的定义来看,其行驶速度不低于200千米/小时,在单位时间范围内其完成的空间位移距离明显优于普通铁路、公路运输以及水路运输;航空运输虽然在运行速度上明显高于高铁,但是在1 200千米的范围内[①],考虑两者总体的运输时间(市内通往站点的时间、安检时间、候车时间等),高铁在中短途客运上对比航空运输具有明显的竞争优势。相较于其他交通运输工具,高铁发车频率高、密度大,且高铁站建设相对于机场、港口等更靠近城市中心和交通枢纽,旅客在班次选择和出行规划上更加灵活、便捷。高铁运行受天气等自然因素干扰小,准点率高。根据世界银行

---

① 骆玲,曹洪. 高铁的区域经济效应研究 [M]. 成都:西南交通大学出版社,2012.

在《中国的高铁发展》报告中的统计数据，高铁的发车准点率和到达准点率分别为98%和95%，其中时速为350千米/小时的复兴号的发车准点率和到达准点率更是达到了99%和98%（劳伦斯 等，2019）。从上述数据不难看出，高铁在高速便利性上优于其他交通运输工具。

第二，高铁具有安全舒适性。交通基础设施的安全性是旅客在选择出行方式时需首要考虑的因素，本书依据中国人民保险的交通工具事故风险率计算方法（风险率＝保费/保费金额×1 000%）评估了各个交通运输方式的安全性。其中，高铁、普通铁路、公路运输、水路运输以及航空运输的风险率分别为0.03%、0.03%、081%、0.035%、0.046%；为统一数量级，风险率取倒数，得出其安全系数分别为3.33、3.33、0.12、2.86、2.17。从以上各交通工具安全系数可以看出，高铁的安全性更具优势。同时，高铁在行驶过程中相对平稳，旅客能根据自身需求调整座位倾斜角度，相较于其他运输工具旅客的活动空间更加宽敞。由此，就安全舒适性而言，高铁与航空运输难分伯仲，但与普通铁路、公路运输和水路运输相比优势明显。

第三，高铁的运输能力强。高铁的单次旅客运输能力明显优于普通铁路、公路、水路和航空运输。以和谐号CRH3型电力动车组和CRH380A型电力动车组为例，8节车厢编组核载人数分别为601人、494人，分别是中型客机核载人数的2.4倍和2倍。普通铁路的单次核载人数虽然与高铁相当，但由于高铁速度更快、发车密度更大，在相同时间范围内高铁能够完成更多的核载人数。

第四，高铁具有节能环保性。在牵引动力方面，当前公路交通和航空运输还大多依靠高级汽油供能的情况下，高铁采用自耦变压器供电方式"以电代油"，完全实现了以电力牵引为作业动力的技术保障。由此，高铁运行几乎没有产生过多废气、粉尘和噪声污染。在建设用地方面，当旅客运输数量一定时，高铁线路的建设面积仅为公路交通的1/4；同时，大部分高铁"以桥代路"的修建形式在更大程度上减少了高铁轨道的实际占地面积，可见高铁建设的土地节约效果显著①。

综上可知，从高速便捷性、安全舒适性、运输能力以及节能环保性等方面看（见表4-1），相较于其他交通运输方式高铁具有十分突出的客运优势。

---

① 王琳琳. 高铁环保知多少？[N]. 中国环境报，2013-01-08（008）.

表 4-1　不同类型交通工具运输方式的特征对比

运输方式	运行速度/千米·小时	准点率	发车密度	节能环保	风险率	舒适性	运输能力
高铁	200~400	高	高	高	低	高	最高
普通铁路	60~200	高	高	低	低	低	较高
公路运输	80~120	较高	高	低	高	低	低
水路运输	25~35	低	低	低	较低	低	最低
航空运输	800~1 000	低	低	低	较低	高	低

4.1.2　高铁的时空压缩效应

高铁对区域旅游产生的一系列影响主要通过其产生的"时空压缩"（time-space compression）效应来实现①。20 世纪 60 年代，Janelle 首次提出"时空收敛"（time-space convergence）的概念，描述了交通和通信技术革新使两地之间旅行时间缩短的速率。马克思主义地理学者 Harvey 于 1989 年在《后现代的状况》中提出"时空压缩"的概念，认为现代技术的进步导致空间随着时间而消亡，使世界收缩成一个"地球村"②。国内学者杨庆堃在 1948 年发表了《中国近代空间距离之缩短》，并以北京为中心对比了北京到国内主要城市的历史交通时间，首次绘制出"中国近代空间缩短形势图"③。由此可以看出，近代以来，社会各界开始普遍关注因交通运输技术发展而产生的明显的时空压缩现象。时间和空间原本是两个相互平行且独立的维度，而交通基础设施的发明和网络化建设为融合人们对时间、空间的感受和认知提供了契机，时空压缩也成为交通基础设施运行带来的最直接的影响效应。虽然在现代化信息技术高速发展的今天，时空压缩的触发机制已由实体的交通运输网络拓展到了虚拟计算机通信网络，但对以物理距离跨越为实现前提的旅游活动而言，交通基础设施对旅游产业带来的时空压缩效应仍最为直观。

高铁是陆地交通运输技术的一次跨时代性革新，其在运输速度和运输效率上的突破进一步强化了时空压缩现象。高铁产生的时空压缩现象主要体现在两

---

① 贾文通，黄震方，刘俊，等.高铁对区域旅游"时空压缩"效应的测度与分析：以长江经济带为例 [J].地理研究，2021，40（6）：1785-1802.

② 哈维.后现代的状况：对文化变迁之缘起的探究 [M].阎嘉，译.北京：商务印书馆，2013：300-301.

③ 杨庆堃.中国近代空间距离之缩短 [J].岭南学报，1949，10（1）：151-161.

个方面：一是在既定空间范围内，人们通过乘坐高铁能更快速地到达目的地，地理距离移动时间缩短，除花费在交通工具上以外的剩余可支配时间增多，以重庆到上海约 1 800 千米的地理距离为例，旅客乘坐高铁、普通铁路或驾车行驶高速公路、搭乘内河航运所需最长时间分别约为 9 小时、30 小时、22.5 小时和 72 小时。二是在既定的时间范围内，人们的可达地理范围进一步扩大。以成都为例，在 2010 年成灌客运专线开通之前，从成都市中心驱车半小时能到达四环路；而自城际高铁开通后，距离成都 60 千米的都江堰市也进入了成都半小时生活圈。由此可见，具有运行速度优势的高铁对时间、空间的压缩能力相较于其他交通运输方式更为显著，若进一步考虑其较大的发车密度和较高的旅客运载能力，高铁网络化建设所带来的时空压缩现象将更加剧烈。

4.1.3 时空压缩效应的发生过程

高铁的开通加剧了现代社会时空压缩现象，但更需要注意的是，在高铁对时间和空间发生压缩作用的过程中对个人、社会、经济等方面都将产生系列影响效应。

第一，高铁的时空压缩作用影响了人们对目的地的感知距离。感知距离是指，基于已有的记忆和认知，个人对常住地到目的地之间实际距离的感知（曹晶晶 等，2018）。与客观地理距离不同，感知距离更具个人主观性，同时也会受到个人社会经历以及社会文化背景等因素的综合影响。无论是就业、异地经商还是开展旅游活动，人们对目的地的感知距离都是影响其出行决策的重要因素。高铁的开通提升了交通便利度，使得旅客出行时间缩短、出行范围扩大，促使不同地区生活生产方式、社会文化认知相互碰撞，各地区了解程度加深、新的意识形态形成，在人们的心理认知层面也起到了时空压缩作用。可见，高铁不仅能显著缩短物理时空距离，还有助于通过拉近各地区之间的文化距离、社会距离促使旅客对目的地形成新的距离感知。

第二，高铁的时空压缩作用能在一定程度上降低经济活动开展所消耗的空间交易成本。在市场经济条件下，任何经济活动的开展都需综合考虑成本消耗和收益预期。空间交易成本是成就跨地域经济活动所需成本中不可忽视的一部分，具体是指因空间或空间性因素作用于交易过程所发生的成本，主要包括运输成本、通勤成本、信息搜寻获取成本等①。在收益一定的条件下，当空间交易成本越高，空间因素对于异地经济活动的阻力就会越大，生产要素流动减

---

① 钱志鸿，陈亮，郝秋江. 高铁重塑我国区域发展版图 [J]. 经济体制改革，2016 (3)：56-62.

弱，致使跨区域经济交互效应难以达到预期。可见，空间距离对于经济系统运转效率的影响作用明显。从具体的空间交易成本类型来看，一方面，由于高铁主要承担旅客运送服务，货物运输量少且集中在部分快递业务，同时高于普通铁路两倍的平均票价率使得高铁运输成本并不占据优势；另一方面，由于通勤成本和信息搜寻成本都涉及人员异地流动，因此基于高铁剧烈的时空压缩作用，其对以上两种成本的节约效果有显著影响。但究其本质，通勤成本和信息搜寻成本的节约对象都是旅客的时间成本，当旅客在移动交通工具上花费的时间越少，其用于从事其他经济活动的精力将更多，进而有利于更多社会财富的创造或消费者效用的提高。搭乘高铁的费用不算低廉，但只要旅客认为节约下来的交通时间比支付的货币更有价值，那么时间成本降低的效用就足以覆盖交通费用的上升，空间交易成本也会大幅下降。在经济快速发展的现代社会，时间是珍贵且有限的，会有越来越多的人愿意用货币换取时间的节约和旅途的舒适，由此高铁的空间交易成本的节约效果将会更加明显。

第三，高铁的时空压缩作用有助于提高地区的可达性，改变地区区位条件。当前，高铁的网络化建设已覆盖全国大部分地区，在优化各地区交通系统的同时也为旅客出行提供了更多选择，地区的可进入性增强。同时，从地区发展角度来看，高铁的时空压缩作用进一步增加了地区与其他区域的联系强度，更加完善了要素流动和资源分配的渠道，提升了地区的对外开放度。地区区位条件不仅指地区的地理位置，还包括地区与其他事物的空间联系，而交通基础设施建设的外部性将动态影响地区区位条件的优劣。高铁的开通降低了跨区域出行成本、减少了空间位移的摩擦力，并有效增强了人流、信息流、资金流克服地理距离阻力的能力，促使各类要素流动效率提高。然而，经济活动的运动轨迹往往会遵循利益最大化原则。由此，大部分资源要素将会流向优势更大的区域，进而产生聚集区的"虹吸作用"。而那些位于聚集区周边、区位优势原本就不突出的地区，高铁的开通将在一定程度上降低其原有的要素承载能力，加剧要素流失，从而产生"过滤作用"。由此，地区原有的区位优势以及有无开通高铁等条件都将会是高铁时空压缩作用产生差异化区位条件影响效应的重要因素。

综上所述，在时空压缩机制的影响下，高铁在营运过程中通过时间、空间和心理三个维度，影响了人们的出行决策，改变了各类生产要素流向，进而转变了地区区位条件的竞争优势，促使不同类型的经济活动在新的时空范围内开展。

4.2 高铁开通对区域旅游经济的影响

对旅游业而言，游客是旅游产品的消费主体，而旅游资源则是旅游产品的核心吸引物。由于包括自然风景和人文景观在内的地区旅游资源具有空间非转移性特征，因此旅游业发展具有高度的交通依赖性；同时，从旅游系统理论的观点可知，交通基础设施在连接旅游需求和旅游供给方面发挥着重要的纽带作用。由此，高铁作为解决大通道上大量旅客快速运输问题的新型交通工具将对区域旅游经济发展产生深远的影响。

4.2.1 高铁对区域旅游需求的影响

基于高铁的时空压缩效应，高铁的开通主要对游客出游决策及旅游流产生影响。

4.2.1.1 高铁对旅客出游决策产生影响

大多数旅游者是理性决策者，在参与旅游活动前会综合考虑自己及家人朋友的旅游目的、经济收入、身体素质等实际情况，在旅游总时间和旅游总花费一定的约束前提下，寻求一种效用最大化的出游方式，以满足旅游需要和期望。高铁的开通将旅游客源地与目的地之间的时间、地理以及感知距离缩短，进而改变旅游者的系列出游行为。

第一，高铁的建设有利于提高旅游者的出游意愿和出游频率。旅游活动的开展涉及旅游者的跨地域性移动，由此旅游目的地与客源地之间的地理距离成为影响旅游者出游意愿的关键因素。地理距离对旅游活动的影响具有双面性，一方面，地理距离是旅游吸引力产生的积极因素，距离越远则旅游客源地与目的地之间越可能存在较大的自然风光和风俗文化差异，促使旅游者出于新鲜感和好奇心而产生更多的出游动机；另一方面，地理距离越远意味着旅游者花费在移动交通工具上的时间、精力、费用将更多，旅程的劳累程度会加大，当地理距离带来的出游阻力大于其产生的旅游吸引力时就可能会在一定程度上制约旅游活动的开展。可见，旅游交通工具的选择对旅游者的出游意愿有很大影响。作为能同时兼顾旅程舒适度、快捷性和高性价比的交通工具，高铁能显著降低地理距离对旅游活动产生的摩擦阻力，在保证旅游者旅途休闲愉悦性的同时，为旅游者节约更多游玩时间，节省的交通费用也可以用于更多的旅游项目体验，进而最大程度地发挥游客旅游体验的边际效应，为其带来更好的旅游消费体验和更高的满意度。由此，成本的节约和体验的满意促使旅游者更愿意多次搭乘高铁出游，出游频率进一步提高。

第二，高铁的运行转变了部分游客的旅行方式。首先是旅游形式的转变。根据旅游线路设计可将旅游活动分为远程游、中程游、近程游三种类型。对旅行距离超过 600 千米的远程游来说，在不考虑价格因素的情况下飞机出行是首选①；而对中程和短程的旅游线路而言，自高铁开通运行之后，其突出的客运优势促使原本以团队游和自驾游为主的旅行方式发生转变。一方面，高铁的网络化建设提高了旅游目的地的可达性，加之其具有的时空压缩、班次密集、站点换乘便利等特点使得游客对出行时间的掌控和旅游行程的安排更加灵活，传统的团队游不再是旅客实现旅游活动的必选项，旅游消费逐渐呈现出散客化趋势；另一方面，城际高铁改变了原有的城市空间格局和部分居民生活方式，城市半径扩大、同城效应增强，近郊游、周末游、一日游等旅游形式常态化、游客规模进一步扩大。其次是旅游需求的转变。当高铁将旅客从舟车劳顿中解救出来，他们会将更多精力和花费投入旅游项目体验中。当散客自助游成为主要出游形式时，旅游者往往会摒弃传统团队游"走马观花"式的旅行方式，而更加追求旅游产品的个性化、高品质和深度体验性，对以休闲、度假、康养、教育等为主题的专项旅游需求更加突出，这也对目的地的旅游产品设计、服务体系完善和基础设施建设提出了更高要求。

第三，高铁的开通丰富了地区旅游客源市场类型。商务型旅客是搭乘高铁出行的主要人群之一，具有消费高、价格敏感度低、时间观念性强等特点。在商务型旅客看来，具有高效时空压缩效应的飞机和高铁都是出行的优先选择。相比较而言，高铁的绝对优势在于旅途全程有通畅的通信信号且到站的准点率更高，可以保障旅客随时进行工作联络及异地办公，也不会因为晚点而影响工作安排和效率，由此将有越来越多的商务型旅客选择高铁作为出行的交通工具。高铁的开通对大部分地区城市经济发展而言是有促进作用的②，而对于一些原本经济基础比较一般的地区而言，高铁的开通对其产生的经济效应冲击更显著，投资、谈判、会议、展览等商务旅游活动将会明显增多，这势必会提升这类地区对商务型游客的吸引力，消费群体规模扩大也将进一步提高地区旅游行业对商务型旅游产品市场的重视。从其他旅游客源群体来看，中老年游客群体的出游决策往往会受到多种外界因素限制，因此常以团队游、家庭游的形式

---

① 梁雪松. 旅游消费需求与交通工具选择的相关性研究：基于高铁与航空运输视角 [J]. 经济问题探索，2012（11）：123-130.

② 刘勇政，李岩. 中国的高铁建设与城市经济增长 [J]. 金融研究，2017（11）：18-33.

开展旅游活动，而高铁"公交式"运输特征提高了中老年游客群体的出行便利性，交通因素的出游阻力减少，其出游意愿将增强、旅行方式更加丰富。同时，对于喜欢探索新鲜事物的年轻人群来说，旅游消费预算的限制会在一定程度上抑制出游欲望，高铁的便捷性和高性价比为其提供了新的出行选择，将进一步激发这类旅游客源市场的活力。

4.2.1.2　高铁对旅游流产生影响

旅游者的空间流动是实现旅游活动的必要环节，高铁不仅影响游客的出游决策，其作为运载旅客移动的新型交通工具还会对旅游流产生多方面的影响。旅游流是旅游要素在区域空间内呈现出的一种动态位移现象。广义的旅游流概念包括客源地与目的地之间的旅游者迁移以及因旅游活动开展而产生的货运、资金、信息、文化等要素的流动①；而狭义的旅游流概念的研究对象则聚焦旅游者，重点探讨旅游者在客源地和目的地之间位移的数量以及流动的模式②。由于广义的旅游流包含的旅游要素范围太广泛，难以准确评估其流动路径和具体状况，因此学术界大多研究者采用狭义的旅游流概念，即将游客的空间移动情况作为旅游流的研究内容③。

从游客的出行范围来看，高铁对旅游流的影响主要体现在旅游客源市场空间布局的变化。旅游者的流动范围和流动规模不会在地理空间中无限扩散，而是受制于时间、金钱、身体等客观因素呈现出距离衰减规律。旅游者在达到一定的旅游目标或期望后便流回到客源地，由此各区域会形成较为封闭且规模各异的旅游流系统，而各个旅游流系统又将在不断连接、重叠、离散的过程中连接成旅游流的空间网络结构。高铁的影响作用就在于能更高效地为旅游者节约路途时间、降低交通成本、提升舒适性，提高其出游限制因素的极限值，进而扩大游客的出游半径，甚至提高一次出游而前往多个旅游目的地的概率，从而改变地区原有旅游流空间网络结构。从地区旅游业的角度来看，游客出游范围的扩大和旅游流空间网络结构的改变意味着旅游目的地客源市场辐射力的延伸，客源市场的空间结构将随着交通路径的变化而扩展，市场分布更加趋于分散，旅游客源市场空间布局的变化也将直接影响旅游市场的定位和性质，增强

---

① 唐顺铁，郭来喜.旅游流体系研究 [J].旅游学刊，1998 (3)：38-41；袁宇杰.旅游流的研究及旅游"双流"系统的构建 [J].旅游科学，2005 (1)：6-11.

② 吴晋峰，王鑫，郭峰，等.我国旅游流研究进展与展望 [J].人文地理，2013，28 (4)：20-26；郭向阳，穆学青，明庆忠，等.旅游地快速交通优势度与旅游流强度的空间耦合分析 [J].地理研究，2019，38 (5)：1119-1135.

③ 汪德根，牛玉，王莉.高铁对旅游者目的地选择的影响：以京沪高铁为例 [J].地理研究，2015，34 (9)：1770-1780.

地区之间旅游业的竞争力。

交通不是影响旅游流变化的唯一因素，相比之下旅游目的地的区位条件对旅游流发挥着更为关键的吸引作用，同时交通基础设施对地区可达性的影响也将改变地区旅游区位条件。由此可见，交通基础设施的建设情况在旅游目的地区位条件影响旅游流变化的过程中发挥着重要调节作用。高铁建设是完善地区交通系统的重要体现，对于大部分已开通高铁的地区来说，区位优势的增强将提高地区对旅游流的吸引力，产生旅游流的聚集效应，使得地区旅游业的市场竞争力得到进一步增强。然而，在游客总量一定的前提下，部分地区旅游流的集聚必然会导致其他地方旅游流的流失。对于没有修建高铁或处于高铁站点之间的地区，高铁的通车会对地区旅游流带来过滤效应，导致部分区域旅游资源和产品被市场忽视，旅游流的分散使得区域旅游经济发展受到负面影响。

4.2.2 高铁对区域旅游供给的影响

旅游吸引物、旅游设施和旅游服务是旅游业的三大直接供给要素，间接供给要素则包括旅游投资、旅游人才、旅游环境、科技应用等方面（林南枝 等，1998）。根据经济增长理论，产业供给总量的增加以及经济发展的本质就在于各类生产要素的投入。在旅游产业领域，旅游资源、劳动力和资本仍是最基础、最核心的生产要素，而技术、信息、制度等隐形生产要素则为提高旅游生产效率提供后续动力保障。从生产要素的流动特性来看，旅游产业的不可流动生产要素主要是指地区特有的自然旅游资源，而劳动力、资金、技术和信息等则属于可流动生产要素。高铁的建设为生产要素在区域之间或区域内空间位置的转移提供了运输通道，动态影响着旅游生产要素流动的潜在空间范围和流动方向。由此，基于高铁突出的客运优势以及为地区带来的显著人流、资金流、信息流变动现象，本书认为高铁开通主要通过改变地区劳动力市场、财政收入以及创新环境三种途径影响区域旅游供给。

4.2.2.1 劳动力市场途径

劳动力是指人们在开展社会生产活动时消耗的体力和智力的总和，是地区经济发展的基础推动力。劳动力的流动具有目的性，其核心内在动力在于想要改善现有生活状态和条件，而迁出地的"推力"、迁入地的"拉力"以及迁移过程中受到的"阻力"则构成了劳动力要素跨地区流动的主要外力影响因素。其中，"推力"是指迁出地的社会、经济、人文、自然等环境所形成的压力，"拉力"是指迁入地的有利于改善劳动力市场条件，如更高的收入水平、更广阔的职业发展前景、更完善的生活配套设施等，"阻力"则包括个人意愿、行业壁垒和地理距离等因素。相较于其他生产要素,劳动力要素的可见性和能动性更强,因此地区劳动力市场更容易受到交通因素的影响。高铁的开通对于增强旅游劳动力迁入地的"拉力"、减弱迁移的"阻力"都有显著作用。

根据新经济地理理论的观点,区域经济格局的形成与运输成本有密切关系。如果区域之间运输成本较高,则不利于推动生产者服务范围向本地以外的市场扩展,此时区域初始经济格局的变化趋势将会较为缓慢;而当区域交通基础设施得到不断完善,地区可进达性的提高和运输成本的降低将促使区域经济逐渐向一体化趋势发展,为获得规模报酬递增的优势,部分地区开始形成经济活动集聚现象。高铁运输的高效性和降低空间成本的显著作用将加快要素聚集的速度,交通条件的优化将强化部分沿线城市旅游产业要素向更优的区位配置,有利于进一步增强区域经济活动的聚集效应。区域经济市场规模的扩大和城市综合实力的增强将提升城市资源场的吸引力,产业结构的调整和旅游区位优势的突出将促使地区旅游劳动力市场需求量增大、岗位供给质量提高。劳动者的流动前提是效益最大化,在"用脚投票"机制的作用下,劳动力市场条件较好的城市必定会吸引更大规模、更高质量的旅游劳动力要素流入。

旅游业是劳动力密集型服务产业,劳动力数量与质量是地区旅游经济持续发展的重要保障。与其他行业相比,较低的技能水平要求和更为丰富的工作类型相对弱化了旅游劳动力的行业进入壁垒,旅游就业普遍呈现出季节性强、非熟练劳动力比例高、行业内流动性大等特征[①]。在行业壁垒阻力减弱的情况下,若旅游劳动者对异地岗位的时空距离感知被弱化,劳动力要素的流动自由性将会进一步增强。当前,由于高铁建设在各区域之间形成的高速"时空隧道"正好促使这一需求在较大程度上得到满足。无论是对远距离的劳动力人口异地迁移,还是对于相对近距离的每日通勤于居住地和工作地的跨地区作业,当前越来越密集的高铁线路网络化建设都将使得区域间的联系更加紧密、时空压缩作用更加剧烈,"阻力"减小、"拉力"增大,都将更加有助于促进旅游劳动力的流动和聚集。

4.2.2.2 财政收入途径

政府在维护地区旅游业发展的过程中扮演了重要角色。一方面,旅游产品具有公共属性。由于旅游目的地基础设施建设、公共服务体系配套、地区旅游形象培育和营销等项目都具有投资规模大、建设周期长、沉没成本较大等特

---

① RILEY M, SZIVAS E. Tourism employment and poverty: revisiting the supply curve [J]. Tourism economics, 2009, 15 (2): 297-305.

点，难以吸引市场资本投入，因此都需要地方政府主导性地介入，通过投入资源和资金对地区旅游进行整体规划与建设。另一方面，旅游业在带动当地经济发展、改善城市环境、提升城市精神面貌的同时，也会产生资源环境污染、城市拥挤、景区破坏等负面影响，而这些现实问题难以由市场自行解决，此时需政府通过公共投资、提供补贴、税收优惠等方式，引导更多市场主体参与到旅游的开发与管理中来，通过相应的财政政策征税让景区开发者承担相应的社会成本，以达到资源的最优配置。其中，地区财政收入就是政府制定产业配套政策与措施、实现对区域旅游业宏观调控的重要基础与保障[①]。政府的财政收入主要包括税收收入、国有资产收益、公共设施和服务的收费收入等，地区产业经济水平也是影响财政收入规模的主要因素[②]。高铁作为一个具有外部性特征的交通基础设施建设项目，在建设和运行的不同阶段都对地区财政收入有着显著影响。

在前期建设阶段，高铁可被看作一项能在短期内拉动需求、积累资本、影响经济增长的投资。高铁的修建过程主要包括轨道的铺建、列车及控制设备的制造、系统运营管理三大部分，其建设成本约为1亿元/千米，大约是普通铁路的5倍，是一项耗资巨大的工程。面对巨额的建设费用，政府部门通常会采用PPP模式筹集资金，这种方式将直接带动地方投资额的增加。同时，高铁修建对建造材料和技术的特殊要求将促进社会总需求提升，促使相关产业部门增大研发投入，为地区机械制造、钢铁材料、精密仪器、能源、建筑建造等上下游产业链的各部门提供发展机遇，进而对区域经济增长产生直接的带动效应。交通基础设施投资一般都具有广泛的产业关联效应，地区高铁投资的增加也将刺激电子、通信、餐饮等不同产业产出和劳动力需求的增加，通过投资乘数效应发挥高铁建设对区域经济增长的带动作用。经济增长是财政增收的根本，高铁建设产生的直接经济效应以及通过乘数效应对区域经济增长规模和增长速度带来的变化必然会进一步影响地区财政收入。

在高铁建成通车后，将通过带动资本要素的跨区域流动，改善地区社会经济发展环境，从而带动财政增收。区域间的资本要素回报率差异是推动资本要素在区域之间流动以及在空间上重新配置的本质动因。从资本的流动方向来看，由于资本是逐利的，因此在区域间的资本要素回报率实现均等之前，资本自然会从回报率低的地区流向回报率高的地区。自高铁开通后，投资环境的改

① 王瑞琳. 公共财政对县域地区旅游业发展的支持研究 [D]. 大连：东北财经大学，2018.
② 尚元君，殷瑞锋. 对地方政府财政收入能力影响因素的实证分析 [J]. 中央财经大学学报，2009（5）：12-15，42.

善和对外开放水平的提高使得地区获取生产要素和市场准入的便捷性提高，进而提升资本要素回报率。从资本循环周转的速度来看，高铁的时空压缩作用缩短了产品生产地和销售地之间的时间、空间距离，降低了资本要素在区域间流通所需的时间成本，加快了资本在购买—生产—销售环节上循环周转的速度，提升了资本的增值能力，进一步吸引资本要素向高铁沿线区域流动和聚集。资本要素主要通过直接投资、融资和区域贸易三种形式在区域间流动和聚集。高铁开通对沿线地区带来的资本要素聚集效应将为地区各类市场主体创造更好的营商环境，促使地区资本要素的积累和优化配置，加之劳动力、技术等可移动要素对土地等不可移动要素的替代作用增强，为区域产业布局带来积极影响，将有效促进区域产业结构的调整和经济效益的提升，最终影响财政收入的税源结构和税收收入，实现地区财政增收。

4.2.2.3　创新环境途径

创新能力是促进社会经济可持续发展的根本动力保障。旅游业属于服务业，顾客导向是贯穿旅游业发展始终的核心，如何设计、开发出满足游客需求的旅游产品和服务密切关系到地区旅游经济发展。随着生活水平的不断提高，具有多样性和求新性特征的旅游消费需求日益显现，旅游业的产业属性亟待由劳动力密集型向创意密集型、科技密集型以及体现密集型转变，持续不断地在产品、营销、管理等方面进行创新成为旅游企业生存和发展的基本要求。

知识和信息的分享与交流是创新的原动力①。地区创新能力的提升不仅依靠自身的要素条件，还依赖于其他地区创新要素的流动。与其他行业相比，旅游产业创新活动的开展特别依赖外部知识。随着现代化通信技术的发展，部分可编码的显性知识、信息的溢出可以通过互联网来实现。然而，对于一些需要人与人面对面沟通交流才可以获得和创造的不可编码的隐性知识和信息仍在很大程度上受到地理距离和时间距离的约束②，由此以高铁为代表的交通基础设施对于知识和信息的传递仍发挥着无可替代的重要作用。

第一，高铁的开通促进了高素质人才的流动。不同于普通劳动力，人才是具备特定专业知识或技能的高水平劳动力资源，是创新活动的核心。创新是一个多维信息、技术、经验相互碰撞的复杂过程，具有知识密集性的特点，是单个主体难以独立完成的，因此多个不同主体之间的交流与合作是克服和解决创新难题的必要前提。那些隐匿在编码符号背后的新想法、新创意和高频率的快

---

① HOLT K. The role of the user in product innovation [J]. Technovation, 1988, 7 (3): 249-258.
② 郭进，白俊红. 高速铁路建设如何带动企业的创新发展：基于 Face-to-Face 理论的实证检验 [J]. 经济理论与经济管理，2019 (5): 60-74.

速反馈，为团队带来的知识重组以及良性互动产生的信任关系等，都能在很大程度上增大创新成功的可能性。人才之间的所在地区、领域跨度越大，在交流和学习过程中越可能产生新的想法。高铁所具备的速度快、准点率高、通信畅通等优势，能更好地满足那些具有高度时间敏感性的高素质人才的流动需求，进一步促进了跨地区、跨领域的显性和隐性知识、技术、信息的传播和扩散，引发知识溢出，进而加快各地区知识积累、技术更新及信息再利用，从而促进区域创新活动的开展以及创新成果质量的提升。

第二，高铁运行产生的知识溢出效应加剧了区域创新主体之间的竞争趋势。特别是城际高铁的运营，使得高铁连接的两个或若干个城市之间的地域边界逐渐模糊，打破了区域间原有的封闭性和分割，城市公共基础设施、旅游产品和服务等物质资源都在高铁带来的"同城效应"中呈现出很大程度的共享特征。因此，在高铁开通后，旅游者对旅游目的地的选择空间进一步扩大到同城化的旅游经济圈中，这也意味着在这一范围内的旅游产品和服务将面临更加激烈的竞争。高铁的运行带动了信息、技术、知识等创新要素的流动和溢出，使得不同区域的各创新主体之间对于对方知识信息内容有着更加深入的了解和掌握。在区域创新环境大范围优化的情况下，为减少同质化旅游产品的现象，避免在竞争中陷入劣势，各主体都需要通过创新来降低现有产品的成本以获取成本优势，或者通过创造具有独特吸引力的旅游产品来获取超额利润。可见，高铁的开通拉近了旅游产品需求与研发、生产与销售之间的距离，使得创新主体之间产生竞争效应，激励其保持持续性且有突破性的创新，以满足日新月异的旅游市场需求。

4.2.3　高铁对区域旅游经济的异质性影响

新经济地理理论的观点表明，即使两个地区的初始资源禀赋几乎无异，各自经济系统运转产生的内生力量仍将始终基于"趋优"机制促使各类要素流向最佳区位，产业集聚由此产生，区域分异的发展趋势不可避免。若此时地区受到其他外部环境因素的影响，如自然灾害的发生、地区政策的实施等，会导致原本差异不大的两个地区的经济发展开始产生细微差距。基于循环积累因果机制，随着中心区的要素累积和市场需求逐步增加，地区之间原本的微小差距会在日积月累中越来越大，中心区的聚集优势日益加强，而边缘区会因为要素的流出而处于经济发展劣势地位。产业聚集所产生的影响效应是促进区域经济增长的重要推动力，但也应注意到，经济空间中并非仅存在集聚力。当核心区因为资源拥挤而产生负面效应或不经济时，或者由于产业的特殊性而对不可移动要素有严重依赖性时，由此产生的聚集区的"推力"和不可移动资源的"拉力"则会产生经济活动的扩散效应，要素向周边地区分散，最终促使区域经济增长在长期中趋同或收敛，缩小区域之间的经济差距。集聚和扩散这两种作用力既相互对立又长期并存，两者之间复杂的博弈和均衡过程将决定经济空间结构的形成和变化。

依据交通经济带理论，具有外部性特征的交通基础设施建设对区域经济活动的聚集和分散起着催化剂的作用。当前，国内公路、铁路和航空等交通基础设施的建设和运行将各个地区都纳入了一个整体的通达系统中，建立起了区域间要素流动的通道；而高铁凭借其独有的技术经济特征进一步加剧了交通运行产生的时空压缩效应，各种要素的流动效率提升，密切了区域之间的联系作用，进而影响集聚力和扩散力的博弈、均衡，最终产生区域产业经济空间分异。

地区旅游资源禀赋、旅游消费者特征和旅游企业的区位成本等是影响旅游产业布局的最重要因素①。基于高铁开通对旅游需求和旅游供给的多方面影响，区域旅游产业的聚集效应和扩散效应也将因此产生多种变化。

一方面，高铁运行产生的虹吸和过滤作用使区域旅游产业聚集呈现"马太效应"。旅游产业的集聚对地区旅游资源及周边自然条件等不可移动要素具有高度依赖性，具有知名度、美誉度和独特性旅游资源的地区自然会吸引大量旅游客体和生产要素的汇聚，在旅游发展前期就逐步形成了一定规模的旅游产业集聚。而自高铁开通后，时空压缩效应的增强将加快人流、资金流、信息流等要素向旅游发展环境更好、边际产出更高地区流动的速度，使得那些原本就具备一定区位优势的旅游节点的吸引力得到进一步加强，并进入"资源聚集—旅游区位优势提升—资源再聚集"的良性循环，体现出高铁的虹吸作用。然而，对于一些没有开通高铁或处于高铁站点之间的旅游竞争力相对不突出的城市，或者是那些位于核心景区的"阴影区"且有着相似客源市场的周边景区，在高铁的过滤作用下，这些节点将被吸引力更大的旅游节点替代，本地旅游要素流失加剧，呈现出"资源流失—旅游产业发展能力下降—资源再流失"的恶性循环。由此可见，自高铁开通后，具有旅游区位优势差异的地区将呈现出"强者愈强，弱者愈弱"的"马太效应"，进一步拉大地区间旅游经济的差距。

另一方面，高铁的营运增强了区域旅游产业的扩散效应。高铁引致的旅游产业扩散效应大致有两种形式：一是由拥挤效应引起的旅游产业扩散。高铁的

---

① 杨国良. 论旅游产业空间布局 [J]. 四川师范大学学报（自然科学版），2002（1）：94-98.

运行促使大量生产要素和游客汇集到某些特定的旅游空间，在提升地区旅游竞争力的同时，也可能进一步造成景区过载、环境破坏和污染等负面效应。聚集不经济将迫使旅游企业向周边区域扩散，而高铁将进一步影响旅游产业向外扩散的方向和距离。二是旅游区位条件以及旅游市场需求变化引起的旅游产业扩散。自高铁建成后，沿线区域旅游要素流动更加便捷，为旅游企业的重新布局提供了新思路。对于一些原本因受交通制约而未能得到发展机会的旅游目的地，高铁的开通提高了旅游目的地的可达性，扩大了旅游客源市场范围，地区旅游发展潜力得以提升，同时相对低廉的旅游产业发展成本也将吸引相关旅游企业的迁入，由此为周边中小城市旅游业带来更多发展机遇。从游客的角度来看，高铁的运行提高了他们的出游意愿、扩大了他们的出游范围，并为其节约了大量时间和交通成本，这意味着在相同时间段的出游时间里，游客愿意一次出游而前往多个旅游目的地，特别是那些位于高铁相邻连线的景区，会因为便利度和性价比高而受到旅游消费者的欢迎。由此，诸如高铁旅游产品这类市场需求的增加将有效促进旅游产业随着高铁布局而沿线扩散。

面对地区各异的旅游基础条件，高铁对旅游业的影响效应原本就存在空间差异。与未受到高铁影响的地区相比，被纳入高铁网络的地区会因为要素流动的加速而感受到更强烈的旅游产业聚集和扩散效应。随着高铁营运时间的延长，聚集与扩散效应将通过不断的博弈和均衡作用重塑旅游产业空间布局，进而加剧区域旅游经济的空间分异。

4.3 机制模型

高铁作为一种交通技术创新，凭借其独有的客运技术优势和显著的距离时空压缩效应，影响了旅游者的出游决策和出游范围，激发出不同类型的旅游消费市场活力，同时加速劳动力、资金、信息等生产要素在地区之间的流动，通过改善区域劳动力市场条件、促进财政增收和营造创新环境等渠道，实现了区域旅游供给的优化，在整体上推动了区域旅游经济的发展；同时，基于地区各异的旅游发展条件以及高铁开通引致的产业空间集聚力和扩散力的博弈，使得高铁开通的区域旅游经济效应呈现出异质性特征。

综合前文所述，高铁的区域旅游经济影响机制如图 4-1 所示。

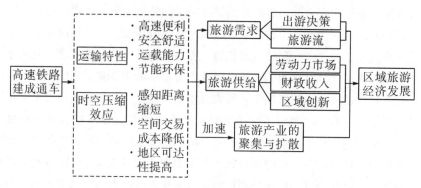

图 4-1　高铁开通对区域旅游经济的影响机制

4.4　本章小结

　　本章在介绍高铁运输特性的基础上，阐述了高铁的时空压缩效应。高铁的时空压缩作用影响了人们对目的地的感知距离，能在一定程度上降低经济活动开展所消耗的空间交易成本，有助于提高地区的可达性，改变地区区位条件。高铁的开通主要通过对游客出游决策与旅游流两个方面对旅游需求产生影响，主要通过改变地区劳动力市场、财政收入和创新环境三种途径影响区域旅游供给。而且面对地区各异的旅游基础条件，高铁对旅游业的影响效应原本就存在空间差异。最后，本章构建了高铁的区域旅游经济影响机制模型。

5 高铁开通对城市旅游经济发展影响效应分析：总体视角

5.1 模型设定和数据说明

5.1.1 模型设定

一般而言，可以采用一种较为简单直观的方法评估高铁开通对区域旅游经济的影响，即通过比较高铁开通之前和高铁开通之后相关城市旅游经济的发展差异来判断。假设虚拟变量 period = 0 表示高铁开通前，period = 1 表示高铁开通后，Tour 表示区域旅游经济情况；用 Tour_0 和 Tour_1 分别表示高铁开通前后的区域旅游经济水平，那么高铁影响区域旅游经济的因果效应则为 $E(\text{Tour}_1) - E(\text{Tour}_0)$，则可估计如下方程：

$$\text{Tour} = \alpha + \beta\text{period} + \varepsilon \tag{1}$$

其中，系数 β 表示高铁的区域旅游经济影响效应。而确保方程（1）估计结果准确的前提条件是，当且仅当不存在其他时间可变因素影响区域旅游经济 Y。然而，实际上，区域旅游经济的发展常常受到很多外界因素的影响，如地区经济增长情况、产业结构调整、人口流动或同一时期其他政策实施等，而高铁开通仅仅是其中之一。由于影响因素纷繁复杂，很难一次性考虑完全，因此方程（1）这种简单时间序列的差分估计方程会因为遗漏变量而产生内生性问题，导致估计结果出现偏差。

为解决以上问题，本书将采用在政策分析和工程评估中最常使用的计量经济学方法——双重差分模型来对高铁的区域旅游经济效应进行估计。双重差分法是分析政策或工程效应评估的一大利器。其适用性在于，其在时间维度差分的基础上进一步加入个体对照组类，有效地将随时间增长而自然变化的时间效应与政策或工程实施带来的处理效应分离，减少了模型构建过程中需要考虑的控制因素，使得模型内生性问题能在较大程度上得到解决，确保效应估计的准确性。

高铁属于国家层面战略性建设工程，其选址与建设主要在国家发展改革委以及铁路总公司（原铁道部）的综合规划下完成。对各地级市而言，高铁建设是具有一定外生性的，这对于考察高铁开通对区域旅游经济的影响提供了一个很好的"准自然实验"。基于此，根据是否开通高铁将本书研究的 284 个地级市样本进行分组，其中已开通高铁的 193 个地级市为"实验组"，其余未开通高铁的 91 个地级市则构成"控制组"，从"是否开通高铁"个体效应及"高铁开通前后"时间效应的双重差分视角对高铁的旅游经济效应进行估计。从方程表达来看，应在方程（1）的变量基础上再增添一组虚拟变量，其中虚拟变量 treated 被赋值为 1 时表示样本属于实验组，虚拟变量 treated 被赋值为 0 时表示样本属于控制组。据此，样本共可分为四组，分别为高铁开通之前的控制组（treated＝0，period＝0）、高铁开通之后的控制组（treated＝0，period＝1）、高铁开通之前的实验组（treated＝1，period＝0）和高铁开通之后的实验组（treated＝1，period＝1）。则高铁开通影响区域旅游经济的评估方程可表示为

$$[E(\text{Tour} \mid treated = 1, \ period = 1) - E(\text{Tour} \mid treated = 1, \ period = 0)] - [E(\text{Tour} \mid treated = 0, \ period = 1) - E(\text{Tour} \mid treated = 0, \ period = 0)] \quad (2)$$

进而可利用方程（3）执行双重差分来识别高铁影响区域旅游经济的因果效应：

$$\text{Tour}_{it} = \alpha + \beta_1 treated_i + \beta_2 period_t + \beta_3 (treated_i \times period_t) +$$
$$\lambda \sum_n \text{Controls}_{it} + \varepsilon_{it} \quad (3)$$

其中，下标 i 与 t 分别指代城市和时间，$Controls_{it}$ 为影响区域旅游经济且会随时间和城市变动的控制变量，n 为控制变量数量，ε_{it} 为残差项。

还需注意的是，在传统双重差分模型的设定中一般要求样本的工程实施时间点属于同一时期，但由于高铁的建设需要考虑地区地形、技术、建设成本等多种因素，因此各地通车时间有先后差异。由此，本书借鉴由 Bertrand 与 Mullainathan（1999）提出的多期双重差分方法[①]，将对实验组中的 193 个地级市赋值为 1、控制组中的 91 个地级市赋值为 0，同时考虑到高铁开通的时间差异，将实验组中高铁开通当年及以后赋值为 1、高铁开通之前赋值为 0。

---

① BERTRAND M, MULLAINATHAN S. Is there discretion in wage setting? A test using takeover legislation [J]. The rand journal of economics, 1999, 30 (3): 535-554.

综上所述，需要将方程（3）进一步改造，最终利用高铁虚拟变量 *HSR* 构造面板数据双向固定效应模型进行双重差分估计。具体模型设定如下：

$$\text{Tour}_{it} = \alpha + \beta_1 \text{HSR}_{it} + \lambda \sum_n \text{Controls}_{it} + \eta_t + \mu_i + \varepsilon_{it} \tag{4}$$

其中，β_1 作为核心估计参数反映了高铁开通对区域旅游经济的净影响效应。若 β_1 为正，说明高铁的开通对促进区域旅游经济发展起着积极作用，反之则起抑制作用。η_t 与 μ_i 分别表示时间固定效应和地级市的个体固定效应。

5.1.2　变量与数据

5.1.2.1　被解释变量

区域旅游经济水平和旅游经济产出是学者们衡量旅游经济增长的主要指标（李光勤等，2018）。在参考统计年鉴中衡量旅游产出指标的基础上，为全面分析高铁开通对地区旅游业整体、国内旅游以及入境旅游发展的影响，本书选择国内外旅游总人次、国内外旅游总收入、国内旅游人次、国内旅游收入、入境旅游人次、国际旅游收入作为衡量地区旅游经济水平的指标。其数据来源于《中国区域经济统计年鉴》（2004—2014）、《中国城市统计年鉴》（2004—2018）以及各省（自治区、直辖市）历年统计年鉴。

5.1.2.2　核心解释变量

各地级市高铁开通的情况，用虚拟变量表示。现实中，大部分高铁通车时间在下半年或年末，考虑到高铁对地区旅游业的影响效应具有一定滞后性特征，本书把在当年 7 月 1 日之前开通了高铁的地级市赋值为 1，在当年 7 月 1 日当天及以后开通高铁的，则被视为在下一年开通，并在次年赋值为 1，将还未开通高铁的观测值作为控制组且赋值为 0。全国高铁线路规划、各地级市高铁车站开通时间、车站数量等数据信息均手工整理自国家铁路局官网（www.nra.gov.cn）、高铁网（www.gaotie.cn）、中国铁路 12306 网站（www.12306.cn）、《中国铁道年鉴》（2017）以及相关新闻报道或公告。

5.1.2.3　控制变量

为进一步控制其他外界因素对区域旅游经济的影响，通过梳理相关文献和了解现实情况，并在整理《中国城市统计年鉴》（2004—2018）统计数据的基础上，本书选择以下变量作为模型中的控制变量：

第一，地区经济状况。地区经济状况在很大程度上影响了地区旅游市场的供需状况。旅游业属于高收入弹性产业，居民的出游需求和旅游消费能力受到当地经济发展水平的正向影响；同时，经济发展越好的城市，旅游产品的对外供给能力越强、旅游接待基础设施也相对越完善。该变量用地级市历年实际人均国内生产总值衡量。

第二，地区对外开放。地区对外开放度越高，说明城市市场化程度和经济活动的透明度更高，越有助于促进国际化资金、技术等要素的跨区域流动，对升级区域旅游产业供给起着重要助力作用。该变量用地级市历年实际利用外资金额与地区国内生产总值之比衡量。

第三，地区投资水平。当前，大众的旅游需求日益多样且愈加重视旅游体验的质量，促使地区旅游经济增长逐渐由资源开发转入资本驱动阶段，资本供给带来的基础设施建设、旅游产品创新升级等，已成为保障地区旅游业健康运行与发展的重要动力[①]。可见，地区投资水平与旅游经济发展密切相关。该变量用地级市历年固定资产投资金额与地区国内生产总值之比衡量。

第四，地区产业结构。旅游业与第三产业之间具有广泛的关联性，第三产业的比重越大，地方政府投资和发展旅游业的积极性越高，有利于进一步丰富地区旅游业配套资源，提升当地服务接待能力。该变量采用地级市历年第三产业占国内生产总值的比重衡量。

第五，地区教育水平。地区教育水平对旅游业发展的影响体现在两个方面：一方面，高等教育普及率高的地区可以说明当地具有一定的高素质人力资本存量，在某种程度上能保障和提升地区旅游从业者的业务能力与综合素质；另一方面，包括大学生在内的受过高等教育的人群一般具有较为强烈的求新猎奇意愿，愿意在旅游活动上花费金钱和时间以获得精神享受，具有较大的旅游需求潜力。该变量用地级市历年高等学校在校生人数占年末总人口的比重来衡量。

第六，地区人口密度。旅游客源地与目的地之间的距离对游客出游起着一定阻碍作用，因此当地居民是旅游目的地客源市场的重要组成。对各个地级市行政区而言，人口基数和行政区面积各异，只考虑人口总数对旅游业的影响难以准确衡量本地的旅游需求，使用地区人口密度更合理，具体计算方式为地级市历年总人口数与行政土地面积之比。

第七，地区信息化水平。当前，作为信息密集型产业，旅游业的市场需求调查、产品生产及营销都离不开信息技术的支持，地区信息化水平提高是促进区域旅游经济增长溢出的关键驱动力[②]。该变量用人均邮政业务收入衡量，计

① 苏建军，朱海艳. 中国旅游投资水平的时空格局演变及驱动因素分析 [J]. 世界地理研究，2019，28（4）：144-155.
② 王龙杰，曾国军，毕斗斗. 信息化对旅游产业发展的空间溢出效应 [J]. 地理学报，2019，74（2）：366-378.

算方式为地级市历年邮政业务收入与年末总人口之比。

第八，地区环境质量。地区环境质量分别用地级市建成区绿化覆盖率和生活垃圾无害化处理率衡量。地区环境质量是提升旅游目的地吸引力、保障游客旅游体验质量的基础条件，也是保障地区旅游经济可持续发展的关键影响因素。

第九，地区交通基础设施。地区交通基础设施分别用人均出租车数、人均公共汽（电）车数和道路铺装面积来衡量，计算方式分别为地级市年末实有出租汽车、公共营运汽（电）车数与上年末总人口数之比，以及年末实有铺装道路面积与上年土地面积之比。地方交通设施条件是连接机场、高铁站等其他大型交通工具站点和旅游目的地的必要通道，是影响景区可达性的重要前提条件，关系到游客的出游便利性。

囿于数据可得性，本书选取了2003—2017年中国284个地级市全市层面的面板数据作为研究样本。在城市的选择上，主要剔除了一些在考察期内在地级市层面上发生行政区划调整的城市，如巢湖市、海东市、三沙市等；而那些在地级市层面以下发生行政区划调整的城市仍被纳入研究样本中，如地级市内的县区调整。在数据处理方面，首先，为最大限度地保留可用样本，根据各地级市相应年份的国民经济与社会发展统计公报数据对缺失值逐一填补，剩余少量缺失值再使用线性插值进行填补；其次，为保证国际旅游收入和实际利用外资金额这两个以美元为单位的变量与国内数据的可比性，使用人民币兑美元的名义年度汇率将其转换为相应的本币值，其中人民币兑美元的名义年度汇率来源于《中国城市统计年鉴（2004—2018）》；最后，为消除通货膨胀的影响，分别使用年度GDP指数、人均GDP指数、CPI指数和固定资产指数对所有货币单位变量都进行了不变价处理，得到以2002年为基期的实际值。由于缺少地级市层面的价格指数，由此采用城市所在省（自治区、直辖市）的各类价格指数进行平减，其数据来源于各省（自治区、直辖市）统计年鉴。

总体样本的描述性统计如表5-1所示。衡量共线性程度的最大方差膨胀因子VIF均小于10，可以基本排除影响回归结果的变量间多重共线性问题，初步说明本书选择的解释变量和样本数据较为合理。表5-2呈现的是高铁开通城市和高铁未开通城市样本的描述性统计结果。从各旅游经济衡量指标与控制变量的均值和标准差的对比来看，高铁开通城市的旅游经济水平和城市发展水平都要高于未开通高铁的城市，而高铁对区域旅游经济的长期影响效应还需要通过进一步的回归分析加以检验。

表 5-1　总体样本的描述性统计

变量	观测值	均值	标准差	中位数	最小值	最大值
国内外旅游总人次	4 251	2.00	3.16	1.04	0.00	54.23
国内外旅游总收入	4 242	1.50	3.02	0.58	0.00	40.39
国内旅游人次	4 251	1.97	3.11	1.02	0.00	53.87
国内旅游收入	4 238	1.40	2.74	0.55	0.00	37.83
入境旅游人次	4 237	3.13	9.64	0.47	0.00	132.30
国际旅游收入	4 238	0.91	3.10	0.10	0.00	37.05
高铁开通	4 259	0.24	0.43	0.00	0.00	1.00
经济状况	4 259	1.26	0.95	0.95	0.17	16.11
对外开放	4 138	4.14	4.47	2.62	0.00	60.80
投资水平	4 259	1.48	1.04	1.22	0.06	9.74
产业结构	4 259	3.73	0.90	3.63	0.00	8.53
教育水平	4 225	1.56	2.16	0.75	0.00	13.11
人口密度	4 259	4.25	3.27	3.54	0.05	26.62
信息化水平	4 259	8.72	28.73	4.36	0.00	666.30
建成区绿化覆盖率	4 257	0.37	0.14	0.39	0.00	3.87
生活垃圾无害化处理率	4 234	8.05	2.71	9.27	0.00	36.20
人均出租车数量	4 258	2.16	1.72	1.66	0.00	18.41
人均公共汽（电）车数量	4 259	7.56	15.39	6.08	0.00	904.00
道路铺装面积	4 258	2.07	4.82	0.74	0.00	64.50

表 5-2　高铁开通城市和高铁未开通城市样本的描述性统计

变量	高铁开通城市			高铁未开通城市		
	观测值	均值	标准差	观测值	均值	标准差
国内外旅游总人次	2 890	2.46	3.66	1 361	1.02	1.18
国内外旅游总收入	2 883	1.92	3.55	1 359	0.60	0.79
国内旅游人次	2 890	2.41	3.60	1 361	1.02	1.17
国内旅游收入	2 879	1.78	3.21	1 359	0.59	0.78
入境旅游人次	2 889	4.29	11.46	1 348	0.63	1.22
国际旅游收入	2 889	1.28	3.70	1 349	0.13	0.25
高铁开通	2 894	0.36	0.48	1 365	0.00	0.00

表5-2(续)

变量	高铁开通城市			高铁未开通城市		
	观测值	均值	标准差	观测值	均值	标准差
经济状况	2 894	1.38	0.99	1 365	0.99	0.80
对外开放	2 843	4.97	4.75	1 295	2.31	3.06
投资水平	2 894	1.45	0.99	1 365	1.56	1.13
产业结构	2 894	3.83	0.93	1 365	3.52	0.79
教育水平	2 878	1.96	2.47	1 347	0.70	0.72
人口密度	2 894	4.98	3.36	1 365	2.72	2.43
信息化水平	2 894	10.64	34.58	1 365	4.65	3.97
建成区绿化覆盖率	2 892	0.38	0.16	1 365	0.35	0.10
生活垃圾无害化处理率	2 876	8.20	2.66	1 358	7.73	2.81
人均出租车数量	2 893	2.08	1.59	1 365	2.31	1.96
人均公共汽(电)车数量	2 894	8.47	18.44	1 365	5.64	3.62
道路铺装面积	2 894	2.68	5.69	1 364	0.78	1.17

5.2 估计结果与分析

5.2.1 基础回归

表5-3中的第（1）列至第（6）列显示了在不加入任何控制变量的情况下对高铁的区域旅游经济影响效应的检验结果。从回归结果我们可以看出，高铁开通对国内外旅游总人次和总收入、国内旅游人次和收入、入境旅游人次和收入的影响均在1%的水平上显著为正。当然，以上结果呈现的是在没有排除其他影响因素作用的前提下高铁开通的区域旅游经济影响效应。为了能更好地识别出净效应，表5-4报告了在考虑其他影响因素后高铁开通对区域旅游经济的影响。

表5-4中的结果表明，当控制地区经济状况、对外开放、投资水平、产业结构、教育水平、人口密度、信息化水平、环境质量和地区交通设施等因素后，高铁开通对衡量区域旅游经济产出的所有被解释变量的影响系数有一定幅度的降低，但仍均在1%的水平上呈现出显著的正向影响效应。以上结果证明，高铁开通对区域旅游经济整体发展水平的确存在正向促进效应。

表 5-3　高铁开通对区域旅游经济的影响：不加入控制变量

被解释变量	国内外旅游总人次	国内外旅游总收入	国内旅游人次	国内旅游收入	入境旅游人次	国际旅游收入
解释变量	（1）	（2）	（3）	（4）	（5）	（6）
高铁开通	1.010 ***	0.951 ***	0.994 ***	0.955 ***	1.860 ***	0.534 ***
	（10.340）	（12.210）	（10.280）	（12.840）	（10.450）	（10.030）
时间效应	控制	控制	控制	控制	控制	控制
个体效应	控制	控制	控制	控制	控制	控制
观测值	4 250	4 241	4 250	4 237	4 236	4 237
R^2	0.779	0.827	0.777	0.809	0.909	0.926

注：***、**、*分别表示在1%、5%、10%的水平上显著；括号数据内为 t 值，根据地级市聚类的稳健标准误计算。以下表格如无特殊说明则与此相同。

表 5-4　高铁开通对区域旅游经济的影响：加入控制变量

被解释变量	国内外旅游总人次	国内外旅游总收入	国内旅游人次	国内旅游收入	入境旅游人次	国际旅游收入
解释变量	（1）	（2）	（3）	（4）	（5）	（6）
高铁开通	0.704 ***	0.605 ***	0.694 ***	0.579 ***	0.806 ***	0.209 ***
	（7.017）	（8.434）	（6.985）	（8.456）	（5.228）	（4.676）
经济状况	0.492 ***	0.566 **	0.490 ***	0.530 **	0.999 ***	0.298 ***
	（2.773）	（2.397）	（2.898）	（2.483）	（4.439）	（2.767）
对外开放	0.112 ***	0.085 ***	0.110 ***	0.081 ***	0.078 ***	0.033 ***
	（5.143）	（4.993）	（5.124）	（5.046）	（3.324）	（3.523）
投资水平	-0.176 **	-0.263 ***	-0.172 **	-0.272 ***	-0.600 ***	-0.152 ***
	（-2.316）	（-3.976）	（-2.290）	（-4.169）	（-5.184）	（-4.580）
产业结构	0.274 ***	0.369 ***	0.276 ***	0.374 ***	0.856 ***	0.279 ***
	（3.745）	（5.076）	（3.848）	（5.620）	（5.617）	（5.980）
教育水平	0.386 ***	0.375 ***	0.378 ***	0.389 ***	0.649 ***	0.255 ***
	（7.146）	（5.880）	（7.115）	（7.466）	（3.791）	（5.737）
人口密度	0.104 **	0.061	0.107 **	0.090 *	0.732 **	0.161 ***
	（2.053）	（0.767）	（2.392）	（1.782）	（2.364）	（2.608）
信息化水平	0.005 *	0.011 ***	0.004 *	0.012 ***	0.052 ***	0.013 ***
	（1.769）	（3.245）	（1.793）	（3.744）	（6.208）	（5.202）

表5-4(续)

被解释变量	国内外旅游总人次	国内外旅游总收入	国内旅游人次	国内旅游收入	入境旅游人次	国际旅游收入
建成区绿化覆盖率	0.391	0.549**	0.369	0.617**	1.802*	0.208
	(1.515)	(2.282)	(1.450)	(2.358)	(1.930)	(1.013)
生活垃圾无害化处理率	−0.011	−0.014*	−0.011	−0.017**	0.034*	0.009*
	(−1.110)	(−1.915)	(−1.152)	(−2.376)	(1.734)	(1.746)
人均出租车数量	−0.024	−0.026	−0.025	−0.027	−0.020	0.026*
	(−0.917)	(−1.203)	(−0.989)	(−1.256)	(−0.433)	(1.763)
人均公共汽(电)车数量	0.002*	0.001	0.001	−0.000	−0.002	0.002***
	(1.947)	(1.052)	(1.472)	(−0.472)	(−0.665)	(3.555)
道路铺装面积	−0.033	−0.042	−0.035	−0.024	0.168	0.067*
	(−0.637)	(−0.955)	(−0.696)	(−0.583)	(1.313)	(1.931)
时间效应	控制	控制	控制	控制	控制	控制
个体效应	控制	控制	控制	控制	控制	控制
观测值	4 077	4 068	4 077	4 064	4 066	4 064
R^2	0.801	0.855	0.799	0.846	0.939	0.949

从影响系数来看,无论是对国内外旅游总体、国内旅游还是入境旅游来说,高铁对旅游人数的影响程度均大于旅游收入。这样的结果或许可以从以下原因得到解释:一方面,高铁开通带来的时空压缩效应提高了旅游者的出游意愿和出游频率,进而促进了游客数量的增加;另一方面,旅行时间成本和交通成本的降低影响了旅游者的出游规划。在出游成本一定的条件下,自高铁开通后将促使游客"一次出游、多个旅游目的地"的旅游现象增多。同时,高铁带来的地区通达度和交通便利度提升将减少游客在旅游目的地停留过夜的现象。当交通条件允许时,游客往往更倾向于当天往返于旅游目的地和客源地,或前往周边有更好住宿条件的中心城市留宿。以上情况的发生,都将导致游客在旅游目的地的停留时间减少,在一定程度上减少了游客进行更多旅游消费的机会,进而限制了区域旅游收入的增长幅度。

控制变量的回归结果显示,基于区域旅游经济的整体发展视角,地区经济状况、对外开放、投资水平、产业结构、教育水平、信息化水平这几个变量对区域旅游经济的影响最为显著。

5.2.2 平行趋势检验

双重差分模型的一个重要使用前提是满足共同趋势假设，即在高铁开通这一时点之前，实验组城市和控制组城市的区域旅游经济是具有平行发展趋势的，不存在较大的系统性差异。因此，为检验使用双重差分模型的适当性，本书使用以下两种方法对实验组和控制组的旅游经济进行了共同趋势检验。

5.2.2.1 趋势图绘制

参考余明桂等人（2016）的做法①，分别绘制了实验组与控制组的国内外旅游总人次、国内外旅游总收入、国内旅游人次、国内旅游收入、入境旅游人次、国际旅游收入在 2003—2017 年的发展趋势对比图来说明高铁开通后的变化，如图 5-1 至图 5-6 所示。地级市高铁站点开通的时间具有差异性，但从高铁建设历史的信息梳理来看，2008 年是我国高铁大规模建设并投入使用的关键时间点。因此，以 2008 年为分界点，可以从各趋势图看出：首先，从各个指标来看，开通高铁的城市和未开通高铁的城市在 2008 年之前基本平行；其次，除国际旅游收入外，其他变量的实验组和控制组均在 2008 年之后呈现出旅游经济差异逐渐增大的趋势，这直观地表明，高铁对旅游经济发展是有影响的；最后，控制组的旅游经济发展呈现逐步平稳上升趋势，说明高铁的开通对控制组城市的旅游经济没有产生明显的负面影响。

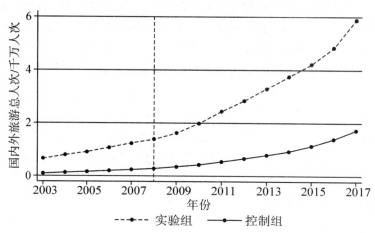

图 5-1　2003—2017 年国内外旅游总人次趋势

---

① 余明桂，范蕊，钟慧洁．中国产业政策与企业技术创新 [J]．中国工业经济，2016（12）：5-22.

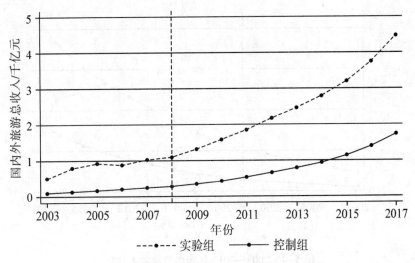

图 5-2　2003—2017 年国内外旅游总收入趋势

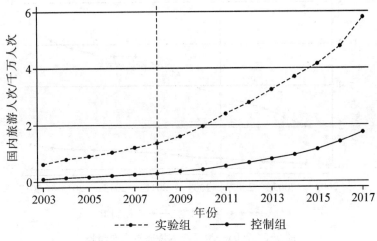

图 5-3　2003—2017 年国内旅游人次趋势

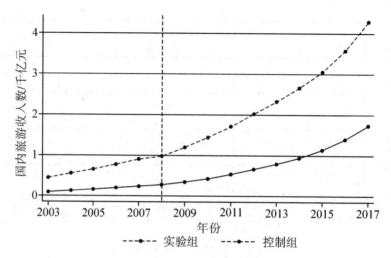

图 5-4 　2003—2017 年国内旅游收入趋势

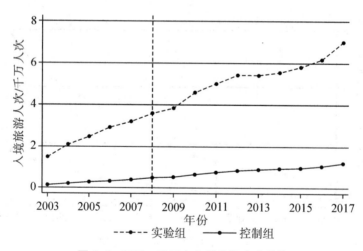

图 5-5 　2003—2017 年入境旅游人次趋势

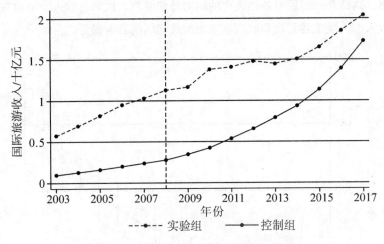

图5-6　2003—2017年国际旅游收入趋势

5.2.2.2　事件分析法

参考唐宜红等人（2019）[①]、张华与冯烽（2019）[②] 使用的事件分析法对变量的共同趋势进行检验。基于模型（4）进行如下检验模型的设定：

$$\text{Tour}_{it} = \alpha + \sum \beta_n \text{Before}_{it}^{n} \times \text{HSR}_{it} + \sum \beta_m \text{After}_{it}^{m} \times \text{HSR}_{it} +$$

$$\lambda \sum_n \text{Controls}_{it} + \eta_t + \mu_i + \varepsilon_{it} \tag{5}$$

其中，Tour 表示区域旅游经济的各项指标。Before_{it}^{n} 和 After_{it}^{m} 为虚拟变量。Before_{it}^{n} 取值为1时表示城市 i 在年份 t 是高铁开通前的第 n 年（$n \geqslant 1$），否则为0；After_{it}^{m} 取值为1时表示城市 i 在年份 t 是高铁开通后的第 m 年（$m \geqslant 0$），否则为0。为更好地展示结果，此处将期值 n、m 的最大值取8。检验结果主要关注参数 β_n 和 β_m，可以同时检验共同趋势假设与高铁开通影响旅游经济的动态效应。检验结果如图5-7至图5-12所示，图中分别呈现了高铁开通前后8年对国内外旅游总人次、国内外旅游总收入、国内旅游人次、国内旅游收入、入境旅游人次、国际旅游收入的影响参数 β_n 和 β_m 的估计值和95%的置信区间，其中横坐标表示高铁开通前与高铁开通后的年份数，如 Y_0 表示高铁开通当年，$Y-3$ 表示高铁开通前的第3年，$Y+3$ 表示高铁开通后的第3年。从各趋势图可

---

① 唐宜红，俞峰，林发勤，等.中国高铁、贸易成本与企业出口研究［J］.经济研究，2019，54（7）：158-173.

② 张华，冯烽.绿色高铁：高铁开通能降低雾霾污染吗？［J］.经济学报，2019，6（3）：114-147.

以看出，高铁开通前后对各地级市的国内外旅游总人次和总收入、国内旅游人次和收入、入境旅游人次和收入呈现出大致相同的影响趋势。

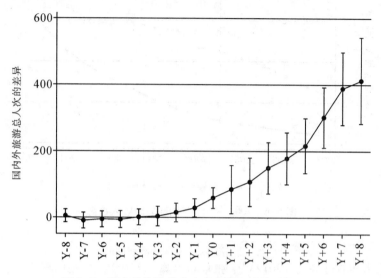

图 5-7　国内外旅游总人次在高铁开通前后的差异

注：图中小圆点为估计系数、竖线为估计系数95%的置信区间。下同。

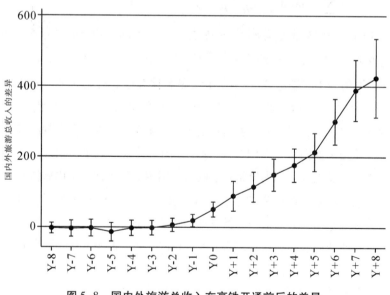

图 5-8　国内外旅游总收入在高铁开通前后的差异

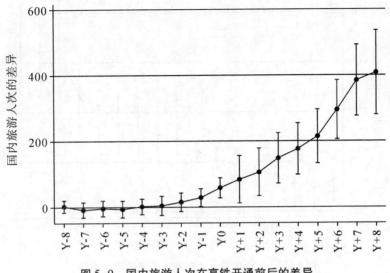

图 5-9　国内旅游人次在高铁开通前后的差异

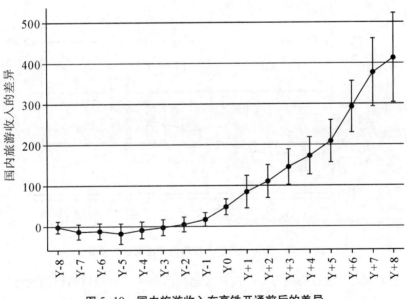

图 5-10　国内旅游收入在高铁开通前后的差异

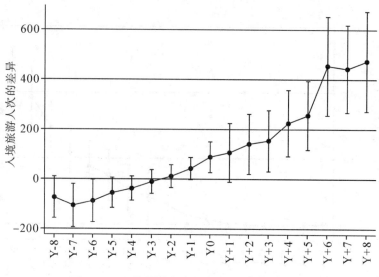

图 5-11　入境旅游人次在高铁开通前后的差异

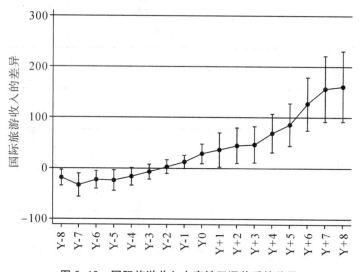

图 5-12　国际旅游收入在高铁开通前后的差异

在共同趋势假设检验方面，高铁开通前的各项旅游经济指标的估计系数 β_n 基本不显著，而高铁开通后的估计系数 β_m 均变为显著。这说明，在高铁开通前，实验组城市和控制组城市的各项旅游经济指标的发展差异不能拒绝为零的原假设，即各城市在高铁开通前旅游经济发展情况并不存在差异，通过了共同趋势假设检验。由此，结合绘图方法的研究结果可以综合证明，本书使用的双重差分法满足共同趋势假设，说明研究使用的模型是适用的、回归结果是无偏的。

在动态效应检验方面，高铁开通当年，区域旅游经济的发展水平显著提升，并且在随后的几年里一直保持着上升的增长趋势。这说明，高铁开通对区域旅游经济起着持续性的促进作用，随着高铁运行时间的延长，这种正向推动力会愈发强劲。

5.2.3　内生性问题

除了共同趋势假设外，使用双重差分法之前还需满足高铁开通对每个地级市具有足够外生性这一条件，即每个城市高铁开通与否与该城市旅游经济发展水平和其他特征无关，不存在样本选择偏误，否则将导致估计有偏。然而，从现实情况来看，高铁作为国家层面的政策性战略规划，地级市的干预较少，但城市是否开通高铁仍不能被看作完全的随机事件。一方面，修建高铁的目的除了为人们提供出行便利外，作为一种先行资本，其本质还是为了发展地区经济。因而，在做高铁线路规划时，除了考虑地形和建设成本外，连接各地区的重要城市也是重要设计意图，由此一些经济发展状况较好、具备一定旅游区位优势的中心城市往往会被优先纳入考虑。另一方面，一些有强烈发展城市旅游经济意愿的地方政府，可能会出于改善地区旅游交通条件、促进旅游产业结构升级、吸引外资等旅游业发展意图，通过出台相关旅游产业扶持政策大力培育地区旅游区位优势，进而向上级政府争取纳入高铁线路规划以及在当地设站。由此看来，难以区分究竟是高铁开通影响了区域旅游经济，还是地区旅游经济发展差异决定了高铁建设与否，由此说明模型构建可能存在一定的自选择问题。为降低这种双向因果关系导致的内生性估计偏误，在回归分析中有必要采取相关措施予以解决。

5.2.3.1　剔除部分城市样本

国家在高铁规划中明确指出，高铁建设旨在连接直辖市和省会城市等区域中心城市。由此，在原有的 284 个样本城市的基础上，剔除了包括直辖市、省会城市以及副省级城市在内的 35 个城市后，再次对样本进行回归。从表 5-5 中的回归结果我们可以看出，在剔除部分中心城市样本后，回归结果没有发生本质改变，高铁开通对区域旅游经济的影响效应仍均在 1% 的水平上显著为正。

表 5-5　剔除直辖市、省会城市及副省级城市样本的回归结果

被解释变量	国内外旅游总人次	国内外旅游总收入	国内旅游人次	国内旅游收入	入境旅游人次	国际旅游收入
解释变量	(1)	(2)	(3)	(4)	(5)	(6)
高铁开通	0.463***	0.350***	0.460***	0.342***	0.404***	0.104***
	(8.197)	(7.595)	(8.200)	(7.689)	(3.687)	(3.605)
控制变量	控制	控制	控制	控制	控制	控制
时间效应	控制	控制	控制	控制	控制	控制
个体效应	控制	控制	控制	控制	控制	控制
观测值	3 554	3 547	3 554	3 547	3 543	3 541
R^2	0.784	0.757	0.784	0.758	0.840	0.828

5.2.3.2　双重差分倾向得分匹配

倾向得分匹配法（PSM）与双重差分法（DID）之间具有一定的互补性。PSM 有助于改善 DID 的样本选择性偏差问题，但不能很好地解决因变量遗漏导致的内生性；而 DID 通过双重差分的方式缓解了因变量遗漏产生的内生性问题，消除时间效应对政策处理效应的干扰，但难以避免存在的样本偏差问题。由此两种方法的结合，即双重差分倾向得分匹配法（PSM-DID）在很大程度上能解决因样本选择偏差和变量遗漏而产生的内生性问题，进而得到更准确的估计结果。

PSM-DID 的具体步骤：

第一步，通过 PSM 寻找控制组样本

其基本思想是，假设城市是否开通高铁是一个外生决定的过程，将城市特征条件设定为解释变量，通过 Logist 模型估计一个地级市开通高铁的概率，即地级市开通高铁的倾向得分，并以此为标准匹配构建一个与实验组高铁开通之前的主要特征基本一致的未开通高铁城市作为控制组，从而使得匹配后两组样本配对的地级市之间仅在是否开通高铁方面有所不同。

第二步，使用匹配后的实验组和控制组进行 DID 估计

本书选取地区经济状况、人口密度、建成区绿化覆盖率三个匹配变量，分别控制了城市层面的经济、社会和环境因素，并采用最近邻匹配方法，将实验组和控制组样本数量按照 1∶1 的比例进行匹配。表 5-6 显示了样本匹配后的平衡性检验。由此可以看出，相较于匹配前，匹配后的实验组和控制组在经济、社会和环境方面的差异大幅下降，各配对指标标准偏差绝对值均显著小于 10，t 检验显示匹配后样本的所有匹配变量都不存在显著的组间均值差异，说明匹配后的样本通过平衡性检验。图 5-13 和图 5-14 显示，匹配前实验组和

控制组样本倾向得分的概率分布存在明显差异且重叠区域（共同支撑域）较小，而匹配后的实验组和控制组样本倾向得分值的概率密度更加接近，表明两组样本的匹配效果较好。

表 5-6 匹配后的平衡性检验

变量	样本	均值差异检验			标准化差异检验	
		实验组均值	控制组均值	t 检验（p 值）	标准化差异	降幅/%
经济状况	匹配前	1.385	0.996	12.64（0.000）	43.1	99.3
	匹配后	1.217	1.220	-0.11（0.909）	-0.3	
人口密度	匹配前	4.982	2.728	22.11（0.000）	76.7	100.0
	匹配后	4.326	4.326	0.00（0.998）	0.0	
建成区绿化覆盖率	匹配前	0.380	0.349	6.77（0.000）	23.9	92.2
	匹配后	0.371	0.369	1.04（0.298）	1.9	
Pseudo R^2	匹配前	0.120				
	匹配后	0				

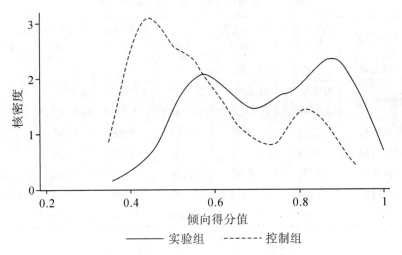

图 5-13 匹配前倾向得分值概率分布密度函数

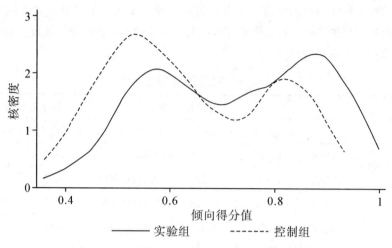

图 5-14   匹配后倾向得分值概率分布密度函数

表 5-7 显示了匹配新样本后的回归结果。由此可以看出，当利用 PSM-DID 方法消除一定内生性问题后的估计结果与基础回归结果一致，说明"高铁开通能显著促进区域旅游经济发展"这一核心结论是可靠的。

表 5-7   双重差分倾向得分匹配回归结果

被解释变量	国内外旅游总人次	国内外旅游总收入	国内旅游人次	国内旅游收入	入境旅游人次	国际旅游收入
解释变量	(1)	(2)	(3)	(4)	(5)	(6)
高铁开通	0.439***	0.280***	0.434***	0.265***	0.605***	0.151***
	(4.686)	(3.703)	(4.662)	(3.574)	(3.605)	(4.037)
控制变量	控制	控制	控制	控制	控制	控制
时间效应	控制	控制	控制	控制	控制	控制
个体效应	控制	控制	控制	控制	控制	控制
观测值	1 452	1 452	1 452	1 452	1 449	1 448
R^2	0.835	0.798	0.834	0.796	0.878	0.864

5.2.4　稳健性检验

为进一步验证结论的可靠性，本书采用以下两种方式对模型进行了稳健性检验。

5.2.4.1　更换核心解释变量指标

前文实证中以高铁开通与否的虚拟变量作为地区高铁建设情况的衡量指标。作为高铁网络的节点，各地级市在不同年份投入使用的高铁站数量也在一定程度上反映了地区高铁网络密度，关系到旅客到达的规模和频率。由此，采用各地级市的高铁站点数作为核心解释变量进行替换并重新回归。表5-8中的结果显示，即使更换了核心解释变量衡量指标，高铁对区域旅游经济的影响仍均在1%的水平上显著为正，说明实证结果具有稳健性，即高铁对区域旅游经济起促进作用的结论是可靠的。

表5-8　更换核心解释变量指标的回归结果

被解释变量	国内外旅游总人次	国内外旅游总收入	国内旅游人次	国内旅游收入	入境旅游人次	国际旅游收入
解释变量	（1）	（2）	（3）	（4）	（5）	（6）
高铁开通	0.343 ***	0.309 ***	0.341 ***	0.292 ***	0.292 ***	0.077 ***
	（10.510）	（10.020）	（10.620）	（9.998）	（5.085）	（5.799）
控制变量	控制	控制	控制	控制	控制	控制
时间效应	控制	控制	控制	控制	控制	控制
个体效应	控制	控制	控制	控制	控制	控制
观测值	3 991	3 982	3 991	3 978	3 980	3 978
R^2	0.895	0.884	0.895	0.886	0.950	0.951

5.2.4.2　加入省级-时间固定效应

前文的基础回归仅对模型的时间固体效应和城市个体固定效应进行了控制，但一些随着时间变化的省级层面影响因素仍不容忽视。从现实情况来看，各省（自治区、直辖市）一般会基于本地旅游业发展现状而不定时出台一些促进地区旅游经济发展的政策文件，由此省（自治区、直辖市）之间对旅游业的开发力度和扶持政策会出现地区差异而进一步影响各地区旅游经济的发展。由此，为进一步控制省（自治区、直辖市）随时间变化的差异特征，在模型（4）的基础上加入了省（自治区、直辖市）—时间联合固定效应，以更准确地识别出高铁的旅游经济影响效应。表5-9中的回归结果显示，当考虑了省（自治区、直辖市）—时间联合固定效应之后，各系数的显著性和符号未发生变化，回归结果与基础回归结果无明显差异，这进一步强化了本书的结论。

表 5-9　控制省（自治区、直辖市）—时间联合固定效应的回归结果

被解释变量	国内外旅游总人次	国内外旅游总收入	国内旅游人次	国内旅游收入	入境旅游人次	国际旅游收入
解释变量	（1）	（2）	（3）	（4）	（5）	（6）
高铁开通	0.496 ***	0.427 ***	0.491 ***	0.403 ***	0.462 ***	0.149 ***
	（8.467）	（8.110）	（8.466）	（8.174）	（3.427）	（4.507）
控制变量	控制	控制	控制	控制	控制	控制
时间效应	控制	控制	控制	控制	控制	控制
个体效应	控制	控制	控制	控制	控制	控制
省份×时间	控制	控制	控制	控制	控制	控制
观测值	3 991	3 982	3 991	3 978	3 980	3 978
R^2	0.871	0.863	0.871	0.863	0.949	0.949

5.2.5　异质性分析

为进一步了解高铁开通对不同城市旅游经济的差异化影响效应，本书进行了如下系列异质性分析：

5.2.5.1　城市区位异质性

当前，我国高铁建设的区域布局是非平衡的，东部地区建设水平最高，中部地区建设水平次之，西部地区高铁密度最低。这种分布格局使得高铁交通可达性呈现出明显的区位差异性，促使高铁对我国不同区域旅游经济产生的影响效应呈现出异质性特征。由此，依据国家发展改革委对我国区域的政策划分标准①，将 284 个地级市划分为东部、中部、西部三大区域，以探究高铁开通对不同区位城市旅游经济带来的异质性影响效应。

从表 5-10 至表 5-12 不同区域的影响系数和显著性来看，相较于中部地区城市，高铁对东部和西部地区城市的旅游经济起着更大程度的推动作用。其原因在于，一方面，东部地区城市的发展情况普遍处于较高水平，有着大规模的现代化城市建设和丰富的人文旅游资源，高铁的开通进一步发挥了东部城市旅游要素的"虹吸作用"，进而使区域旅游经济发展水平得到提高；另一方

---

① 划分标准：东部地区包括 11 个省级行政区，分别为北京、天津、河北、辽宁、上海、江苏、浙江、福建、山东、广东、海南；中部地区包括 8 个省级行政区，分别为黑龙江、吉林、山西、安徽、江西、河南、湖北、湖南；西部地区包括 12 个省级行政区，分别为四川、重庆、贵州、云南、西藏、陕西、甘肃、青海、宁夏、新疆、广西、内蒙古。

面，对于拥有丰富独特自然资源的西部地区，其旅游经济增长潜力长期以来因地区交通基础设施建设的不完善而受到制约，而高铁开通提高了西部地区旅游目的地的可进入性，对其呈现出更为显著的旅游经济发展边际影响效应。由此可见，当东部地区产业聚集力和西部地区旅游吸引力都更强时，高铁开通可能会对中部地区的城市产生一定程度的"过道效应"，使得中部地区旅游经济受到的高铁推动效应较弱。还需要注意的是，从入境旅游人次和国际旅游收入两个指标的回归结果来看，高铁开通对中部城市入境旅游经济的影响是不显著的，说明东部和西部地区城市是当前入境游客在华的主要旅游目的地，而中部地区在提升入境旅游市场吸引力方面还有待加强。

表 5-10　高铁开通对东部城市旅游经济发展的影响

被解释变量	国内外旅游总人次	国内外旅游总收入	国内旅游人次	国内旅游收入	入境旅游人次	国际旅游收入
解释变量	（1）	（2）	（3）	（4）	（5）	（6）
高铁开通	0.517***	0.513***	0.502***	0.457***	0.848***	0.312***
	(6.055)	(5.395)	(5.931)	(5.272)	(3.131)	(4.807)
控制变量	控制	控制	控制	控制	控制	控制
时间效应	控制	控制	控制	控制	控制	控制
个体效应	控制	控制	控制	控制	控制	控制
观测值	1 467	1 459	1 467	1 455	1 467	1 467
R^2	0.841	0.836	0.841	0.835	0.949	0.946

表 5-11　高铁开通对中部城市旅游经济发展的影响

被解释变量	国内外旅游总人次	国内外旅游总收入	国内旅游人次	国内旅游收入	入境旅游人次	国际旅游收入
解释变量	（1）	（2）	（3）	（4）	（5）	（6）
高铁开通	0.394***	0.262***	0.392***	0.258***	0.166	0.033
	(3.976)	(3.478)	(3.993)	(3.503)	(1.398)	(1.085)
控制变量	控制	控制	控制	控制	控制	控制
时间效应	控制	控制	控制	控制	控制	控制
个体效应	控制	控制	控制	控制	控制	控制
观测值	1 474	1 474	1 474	1 474	1 463	1 461
R^2	0.829	0.819	0.829	0.818	0.790	0.790

表 5-12　高铁开通对西部城市旅游经济发展的影响

被解释变量	国内外旅游总人次	国内外旅游总收入	国内旅游人次	国内旅游收入	入境旅游人次	国际旅游收入
解释变量	（1）	（2）	（3）	（4）	（5）	（6）
高铁开通	0.656 ***	0.452 ***	0.652 ***	0.443 ***	0.460 ***	0.124 ***
	(4.767)	(4.324)	(4.766)	(4.317)	(2.782)	(3.366)
控制变量	控制	控制	控制	控制	控制	控制
时间效应	控制	控制	控制	控制	控制	控制
个体效应	控制	控制	控制	控制	控制	控制
观测值	1 076	1 075	1 076	1 075	1 076	1 076
R^2	0.880	0.850	0.879	0.848	0.877	0.875

5.2.5.2　城市规模异质性

作为以旅客为主要运输对象的交通基础设施，高铁运行所产生的各种影响效应与地区人口规模有着密切关系。依据《关于调整城市规模划分标准的通知》，本书将研究样本地级市按照城区常住人口数量分为大型城市、中型城市和小型城市①。高铁开通对不同规模城市旅游经济的影响分别如表 5-13、表 5-14 和表 5-15 所示。

表 5-13　高铁开通对大型城市旅游经济发展的影响

被解释变量	国内外旅游总人次	国内外旅游总收入	国内旅游人次	国内旅游收入	入境旅游人次	国际旅游收入
解释变量	（1）	（2）	（3）	（4）	（5）	（6）
高铁开通	0.789 ***	0.826 ***	0.775 ***	0.806 ***	1.225 ***	0.302 ***
	(4.460)	(6.770)	(4.417)	(6.889)	(4.492)	(3.729)
控制变量	控制	控制	控制	控制	控制	控制
时间效应	控制	控制	控制	控制	控制	控制
个体效应	控制	控制	控制	控制	控制	控制
观测值	1 875	1 873	1 875	1 869	1 875	1 875
R^2	0.815	0.874	0.813	0.866	0.947	0.954

---

① 划分标准：城区常住人口 50 万以下的城市为小型城市，50 万以上 100 万以下的为中等城市，100 万以上 500 万以下的为大城市。

表 5-14　高铁开通对中型城市旅游经济发展的影响

被解释变量	国内外旅游 总人次	国内外旅游 总收入	国内旅游 人次	国内旅游 收入	入境旅游 人次	国际旅游 收入
解释变量	（1）	（2）	（3）	（4）	（5）	（6）
高铁开通	0.189***	0.085	0.189***	0.073	0.161	0.047
	（2.595）	（1.506）	（2.610）	（1.330）	（1.336）	（1.585）
控制变量	控制	控制	控制	控制	控制	控制
时间效应	控制	控制	控制	控制	控制	控制
个体效应	控制	控制	控制	控制	控制	控制
观测值	1 510	1 509	1 510	1 509	1 500	1 498
R^2	0.817	0.775	0.817	0.782	0.865	0.849

表 5-15　高铁开通对小型城市旅游经济发展的影响

被解释变量	国内外旅游 总人次	国内外旅游 总收入	国内旅游 人次	国内旅游 收入	入境旅游 人次	国际旅游 收入
解释变量	（1）	（2）	（3）	（4）	（5）	（6）
高铁开通	0.527***	0.089	0.525***	0.072	0.155	0.108
	（4.332）	（0.987）	（4.382）	（0.864）	（0.384）	（1.145）
控制变量	控制	控制	控制	控制	控制	控制
时间效应	控制	控制	控制	控制	控制	控制
个体效应	控制	控制	控制	控制	控制	控制
观测值	678	672	678	672	677	678
R^2	0.818	0.777	0.819	0.777	0.773	0.756

　　对于人口规模越大的城市，居民的休闲娱乐、商务活动、探亲访友等跨区域旅游活动的需求也就越多，高铁的运行提升了沿线居民的出游便利度，有利于进一步提升旅游活动的开展频率。而对于本地常住人口规模较小的中型城市和小型城市，地区旅游经济增长较大程度依赖于外地游客。从中型城市和小型城市的实证结果来看，一方面，高铁开通对地区旅游人次的影响效应显著优于旅游收入，表明在高铁建设的影响下中型城市和小型城市在扩大客源市场规模方面是具有一定发展潜力的，然而地区旅游经济的上升空间却在某种程度上受限于能够促使游客产生更多消费行为的旅游产品和服务的供给；另一方面，高铁开通对地区入境旅游人次和国际旅游收入的影响不显著，说明高铁开通对中型城市和小型城市旅游经济的拉动作用更多地依赖于国内旅客，地区旅游产品

和服务对入境旅客吸引作用较弱。由此，如何延长旅客逗留时间、鼓励游客消费、提高旅游业国际化水平是中型城市和小型城市在未来促进地区旅游经济发展需要思考和改进的方向。

5.2.5.3 城市等级异质性

城市综合实力对旅游业发展的影响不可小觑，其商业资源的集聚程度、区位的枢纽性、居民生活的活跃度等方面对旅游要素聚集、产业布局以及地区产业结构都有着重要影响。基于此，本书依据《2019城市商业魅力排行榜》将284个样本城市划分为一线（含准一线）、二线、三线、四线和五线城市[①]。表5-16至表5-20中的回归结果显示，高铁开通对三线城市整体旅游经济的推动作用最为显著，对一线城市旅游收入和五线城市旅游人次的增长有一定影响，而对二线城市和四线城市旅游经济的影响不显著。

表5-16　高铁开通对一线城市旅游经济发展的影响

被解释变量	国内外旅游总人次	国内外旅游总收入	国内旅游人次	国内旅游收入	入境旅游人次	国际旅游收入
解释变量	（1）	（2）	（3）	（4）	（5）	（6）
高铁开通	0.238	1.078*	0.155	0.984**	−2.020	−0.115
	（0.309）	（1.965）	（0.205）	（2.083）	（−1.416）	（−0.251）
控制变量	控制	控制	控制	控制	控制	控制
时间效应	控制	控制	控制	控制	控制	控制
个体效应	控制	控制	控制	控制	控制	控制
观测值	285	285	285	285	285	285
R^2	0.890	0.920	0.892	0.925	0.965	0.967

[①]　该排行榜由"一线城市研究所"制作，其收集了170个主流消费品牌的商业门店数据、18个领域头部互联网公司的用户行为数据和数据机构的城市大数据，按照商业资源集聚度、城市枢纽性、城市人活跃度、生活方式多样性和未来可塑性五大指标对中国337个地级及以上城市进行评估，其中一级与二级指标的权重以新一线城市研究所专家委员会打分的方式计入，二级指标以下的数据则采用主成分分析法。

表 5-17 高铁开通对二线城市旅游经济发展的影响

被解释变量	国内外旅游总人次	国内外旅游总收入	国内旅游人次	国内旅游收入	入境旅游人次	国际旅游收入
解释变量	（1）	（2）	（3）	（4）	（5）	（6）
高铁开通	−0.135 (−0.929)	−0.085 (−0.644)	−0.133 (−0.915)	−0.103 (−0.802)	−0.568 (−1.531)	−0.142 (−1.192)
控制变量	控制	控制	控制	控制	控制	控制
时间效应	控制	控制	控制	控制	控制	控制
个体效应	控制	控制	控制	控制	控制	控制
观测值	448	446	448	442	448	448
R^2	0.911	0.891	0.911	0.907	0.909	0.860

表 5-18　高铁开通对三线城市旅游经济发展的影响

被解释变量	国内外旅游总人次	国内外旅游总收入	国内旅游人次	国内旅游收入	入境旅游人次	国际旅游收入
解释变量	（1）	（2）	（3）	（4）	（5）	（6）
高铁开通	0.476*** (4.809)	0.409*** (5.786)	0.469*** (4.765)	0.389*** (5.610)	0.636*** (3.942)	0.159*** (3.930)
控制变量	控制	控制	控制	控制	控制	控制
时间效应	控制	控制	控制	控制	控制	控制
个体效应	控制	控制	控制	控制	控制	控制
观测值	1 039	1 033	1 039	1 033	1 039	1 039
R^2	0.810	0.806	0.810	0.805	0.726	0.755

表 5-19　高铁开通对四线城市旅游经济发展的影响

被解释变量	国内外旅游总人次	国内外旅游总收入	国内旅游人次	国内旅游收入	入境旅游人次	国际旅游收入
解释变量	（1）	（2）	（3）	（4）	（5）	（6）
高铁开通	0.063 (0.816)	−0.063 (−1.071)	0.064 (0.829)	−0.062 (−1.059)	−0.153 (−1.177)	−0.026 (−1.354)
控制变量	控制	控制	控制	控制	控制	控制
时间效应	控制	控制	控制	控制	控制	控制
个体效应	控制	控制	控制	控制	控制	控制
观测值	1 172	1 173	1 172	1 173	1 171	1 171
R^2	0.844	0.791	0.843	0.790	0.799	0.831

表 5-20　高铁开通对五线城市旅游经济发展的影响

被解释变量	国内外旅游总人次	国内外旅游总收入	国内旅游人次	国内旅游收入	入境旅游人次	国际旅游收入
解释变量	（1）	（2）	（3）	（4）	（5）	（6）
高铁开通	0.148*	0.075	0.149*	0.073	0.062	0.043
	（1.795）	（1.316）	（1.824）	（1.331）	（0.425）	（0.879）
控制变量	控制	控制	控制	控制	控制	控制
时间效应	控制	控制	控制	控制	控制	控制
个体效应	控制	控制	控制	控制	控制	控制
观测值	1 126	1 124	1 126	1 124	1 116	1 114
R^2	0.781	0.741	0.782	0.743	0.729	0.624

对于以城市旅游为主的一线城市和二线城市来说，城市建设状况与旅游产业规模已相对饱和，城区内无论是航空、铁路、公路等大型交通基础设施还是地铁、公交等市内交通工具的修建都相对完善，由此高铁开通带来的外部冲击力度较小，对地区旅游人数增长的影响不显著。同时，相较于二线城市，一线城市的知名度以及对各类生产要素的强大吸引力在更大程度上保障了旅游业产品和服务在创新性、多样性等方面的供给质量，由此在高铁网络扩张地区旅游客源市场范围的助力下，一线城市的旅游收入得以进一步增长。三线城市虽然城市综合实力位于中等，但较低的旅游开发成本和较大的城市未来上升空间成了地区旅游业发展优势，高铁开通将利于旅游企业重新布局和资金流入；同时，较低的旅游消费成本也成为在高铁开通提升地区旅游交通便利度后吸引更多游客的重要因素。五线城市大多以自然风光、乡村文化为旅游吸引物，主要开发以国内游客为目标客源的乡村旅游、近郊游等类型旅游产品和服务。高铁特别是城际高铁的开通提高了地区的可达性，在一定程度上打破了地区旅游业发展受到的交通因素限制，对五线城市旅游人次的提升起到了促进作用，而地区旅游产品和服务供给质量的不足也在一定程度上制约了旅游收入的增长。

5.2.5.4　城市旅游资源禀赋异质性

作为地区旅游业核心吸引物，目的地旅游资源品位度的高低关系到旅游客源市场的规模和范围，影响着地区旅游业的竞争实力。基于此，本书借鉴汪德根等人（2015）①的研究，在收集各地级市世界遗产、国家级风景名胜区、5A级和4A级旅游景区评定时间和评定数量的相关数据的基础上，通过赋值加总的方式衡量地区旅游资源禀赋。选择以上4个指标的原因在于其分别体现了对地区旅游资源的不同级别评价。其中，世界遗产评选由联合国教科文组织、世界遗产委员会等国际权威机构发起并执行，属于国际范围最高级别的旅游资源评定；由国务院批准公布的国家级风景名胜区是我国规格最高的一项景点评选活动；相较于世界遗产和国家级风景名胜区，由全国旅游景区质量等级评定委员会审核批准的5A级和4A级旅游景区能全面地覆盖各地级市旅游资源情况。没有选择3A级、2A级、1A级景区的原因在于，这三类景区的评选可由市级旅游景区评定机构直接评定，旅游品位度较低且不具有代表性。景区赋值方法如下：

$$\text{TR}_{it} = \sum W_j N_{ijt} \tag{6}$$

其中，TR_{it} 表示地级市 i 在 t 期的旅游资源禀赋，N_{ijt} 表示地级市 i 在 t 期拥有的世界遗产、国家级风景名胜区、5A级旅游景区、4A级旅游景区的数量，W_j 表示不同等级旅游资源 j 的权重，以上4类旅游资源被赋予的权重分别为10、6、4、2。对于拥有多个评定称号的景区，为避免重复，统一以最高等级赋予权重，如泰山风景区既是世界遗产又是国家级风景名胜区和5A级旅游景区，则最终赋值为10。各级旅游资源数据源于国家文化与旅游部、各省（自治区、直辖市）文化和旅游厅、各市文化与旅游局公布的最新数据。

为检验高铁开通对拥有不同旅游资源禀赋的城市旅游经济发展的异质性影响，借鉴刘瑞明等人（2020）的做法，在模型（4）的基础上，加入了旅游资源禀赋项以及 HSR 与旅游资源禀赋项的交乘项。具体回归模型如下：

$$\text{Tour}_{it} = \alpha + \beta_1 \text{HSR}_{it} + \beta_2 \text{TR}_{it} + \beta_3 \text{HSR}_{it} \times \text{TR}_{it} + \lambda \sum_n \text{Controls}_{it} +$$
$$\eta_t + \mu_i + \varepsilon_{it} \tag{7}$$

式中，β_3 反映了不同旅游资源禀赋地级市的高铁开通对旅游经济发展的影响。

表5-21中的第（1）列至第（6）列系数 β_3 的回归结果说明，地级市旅游资源禀赋与高铁开通的区域旅游经济影响效应存在显著的正相关关系，这也从侧面证明了高铁对旅游经济的虹吸作用。

---

① 汪德根，牛玉，王莉.高铁对旅游者目的地选择的影响：以京沪高铁为例［J］.地理研究，2015，34（9）：1770-1780.

表 5-21　高铁开通对不同旅游资源禀赋城市旅游经济发展的异质性影响

被解释变量	国内外旅游总人次	国内外旅游总收入	国内旅游人次	国内旅游收入	入境旅游人次	国际旅游收入
解释变量	（1）	（2）	（3）	（4）	（5）	（6）
高铁开通	−0.080	−0.077	−0.082	−0.082	0.050	0.010
	(−0.934)	(−1.454)	(−0.960)	(−1.618)	(0.376)	(0.270)
旅游资源	0.085 ***	0.055 ***	0.084 ***	0.052 ***	0.095 ***	0.028 ***
	(9.815)	(14.380)	(9.763)	(14.800)	(9.012)	(7.557)
交乘项	0.055 ***	0.057 ***	0.055 ***	0.055 ***	0.047 ***	0.011 **
	(10.820)	(11.210)	(10.820)	(11.370)	(4.309)	(2.122)
控制变量	控制	控制	控制	控制	控制	控制
时间效应	控制	控制	控制	控制	控制	控制
个体效应	控制	控制	控制	控制	控制	控制
观测值	4 077	4 068	4 077	4 064	4 066	4 064
R^2	0.904	0.928	0.903	0.929	0.950	0.957

5.2.5.5　城市旅游公共服务异质性

旅游公共服务质量是提升旅游者满意度和重游意愿的重要保障。若没有合格的旅游公共服务，地区的旅游资源即使再丰富也难以维持区域旅游产业的持续发展。为检验高铁开通对拥有不同旅游公共服务水平的地级市旅游经济发展的异质性影响，借鉴刘瑞明等人（2020）[①] 的做法，在模型（4）的基础上，加入了中国优秀旅游城市评选的虚拟变量以及 HSR 与该虚拟变量的交乘项。使用中国优秀旅游城市评选作为衡量地区旅游公共服务质量的原因在于，中国优秀旅游城市是基于《创建中国优秀旅游城市工作管理暂行办法》和《中国优秀旅游城市检查标准》进行创建评选的，其中不仅考核了城市旅游业发展水平、旅游规模和定位、旅游投入支持、旅游业发展机制等，还进一步将旅游业管理体系、旅游市场秩序状况、旅游业文明建设、旅游安全与保险等纳入考核范围，较为全面地反映了对城市旅游公共服务水平的规定和要求。由此，入选中国优秀旅游城市则意味着有更好的旅游公共服务水平。具体回归模型如下：

$$\text{Tour}_{it} = \alpha + \beta_1 \text{HSR}_{it} + \beta_2 \text{Great}_{it} + \beta_3 \text{HSR}_{it} \times \text{Great}_{it} +$$
$$\lambda \sum_n \text{Controls}_{it} + \eta_t + \mu_i + \varepsilon_{it} \tag{8}$$

---

① 刘瑞明，毛宇，亢延锟. 制度松绑、市场活力激发与旅游经济发展：来自中国文化体制改革的证据 [J]. 经济研究，2020，55（1）：115-131.

其中，Great$_{it}$为虚拟变量，取值为1时表明地级市i在t期及之后被评为中国优秀旅游城市，取值为0时表示地级市i未评上中国优秀旅游城市或在t期评上之前；β_3反映了高铁开通对不同旅游公共服务水平城市旅游经济发展的异质性影响。

表5-22中的第（1）列至第（6）列系数β_3的实证结果证实了公共服务质量对地区旅游业开发的重要性，说明对地级市而言，旅游公共服务的供给水平越高，高铁开通产生的正向旅游经济影响效应将越强。

表5-22　高铁开通对不同旅游公共服务水平城市旅游经济发展的异质性影响

被解释变量	国内外旅游总人次	国内外旅游总收入	国内旅游人次	国内旅游收入	入境旅游人次	国际旅游收入
解释变量	（1）	（2）	（3）	（4）	（5）	（6）
高铁开通	0.523 ***	0.438 ***	0.516 ***	0.419 ***	0.527 ***	0.146 ***
	（5.520）	（6.504）	（5.492）	（6.556）	（3.702）	（3.510）
公共服务	−0.140	−0.083	−0.144	−0.142	−0.682 ***	0.045
	（−1.538）	（−0.809）	（−1.621）	（−1.593）	（−3.549）	（0.746）
交乘项	1.568 ***	1.418 ***	1.545 ***	1.334 ***	2.171 ***	0.592 ***
	（11.350）	（12.850）	（11.280）	（12.810）	（9.738）	（8.997）
控制变量	控制	控制	控制	控制	控制	控制
时间效应	控制	控制	控制	控制	控制	控制
个体效应	控制	控制	控制	控制	控制	控制
观测值	4 077	4 068	4 077	4 064	4 066	4 064
R^2	0.807	0.860	0.805	0.851	0.941	0.950

5.2.5.6　其他交通运输发达程度异质性

当前，国内城市主要的综合客运交通运输体系包括公路、铁路和航空运输[①]。从客运量和通达性来看，公路运输仍是居民在中程和近程出行中最主要选择的交通运输方式，航空运输则在跨越不同国家、城市的远距离行程中发挥着不可替代的重要作用。高铁网络的建设进一步完善了地区交通运输系统，其突出的客运速度优势以及网络化的线路设计满足了旅客对不同距离行程的多种出行需求，对地区其他交通运输系统起到了补充或替代作用。地区交通基础设施条件是提高旅游目的地的可进入性的前提保障。基于每个城市各异的公路、航空交通条件，高铁开通带来的区域旅游经济影响效应将呈现出异质性。

---

① 由于我国地级市多位于内陆地区，水路运输客运量较少，因此暂不纳入考虑。

第一，为检验高铁开通对有着不同公路交通发达程度的城市的异质性旅游经济影响效应，在模型（4）的基础上，加入了公路交通运输水平变量以及HSR与该变量的交乘项。具体方程如下：

$$Tour_{it} = \alpha + \beta_1 HSR_{it} + \beta_2 Highway_{it} + \beta_3 HSR_{it} \times Highway_{it} +$$

$$\lambda \sum_n Controls_{it} + \eta_t + \mu_i + \varepsilon_{it} \tag{9}$$

式中，$Highway_{it}$ 表示地级市 i 在 t 期的公路交通运输水平，用公路交通客运量占交通客运总量的比重来衡量；β_3 反映了高铁开通对不同公路交通发达程度城市的旅游经济发展的异质性影响。

表 5-23 中的回归结果显示，系数 β_3 均不显著或显著为负，说明对于那些公路交通越不发达的城市，高铁开通的区域旅游经济正向影响效应越显著。基于公路运输灵活性高、对接性强的独特优势，在提高旅游目的地的可进入性方面高铁对公路交通的可替代性较小。对于公路交通越发达的城市，高铁越难以在提高地区可达性方面发挥促进作用；对于公路交通不发达的地区，高铁开通则会较大程度地提高城市旅游目的地的可进入性，进而带动旅游经济发展。

表 5-23　高铁开通对不同公路交通发达程度城市旅游经济发展的异质性影响

被解释变量	国内外旅游总人次	国内外旅游总收入	国内旅游人次	国内旅游收入	入境旅游人次	国际旅游收入
解释变量	（1）	（2）	（3）	（4）	（5）	（6）
高铁开通	0.651 ***	0.567 ***	0.642 ***	0.540 ***	0.724 ***	0.206 ***
	(6.643)	(8.163)	(6.606)	(8.193)	(4.910)	(4.839)
公路交通	−0.083	−0.161	−0.054	−0.019	0.600	−0.102
	(−0.132)	(−0.299)	(−0.088)	(−0.036)	(0.593)	(−0.434)
交乘项	−7.468 ***	−5.675 ***	−7.362 ***	−5.637 ***	−9.101 ***	−0.656
	(−4.942)	(−4.957)	(−4.957)	(−5.108)	(−3.190)	(−0.693)
控制变量	控制	控制	控制	控制	控制	控制
时间效应	控制	控制	控制	控制	控制	控制
个体效应	控制	控制	控制	控制	控制	控制
观测值	4 073	4 064	4 073	4 060	4 062	4 060
R^2	0.809	0.860	0.807	0.852	0.940	0.949

第二，在模型（4）的基础上加入了航空交通运输水平变量以及 HSR 与该变量的交乘项，以检验高铁开通对不同航空交通发达程度城市旅游经济发展的异质性影响。具体方程如下：

$$\text{Tour}_{it} = \alpha + \beta_1 \text{HSR}_{it} + \beta_2 \text{Air}_{it} + \beta_3 \text{HSR}_{it} \times \text{Air}_{it} +$$
$$\lambda \sum_n \text{Controls}_{it} + \eta_t + \mu_i + \varepsilon_{it} \tag{10}$$

式中，Air_{it}表示地级市i在t期的航空交通运输水平，采用航空交通客运量占交通客运总量的比重来衡量[①]。

表 5-24 中的回归结果显示，航空交通越发达的城市，高铁开通对区域旅游经济发展的促进作用越显著。由此可以看出，高铁的修建对航空交通并不是起替代作用，而是发挥了补充作用。航空为人们长距离出行提供了便利，而高铁网络则可被看作陆地航线的延伸，提高了周边地区的可进入性，进一步完善了城市旅游交通系统。

表 5-24　高铁开通对不同航空交通发达程度城市旅游经济发展的异质性影响

被解释变量	国内外旅游总人次	国内外旅游总收入	国内旅游人次	国内旅游收入	入境旅游人次	国际旅游收入
解释变量	（1）	（2）	（3）	（4）	（5）	（6）
高铁开通	0.670 ***	0.575 ***	0.661 ***	0.548 ***	0.749 ***	0.206 ***
	（6.798）	（8.281）	（6.761）	（8.313）	（5.011）	（4.810）
航空交通	0.948	0.459	0.890	0.215	−0.481	0.340
	（0.747）	（0.434）	（0.706）	（0.201）	（−0.250）	（0.681）
交乘项	11.11 ***	9.040 ***	10.97 ***	8.983 ***	12.49 ***	1.488 *
	（4.814）	（4.951）	（4.819）	（5.050）	（3.239）	（1.162）
控制变量	控制	控制	控制	控制	控制	控制
时间效应	控制	控制	控制	控制	控制	控制
个体效应	控制	控制	控制	控制	控制	控制
观测值	4 073	4 064	4 073	4 060	4 062	4 060
R^2	0.813	0.863	0.810	0.855	0.941	0.949

5.2.6　机制检验

前述实证结果显示，高铁开通对地区国内外旅游总人次和总收入、国内旅游人次和收入以及入境旅游人次和收入的增长都有显著的正向影响作用。由此，有必要进一步探究和验证高铁开通促进区域旅游经济发展的内在机制。正

[①] 各地级市公路交通客运量、航空交通客运量、交通客运总量的数据来源于《中国城市统计年鉴》（2004—2018）。

如第三章理论分析所述，高铁的开通带动了劳动力、资金、信息等生产要素的跨区域加速流动，通过改善区域劳动力市场、促进财政增收和创造创新环境三种渠道，实现了区域旅游供给的优化，对促进区域旅游经济发展发挥了重要影响作用。为验证这一机制，利用中介模型中的逐步检验法（Baron et al.，1986）实证这三种作用渠道的存在性①。

该检验方法主要有三个步骤：第一步，将高铁开通虚拟变量与本书衡量地区旅游经济产出的6大指标分别进行回归，若系数显著则表明高铁的开通会促进区域旅游经济发展；第二步，将高铁开通虚拟变量与衡量区域劳动力市场、财政收入和创新环境这三大影响机制的指标分别进行回归，若系数显著则能分别说明高铁开通对区域旅游业劳动力市场、财政收入和创新环境有影响作用；第三步，将高铁开通虚拟变量和三大影响渠道分别与衡量区域旅游经济产出的6大指标进行回归，若双重差分项变为不显著或显著但系数降低了，就说明高铁开通是通过这三大机制促进了区域旅游经济发展。按照上述检验逻辑，本书机制验证模型设定如下：

$$\text{Tour}_{it} = \alpha_0 + \alpha_1 \text{HSR}_{it} + \alpha_2 \sum_n \text{Controls}_{it} + \eta_t + \mu_i + \varepsilon_{it} \quad (11)$$

$$\text{Lm}_{it}(\text{Re}_{it}, \text{Ie}_{it}) = \beta_0 + \beta_1 \text{HSR}_{it} + \beta_2 \sum_n \text{Controls}_{it} + \eta_t + \mu_i + \varepsilon_{it} \quad (12)$$

$$\text{Tour}_{it} = \lambda_0 + \lambda_1 \text{HSR}_{it} + \lambda_2 \text{Lm}_{it} + \lambda_3 \sum_n \text{Controls}_{it} + \eta_t + \mu_i + \varepsilon_{it} \quad (13)$$

式中，Lm_{it} 表示地级市 i 在 t 期的旅游业劳动力市场情况，用第三产业从业人数来衡量。没有直接使用旅游业从业人数来衡量的原因在于：其一，地级市的数据统计缺口较大；其二，属于综合型行业的旅游业与第三产业中其他行业交融性很高，第三产业从业人员基本涵盖了所有直接或间接从事旅游行业的人员。Re_{it} 表示地级市 i 在 t 期的财政收入情况，用地区公共财政收入总量衡量。Ie_{it} 表示地级市 i 在 t 期的旅游创新情况，用地区旅游专利数量衡量。地区第三产业从业人员数和公共财政收入的数据来源于《中国城市统计年鉴》（2004—2018），旅游专利数量来源于中国国家知识产权局专利检索数据库平台，通过锁定专利名称"旅游"、公告日、申请人地址等信息，对各地级市历年旅游专利数据进行逐一手工搜集。

从表5-25至表5-30中的检验结果来看，第一步回归结果显示，高铁开通具有促进区域国内外旅游总人次和总收入、国内旅游人次和收入以及入境旅

① BARON R M, KENNY D A. The moderator – mediator variable distinction in social psychological research: conceptual, strategic, and statistical considerations [J]. Journal of personality and social psychology, 1986, 51 (6): 1173-1182.

游人次和收入增长的影响效应。第二步回归结果显示，高铁开通对地区劳动力市场、财政收入和创新环境这三大机制具有显著的正向影响效应。这一结果也验证了第三章对高铁开通影响地区劳动力市场、财政收入和创新环境的理论梳理。第三步回归结果显示，将高铁开通虚拟变量与三大机制变量同时纳入回归方程后，三大机制均分别显著促进了区域旅游经济的增长；同时，高铁开通促进区域旅游经济增长的影响效应部分仅系数变小，其结果依然显著为正。由此说明，在旅游供给方面，地区劳动力市场、财政收入和创新环境在高铁开通促进区域旅游经济增长的过程中发挥了部分中介作用，影响机制得到验证。进一步从中介效应占比结果可知，地区财政收入的中介作用效应最强，劳动力市场次之，创新环境的中介作用稍弱。

表 5-25　高铁开通影响国内外旅游总人次的机制检验

被解释变量	国内外旅游总人次	劳动力市场	国内外旅游总人次	财政收入	国内外旅游总人次	创新环境	国内外旅游总人次
解释变量	(1)	(2)	(3)	(4)	(5)	(6)	(7)
高铁开通	0.704***	3.052***	0.550***	0.476***	0.306***	0.781**	0.689***
	(7.017)	(3.440)	(6.908)	(7.222)	(3.646)	(2.205)	(6.861)
劳动力市场			0.051***				
			(10.940)				
财政收入					0.840***		
					(11.570)		
创新环境							0.021***
							(3.140)
控制变量	控制	控制	控制	控制	控制	控制	控制
时间效应	控制	控制	控制	控制	控制	控制	控制
个体效应	控制	控制	控制	控制	控制	控制	控制
观测值	4 077	4 085	4 077	4 085	4 077	4 085	4 077
R^2	0.801	0.894	0.856	0.843	0.884	0.389	0.803
中介效应			显著		显著		显著
中介效应/总效应			22.11%		56.80%		2.33%

表 5-26　高铁开通影响国内外旅游总收入的机制检验

被解释变量	国内外旅游总人次	劳动力市场	国内外旅游总人次	财政收入	国内外旅游总人次	创新环境	国内外旅游总人次
解释变量	(1)	(2)	(3)	(4)	(5)	(6)	(7)
高铁开通	0.605***	3.052***	0.498***	0.476***	0.261***	0.781**	0.594***
	(8.434)	(3.440)	(7.754)	(7.222)	(4.978)	(2.205)	(8.263)
劳动力市场			0.035***				
			(7.902)				
财政收入					0.726***		
					(12.810)		
创新环境							0.016**
							(2.411)
控制变量	控制	控制	控制	控制	控制	控制	控制
时间效应	控制	控制	控制	控制	控制	控制	控制
个体效应	控制	控制	控制	控制	控制	控制	控制
观测值	4 068	4 085	4 068	4 085	4 068	4 085	4 068
R^2	0.855	0.894	0.884	0.843	0.923	0.389	0.856
中介效应			显著		显著		显著
中介效应/总效应			17.66%		57.12%		2.07%

表 5-27　高铁开通影响国内旅游人次的机制检验

被解释变量	国内旅游人次	劳动力市场	国内旅游人次	财政收入	国内旅游人次	创新环境	国内旅游人次
解释变量	(1)	(2)	(3)	(4)	(5)	(6)	(7)
高铁开通	0.694***	3.052***	0.541***	0.476***	0.301***	0.781**	0.678***
	(6.985)	(3.440)	(6.878)	(7.222)	(3.616)	(2.205)	(6.825)
劳动力市场			0.051***				
			(10.930)				
财政收入					0.831***		
					(11.550)		
创新环境							0.021***
							(3.249)
控制变量	控制	控制	控制	控制	控制	控制	控制
时间效应	控制	控制	控制	控制	控制	控制	控制
个体效应	控制	控制	控制	控制	控制	控制	控制
观测值	4 077	4 085	4 077	4 085	4 077	4 085	4 077

表5-27(续)

被解释变量	国内旅游人次	劳动力市场	国内旅游人次	财政收入	国内旅游人次	创新环境	国内旅游人次
R^2	0.799	0.894	0.854	0.843	0.882	0.389	0.800
中介效应			显著		显著		显著
中介效应/总效应			22.43%		57.00%		2.36%

表 5-28　高铁开通影响国内旅游收入的机制检验

被解释变量	国内旅游收入	劳动力市场	国内旅游收入	财政收入	国内旅游收入	创新环境	国内旅游收入
解释变量	(1)	(2)	(3)	(4)	(5)	(6)	(7)
高铁开通	0.579***	3.052***	0.472***	0.476***	0.243***	0.781**	0.569***
	(8.456)	(3.440)	(7.765)	(7.222)	(5.097)	(2.205)	(8.291)
劳动力市场			0.035***				
			(7.927)				
财政收入					0.718***		
					(12.920)		
创新环境							0.015**
							(2.494)
控制变量	控制	控制	控制	控制	控制	控制	控制
时间效应	控制	控制	控制	控制	控制	控制	控制
个体效应	控制	控制	控制	控制	控制	控制	控制
观测值	4 064	4 085	4 064	4 085	4 064	4 085	4 064
R^2	0.846	0.894	0.881	0.843	0.926	0.389	0.847
中介效应			显著		显著		显著
中介效应/总效应			18.45%		59.03%		2.02%

表 5-29　高铁开通影响入境旅游人次的机制检验

被解释变量	入境旅游人次	劳动力市场	入境旅游人次	财政收入	入境旅游人次	创新环境	入境旅游人次
解释变量	(1)	(2)	(3)	(4)	(5)	(6)	(7)
高铁开通	0.806***	3.052***	0.638***	0.476***	0.313**	0.781**	0.792***
	(5.228)	(3.440)	(4.451)	(7.222)	(2.222)	(2.205)	(5.125)
劳动力市场			0.056***				
			(8.066)				

表5-29(续)

被解释变量	入境旅游人次	劳动力市场	入境旅游人次	财政收入	入境旅游人次	创新环境	入境旅游人次
财政收入					1.046 *** (7.037)		
创新环境							0.020 (1.348)
控制变量	控制	控制	控制	控制	控制	控制	控制
时间效应	控制	控制	控制	控制	控制	控制	控制
个体效应	控制	控制	控制	控制	控制	控制	控制
观测值	4 066	4 085	4 066	4 085	4 066	4 085	4 066
R^2	0.939	0.894	0.946	0.843	0.953	0.389	0.939
Sobal 检验							显著
中介效应			显著		显著		
中介效应/总效应			21.20%		61.77%		1.94%

表 5-30　高铁开通影响国际旅游收入的机制检验

被解释变量	国际旅游收入	劳动力市场	国际旅游收入	财政收入	国际旅游收入	创新环境	国际旅游收入
解释变量	(1)	(2)	(3)	(4)	(5)	(6)	(7)
高铁开通	0.209 *** (4.676)	3.052 *** (3.440)	0.182 *** (4.249)	0.476 *** (7.222)	0.086 ** (2.118)	0.781 ** (2.205)	0.202 *** (4.504)
劳动力市场			0.010 *** (3.967)				
财政收入					0.263 *** (5.686)		
创新环境							0.010 ** (2.216)
控制变量	控制	控制	控制	控制	控制	控制	控制
时间效应	控制	控制	控制	控制	控制	控制	控制
个体效应	控制	控制	控制	控制	控制	控制	控制
观测值	4 064	4 085	4 064	4 085	4 064	4 085	4 064
R^2	0.949	0.894	0.951	0.843	0.957	0.389	0.949
中介效应			显著		显著		显著
中介效应/总效应			14.60%		59.90%		3.73%

5.3 本章小结

本章使用 2003—2017 年中国 284 个地级市面板数据，运用双重差分模型实证检验高铁开通对区域旅游经济的整体影响效应以及对不同类型城市旅游经济的异质性影响，并从旅游供给视角验证了高铁开通影响区域旅游经济的机制渠道。

研究发现，从整体上看，高铁开通对区域旅游经济具有显著的正向影响效应。实证结果显示，在 1% 的显著性水平下，高铁开通对国内外旅游总人次和总收入、国内旅游人次和收入、入境旅游人次和收入均起着促进作用；同时，从事件分析法的动态效应检验结果可以看出，高铁对区域旅游经济的正向推动力具有持续性，且推动力度随着高铁运行时间的延长而愈发强劲。在使用双重差分倾向得分匹配等方法排除模型内生性问题并进行多次稳健性检验后，"高铁开通对区域旅游经济具有显著的正向影响效应"这一核心结果没有发生本质变化，说明研究结论具有可靠性。

在城市区位异质性方面，高铁开通对我国对东部和西部地区的虹吸作用更明显，而对中部地区的城市产生了一定程度的过道效应。其中，从入境旅游人次和收入两个指标的回归结果来看，高铁对促进中部城市入境旅游经济增长没有显著作用，说明中部地区在提高入境旅游市场吸引力方面还有待加强。在城市规模异质性方面，相较于中型城市和小型城市，拥有更多人口规模的大型城市旅游经济受到高铁开通的影响作用更大；对中、小型城市而言，高铁开通对地区旅游人次的影响效应显著优于旅游收入，且对地区入境旅游经济的影响不显著，表明在高铁建设影响下中、小型城市旅游经济的增长空间在某种程度上受限于缺乏高质量、国际化旅游产品和服务的供给。在城市等级异质性方面，高铁开通对三线城市旅游经济的影响效应最为显著，对促进一线城市旅游收入和五线城市旅游人次的增长有一定影响，而对二线城市和四线城市呈现出了不显著的负向影响。在城市旅游资源禀赋和旅游公共服务的异质性方面，高铁开通对旅游资源禀赋越好、旅游公共服务质量越高的地区有更显著的正向影响效应，说明提升地区旅游资源和公共服务质量是应对高铁时代地区旅游经济外部效应的有效途径。在城市其他交通运输发达程度异质性方面，当城市的公路交通发达程度越高时，高铁开通产生的旅游经济影响效应越弱，说明高铁对公路交通的可替代性较小；而当城市的航空交通发达程度越高时，高铁开通对区域旅游经济的正向影响作用越显著。可见，对地区旅游交通系统而言，高铁建设对航空交通并不是起替代作用，而是发挥了补充作用，因此高铁项目建设规划应充分考虑地区其他交通运输发展情况。

基于中介效应模型对地区劳动力市场、财政收入和创新环境这三大因素在高铁促进区域旅游经济增长的过程中的影响机制进行了检验。实证结果显示，地区劳动力市场、财政收入和创新环境的部分中介作用均得到验证；同时，从三大机制渠道的中介效应占比可以看出，地区财政收入对高铁影响区域旅游经济增长的中介作用效应最强，劳动力市场次之，而创新环境的中介作用效应稍弱。由此可以看出，政府的主导作用在高铁时代下促进地区旅游经济发展的过程中尤为重要。

6 高铁建设的区域旅游产业效率提高效应分析

2017 年 10 月 18 日，习近平总书记在中国共产党第十九次全国代表大会上做了题为《决胜全面建成小康社会 夺取新时代中国特色社会主义伟大胜利》主题报告。在该报告中，他在回顾和总结党的十八大以来党和国家事业的历史性变革和历史性成就之后明确指出，中国特色社会主义已经进入新时代，我国社会主要矛盾已经转化为人民日益增长的美好生活需要和不平衡不充分的发展之间的矛盾。随着经济社会发展和人民生活水平的不断提高，人们的消费水平和消费层次也实现了不断升级。作为享受型消费和提升型消费，旅游消费在居民消费结构中的地位不断上升，而且也日益成为大多数居民日常消费的基本构成。至此，我国已进入大众旅游时代。旅游作为五大幸福源泉之首，是我国人民美好生活需要的重要组成部分，也已成为人民群众日常生活的刚性需求。旅游产业实现平衡和充分发展来满足我国居民日益膨胀的旅游消费需求，将对不断提升人民的幸福感和获得感产生重要影响。旅游产业的平衡充分发展已成为促进国民经济发展、提升人民生活质量的重要途径。然而，我国旅游产业的高质量发展仍面临诸多挑战，这些问题中最重要或者占主导地位的应该是旅游产业发展效率低下。产业效率低下不仅制约着旅游产业产品与服务的供给和品质水平，也在一定程度上造成了产能过剩、旅游资源浪费和生态环境的破坏。我国旅游产业效率提升已成为旅游供给侧结构性改革的重要内容。

交通基础设施在推动我国旅游产业快速发展过程中所发挥的作用已成为有目共睹的事实。四通八达的公路网和铁路网缩小了旅游目的地与客源地之间的时间距离，由此带动的信息流也缩小了游客对旅游目的地之间的心理距离，快捷舒适的交通条件激发了更加旺盛的旅游消费需求，进而发生更大规模的旅游消费行为。从旅游产业供给角度看，交通条件的改善也会使信息、人才和资金的流动更加便捷，而且流动成本更低，生产要素的低成本、快捷的流动，将使旅游企业对资源的配置更加优化，生产效率进一步提升。

在诸多交通方式中，高铁的建设在推动我国旅游产业发展中的地位更为耀眼。但是，也有文献研究表明，高铁是一把"双刃剑"，在带来客流、资金流、信息流和人才流的同时，也会由于"过道效应"抑制高铁沿线城市的旅游产业发展，降低旅游产业效率。这样一来，我们的疑问是高铁能够促进沿线城市的旅游产业效率提高吗？这样的影响效应会因城市区位、城市规模和城市旅游行业性质而对其旅游产业效率的作用产生异质性吗？

由此一来，本章以 30 个省级行政区域为研究样本，利用 2004—2020 年的城市面板数据，使用 Tobit 模型实证了高铁开通对中国区域旅游产业效率的促进效应，并从城市区位、城市规模等层面进行了异质性分析。

6.1 高铁开通促进旅游产业效率提高的内在机制

在区域旅游产业发展过程中，交通基础设施的便利程度和可达性是不可忽视的重要影响因素之一。可以说，旅游交通设施不仅是旅游服务体系不可缺少的组成部分，也是旅游系统顺利运行的重要保障。从旅游市场需求方来看，游客在规划旅游线路的时候，首先会考察意向旅游目的地的交通情况，而且很大程度上会根据旅游目的地的交通条件来确定是否前往。在旅游过程中，游客也会无时无刻不在关注客源地到目的地以及目的地内部的旅游交通问题。尤其在这样一个大众旅游时代，自助游和自驾游市场日益火爆，在有限假期或旅途时间限制下，人们在计划旅游或旅行过程中会更加注重旅游交通设施状态。从旅游市场供给方来看，交通成本的高低直接影响旅游产业生产要素的空间配置效率。交通条件越便利，资金、人才、物质的空间流动成本越低，旅游企业运营成本就越低，越有可能实现最优的空间资源配置，提高旅游产业效率。因此，高铁通过产业规模、区域合作、环境优化三大效应，以及提高居民收入水平、增加人力资本积累、推动产业结构升级、促进技术创新等途径对区域旅游业生产效率提升产生影响。

6.1.1 三大效应

高铁作为一种现代化交通基础设施，因其运量大、速度快、舒适度高而后来居上，在旅游产业发展过程中扮演着重要角色，对旅游产业效率提高发挥了举足轻重的作用。高铁主要通过产业规模效应、区域合作效应和环境优化效应对旅游产业效率提升产生促进作用。

6.1.1.1 产业规模效应

高铁的开通提高了旅游目的地的可达性，降低了旅游过程中的时间成本，提高了旅行便捷程度，缩短了客源地与旅游目的地之间的时间和心理距离，旅游者更愿意实施旅游消费行为，使旅游者可以走得更远，出行更频繁。可以说，高铁网络从根本上改变了旅游交通区位条件，使旅游目的地的辐射范围更广，极大拓宽了旅游市场边界。旅游市场的扩大将引致旅游产业投资的不断增加，产业规模不断扩大，规模经济效应进一步凸显。另外，高铁网络同时构成了人才、资金、信息、技术等生产要素流动网络，而且高铁交通的诸多优点降低了生产要素的流动成本。旅游产业发展需要各种生产要素的投入和合理配置，高铁带来的生产要素流动将进一步推动旅游业更好地配置资源，更容易形成集聚效应。随着生产要素的不断集聚，旅游产业规模不断扩大，也会强化规模经济效应，从而促进了旅游产业效率的提升。

6.1.1.2 区域合作效应

旅游市场是一个开放性的市场，不仅存在生产要素的自由流动，也存在客流的自由流动。高铁将会推动旅游产业产生要素的自由流动，也会带来客流的自由流动，从而实现旅游市场之间的合作交流。从供给层面看，高铁的"时空压缩效应"缩短了游客与旅游目的地之间的时间和心理距离，扩大了旅游市场，使诸多旅游目的地市场重合空间不断增大，使得不同区域的旅游企业可以在旅游资源开发、旅游产品设计、旅游线路规划和市场推广营销等方面进行区域合作，从更大的生产要素市场进行资源配置，从更广阔的旅游消费市场进行营销推广，由此一来，可以通过区域合作实现旅游产业运营效率的提高。同时，随着高铁的开通，游客出行范围得以扩大（冯英杰 等，2014），游客出行方式日益改善，这有利于高铁沿线区域客源市场的有效整合，促使沿线区域旅游客源结构获得优化和完善，提高旅游产业的服务效率。另外，高铁的开通大幅度促进了旅游者及旅游产业生产要素到达旅游目的地的速度的加快与效率的提高，使得各旅游目的地间的联系更加紧密，带动了区域之间的文化融合，有利于旅游资源有效整合，从而有助于打造更具特色的旅游产品，实现旅游产品的内涵升级。

6.1.1.3 环境优化效应

高铁通过改变旅游目的地的区位条件，促进了产业发展环境的优化。高铁的开通，使得各地区间在人才与信息上的交流更为频繁，推动了区域对外开放，增强了地区间的知识溢出，为地区旅游产业改进技术和创新提供了良好环境，从而实现旅游产业效率的提高。对处于中心地位的旅游目的地而言，高铁的开通将进一步增强其生产要素的集聚效应，为产业创新提供更为优越的社会环境和发展条件；对处于非中心地位的旅游目的地而言，高铁的开通提高了其可达性和出行的便捷程度，不仅可以吸引更多的游客，增加旅游收入，为产业创新提供条件，而且区位的改变使这些地方从环境上变得更为宜居宜业，吸引更多的人才流入，将会推动旅游产业创新和人力资本增加，使得旅游产业运营效率提高。

中国疆域辽阔，经纬度跨度大，从大海之滨到高原之巅，各地区的地形地貌和气候气象条件差异较大，使不同地区城市的自然生态环境和社会结构因素具有显著差异性。相较于中西地区而言，东部沿海地区集经济基础、地理交通、人力资本、创新能力等方面的优势于一体，我国旅游产业多样化聚集程度呈现东高西低的特点①，东部地区旅游产业结构整体影响力大于中西部地区②。另外，不同规模的城市在旅游产业发展过程中面临的生产要素市场和旅游消费市场也不尽相同，资源配置市场半径不一样。加之是不是旅游城市，也会体现在高铁开通对旅游产业运营效率的影响上。

综上所述，高铁的开通可以有效提升旅游目的地城市的旅游产业效率，而且对于不同类型地区，高铁开通对旅游产业效率的影响效应具有异质性。

6.1.2 四大途径

高铁对区域旅游产业效率的影响效应可能通过提高居民收入水平、增加人力资本积累、推动产业结构升级和促进技术创新四个途径进行传导。

6.1.2.1 提高居民收入水平

高铁作为最为广泛使用的现代交通工具之一，具有运量大、速度快、舒适感高等优点，可以通过缩短时空距离、降低运输成本、提高沿线城市的可达性和便捷度，对城市的经济发展起着显著的促进作用③。从劳动经济学角度看，高铁的开通可以提高企业生产效率，增加劳动力需求，进而推高劳动力报酬，使工资水平提高。从劳动力需求角度看，高铁的开通使沿线城市出行便捷程度

---

① 王新越，芦雪静. 中国旅游产业集聚空间格局演变及其对旅游经济的影响：基于专业化与多样化集聚视角 [J]. 地理科学，2020，40（7）：1160-1170.

② 刘宁，宋秋月，侯佳佳，等. 中国旅游产业结构变迁及空间网络演进 [J]. 地理与地理信息科学，2020，36（5）：119-127.

③ JIA S，C ZHOU，C QIN. No difference in effect of high-speed rail on regional economic growth based on match effect perspective？[J]. Transportation research part a policy & practice，2017（106）：144-157.

提高，有效增加了劳动力供给，当企业对劳动力的需求大于社会供给时，将导致地区工资收入水平提高。因此，高铁的开通不仅可以直接促进工资水平提高，也可以通过提高有效劳动供给间接地促进地区工资水平提高[①]。就业岗位和有效劳动供给使居民通过更多的劳动报酬收入提高可支配水平。按照凯恩斯的传统消费理论，居民消费支出取决于收入水平，而且改善型消费支出和享受型消费支出比基本生活消费支出更容易受收入水平高低的影响，更多是引致性消费支出。旅游商品与服务属于正常品，旅游消费支出更多是改善型消费支出和享受型消费支出。当人们收入水平普遍提高、可支配收入与购买能力不断提升时，人们出游的意愿与能力会越来越强，旅游客源市场规模与旅游总收入也会随之增加[②]，并最终有利于提高旅游产业的效率。因此，高铁开通能够通过增加居民收入来促进旅游产业效率的提高。

6.1.2.2 产业结构升级

目前，我国的高铁主要承担客运交通，高铁网络即客流网络。高铁开通带来了客流、资金流、信息流和技术流，这在一定程度上推动了沿线城市的产业结构升级，其中最主要表现是第三产业的迅猛发展。高铁对沿线区域服务业集聚存在着显著的促进作用[③]。而且在高铁的就业效应中，对服务业中的住宿餐饮业、批发零售等消费性服务业及信息、软件等生产性服务业的就业促进效应增大。由此一来，作为现代服务业重要组成部分的旅游业的发展受高铁建设的影响明显。首先，旅游产业是复合型产业，其良好发展需要其他服务行业的支撑。产业结构越高级化，服务业发展规模越大，旅游产业的基础性支撑越强，越有利于创造旅游经济集聚，形成规模效应，提高旅游经济发展效率和绩效。其次，服务业能为旅游产业提供良好的产业环境，如交通、通信、房地产、医疗、科技服务业及各类中介组织行业在挖掘旅游者消费需求、调节旅游市场供需结构、促进旅游资源优化配置、创新旅游产品设计以及改良旅游服务方式等方面起着重要作用，从而对旅游产业效率的提高产生积极影响。最后，高铁开通将逐步实现旅游产业与传统服务产业的深度融合，从而进一步提高旅游产业效率。如餐饮业、商贸业以及房地产业等传统服务业与旅游产业融合以后形成

---

① 董艳梅，朱英明. 高速铁路建设能否重塑中国的经济空间布局：基于就业、工资和经济增长的区域异质性视角 [J]. 北京：中国工业经济，2016（10）：92-108.

② MARTINS L F, G YI, A FERREIRA-LOPES. An empirical analysis of the influence of macro-economic determinants on world tourism demand [J]. Tourism management, 2017（61）：248-260.

③ SHAO S, Z TIAN, L YANG. High speed rail and urban service industry agglomeration: evidence from China's Yangtze River delta region [J]. Journal of transport geography, 2017, 64（10）：174-183.

的餐饮游、购物游、商务游以及旅游地产等将在高铁沿线城市快速发展起来，形成复合型经营，提高旅游效率。因此，高铁开通能够通过产业结构升级来促进旅游产业效率的提高。

6.1.2.3 人力资本积累

高铁开通可以增加沿线城市的人力资本积累，进而提高其旅游产业效率。高铁开通带来了旅游目的地的经济发展、公共服务设施的改善、和谐社会氛围的营造，吸引更多的人前来居住，尤其是高人力资本水平人群前来安家，这些人群往往具有较高的自身素质和创新精神，能够在工作岗位上实现创新。知识溢出效应的存在使得无论是哪一行业的高人力资本水平人群前来定居都可以推动旅游产业效率的提高。更具体地说，高铁带动了居住和工作环境的改善，这种改善吸引了旅游行业从业人员的就业地选择和居住地选择，使更多更优秀的从业者来到高铁沿线旅游城市，从而提高了这里的旅游产业效率。

6.1.2.4 促进技术创新

高铁开通大幅度缩短了地区内部与地区之间的时间距离，促进企业间频繁互动，带来了人才流、资金流、信息流和技术流，有助于企业在产品创新和技术革新方面共享信息，增强了知识溢出效应，有效促进城市技术创新。在此过程中，旅游产业尤其是智慧方面的技术，制造业创新对专业户外旅行用品生产质量与效率，以及信息和通信技术在酒店、旅行社产品预定效率等，都会因高铁的开通而实现技术改进，进而提高产业效率。同时，随着生活质量的逐渐改善，个性化、多样化以及分层化的旅游消费需求也日益显现，旅游业亟待由劳动密集型向科技密集型、创意密集型和体验密集型转变，需要旅游目的地引入新技术、新模式、新产品和新内容来围绕游客多元化需求构建新型目的地系统。另外，高铁开通促进了区域创新环境的改善，提高了旅游产业的科技含量，有利于旅游企业革新生产技术，改良或创新生产方式，丰富旅游产品附加值，打造新型旅游产品，发展旅游新业态，并实现旅游产业效率的提高。因此，高铁能够通过改善区域创新环境来促进旅游产业效率的提高。

6.2 研究设计

6.2.1 模型构建

6.2.1.1 基准回归模型构建

鉴于旅游产业效率的指数值均处于（0，1］，我们借鉴魏丽等人（2018）[①]的研究采用 Tobit 模型来实证检验高铁建设所带来的区域旅游产业效率提高效应。构建的计量经济回归模型具体如下：

$$\text{TIE}_{it}^* = \alpha_0 + \alpha_1 \times \text{HSR}_{it} + \alpha_2 \times X_{it} + \mu_{it}$$

$$\text{TIE}_{it} = \begin{cases} 1 & if \quad \text{TIE}_{it}^* > 1 \\ \text{TIE}_{it}^* & if \quad 0 < \text{TIE}_{it}^* \leq 1 \\ 0 & if \quad \text{TIE}_{it}^* \leq 0 \end{cases}$$

上式中，i 和 t 分别表示第 i 个省份和第 t 年，TIE_{it} 是通过测算得到的区域旅游产业效率；HSR_{it} 为高铁密度；X_{it} 为控制变量矩阵；随机误差项 $\mu_{it} \sim N(0,^2)$。为保证参数估计结果无偏且一致，我们采用极大似然估计法（MLE），通过STATA15.0 软件实现模型拟合和参数估计。

6.2.2 变量选取

6.2.2.1 被解释变量

在基准回归中，以我国省级行政区域为研究样本，因此本书的被解释变量为省域旅游产业效率，具体包括旅游产业综合效率（TIOE）、旅游产业纯技术效率（TIPTE）和旅游产业规模效率（TISE）。城市旅游产业的效率水平通过投入导向型方法进行测算。具体来说，基于规模报酬不变的 CRS 模型测算旅游产业综合效率（TIOE），其测度值为（0，1］；基于规模报酬可变的 VRS 模型测算旅游产业纯技术效率（TIPTE），其测度值为（0，1］；由旅游产业综合效率（TIOE）除以旅游产业纯技术效率（TIPTE）得到旅游产业规模效率（TISE）水平，其测度值为（0，1］。TIOE、TIPTE 和 TISE 的值越接近 1，说明旅游产业综合效率、旅游产业纯技术效率和旅游产业规模效率水平越高；反

[①] 魏丽，卜伟，王梓利. 高速铁路开通促进旅游产业效率提升了吗?：基于中国省级层面的实证分析 [J]. 经济管理，2018 (7)：72-87.

之，旅游产业规模效率水平越低。

囿于数据的可得性和旅游行业特征，本书选择资本、设施、劳动以及教育四个方面的投入作为旅游产业整体发展的投入要素。

6.2.2.2 核心解释变量

高铁开通情况，用辖区内高铁密度来衡量。根据前文中对高铁的界定，通过国家铁路局发布的相关文件整理统计2004—2018年开通的高铁线路，测算各个城市在各年份实现的高铁开通运营的里程数据。由各地区高铁年度里程数（千米）除以区域面积（万平方千米）来计算高铁密度。

6.2.2.3 控制变量

为了保证回归结果的科学性，保证核心解释变量的影响效应测度更加"稳健"和"纯粹"，本书从旅游产业发展特征和发展环境两个方面考虑控制变量选取。

旅游产业集聚度（LQ）。旅游产业集聚不仅可以促进生产要素流动成本的降低，还可以通过扩大地区规模经济效应与促进知识和技术的溢出，以促进旅游产业效率提高。使用区位熵来衡量地区旅游产业空间集聚程度。旅游产业集聚度的计算公式为

$$LQ_i = \left(\frac{q_{ir}}{\sum\limits_i q_{ir}} \right) \Big/ \left(\frac{\sum\limits_r q_{ir}}{\sum\limits_i \sum\limits_r q_{ir}} \right)$$

上式中，q_{ir} 表示 i 省份 r 产业的增加值。LQ越大，表示该地区相应产业的集聚程度越高。

固定资产投资（Investment）。完善的基础设施为游客开展旅游活动提供了便利的条件和舒适的环境，进一步提升了旅游体验质量和服务口碑。本书利用人均固定资产投资额作为地区基础设施水平的代理变量。

城市经济发展水平（PGDP）。地方强劲的经济实力是旅游业发展的重要支撑与保障，本书选择省域人均国内生产总值代表经济发展水平。

政府规模（Government）。政府部门在旅游市场中发挥着不可或缺的宏观调控作用，政府介入旅游业发展具有一定的必要性和合理性。本书参考林爽和赵磊（2020）[①] 的研究，利用财政支出占GDP的比重来表征政府规模。

对外开放水平（Open）。对外开放有利于旅游产业积极参与和分享国际化带来的信息、技术、资源及其他有价值的要素。在城市旅游业发展过程中，对

[①] 林爽，赵磊. 城镇化进程对旅游产业竞争力的门槛效应研究 [J]. 旅游学刊，2020，35 (11)：27-41.

外开放情况扮演着重要角色（Zhang et al., 2007）。本书用实际使用外资金额占比作为地区对外开放衡量指标。

市场化程度（Market）。市场化程度是一个经济体经济发展活力的综合表现。一个地区的市场化程度越高，其旅游产业发展的环境就越优越，越有利于旅游产业效率提高。本书以社会消费品零售总额占 GDP 的比重来衡量地区市场化程度。

服务因素（Industry）。服务业在住宿、餐饮、商贸等方面为旅游业提供支撑。本书选择第三产业从业人员的占比作为服务业发展水平的代理变量。

区域交通因素（Road）。交通基础设施具有典型的外部性特征，良好的交通设施直接影响旅游景点的可达性。交通便捷度是旅游产业高效发展的重要前提，完善的交通运输体系和基础设施网络有利于区域旅游业的可持续发展。本书选择由省域公路总里程除以辖区总面积得到的公路网密度作为地区交通便捷度的代理变量。

信息化水平（Internet）。信息化水平提高有利于加强旅游企业信息资源的共享与交流，促进旅游企业运行效率提高。使用人均邮电业务量来衡量信息化水平。人均邮电业务量由邮电业务量除以年末人口总数后再取对数值得到。

城市绿化水平（Green）。城市绿化兼具改善城市生态、美化城市环境、净化空气、拓展游憩空间等作用。提高城市绿化水平有助于提升旅游审美价值和都市景观效益。旅游消费者对拥有较为极端化绿化率的自然景观具有较强偏好，绿化资源要素对城市旅游业发展具有较大贡献。因此，本书借鉴刘瑞明等人（2020）[①] 的方法，利用省会城市绿化覆盖率作为地区绿化水平的代理变量。

旅游资源禀赋（Resource）。作为客观条件，旅游资源是目的地发展旅游业的基本载体，是旅游产业发展环境的基础。旅游资源越丰富的地区，其形成规模性旅游产业的可能性越大，取得的旅游效益越高。鉴于旅游景区对于旅游经济的拉动作用，本书借鉴杨勇（2016）[②] 的研究，对 4A 级景区赋值 2.5 分、5A 级景区赋值 5 分，以总分值来衡量旅游资源禀赋。一方面数据不可得，另一方面 3A 级及以下景区可以由市级旅游景区评定机构直接评定，而 4A 级和 5A 级景区的评定需要市级至省级层层核查，最终由全国旅游景区质量等级评

[①] 刘瑞明，毛宇，亢延锟. 制度松绑、市场活力激发与旅游经济发展：来自中国文化体制改革的证据 [J]. 经济研究，2020，55（1）：115-131.

[②] 杨勇. 社会交往，旅游情境对旅游需求的影响研究：基于春节"黄金周"的实证分析 [J]. 旅游学刊，2016，31（10）：56-69.

定委员评定，更具权威性。鉴于以上原因，本指标中未包含4A级以下景区。

6.2.3 数据来源与处理

本书采用2004—2020年30个省级行政单位的平衡面板数据进行实证研究，样本量为4 260个。其中，A级旅游景区和星级酒店数量来自各地区的国民经济与社会发展公报、统计年鉴以及相关的政府网站，其他变量数据来源于国泰安数据库CSMAR和2005—2021年的《中国城市统计年鉴》。为了剔除价格因素影响，价值型相关变量均以2004年为基期的CPI指数进行平减。此外，出于提高数据回归结果的稳定性与准确性的要求，所有的变量进行取对数处理。数据的描述性统计结果如表6-1所示。

6.2.4 变量描述性统计

主要变量描述性统计见表6-1。

表6-1 主要变量描述性统计

变量名称	变量含义	样本量	平均值	标准差	最小值	最大值
TIOE	旅游产业综合效率	517	0.429 4	0.234 6	0.110 0	1.000 0
TIPTE	旅游产业纯技术效率	517	0.610 8	0.228 1	0.100 0	1.000 0
TISE	旅游产业规模效率	517	0.755 5	0.209 7	0.011 0	1.000 0
HSR	高铁开通	517	0.243 4	0.430 0	0.000 0	1.000 0
LQ	旅游产业集聚度	517	0.789 2	0.391 5	0.012 7	2.961 7
Investment	固定资产投资	517	1.482 7	1.040 9	0.065 7	9.742 8
PGDP	城市经济发展水平	517	10.014 5	0.735 3	7.495 9	12.780 4
Government	政府规模	517	3.064 8	1.532 9	1.398 3	11.533 7
Open	对外开放水平	4 138	0.043 3	1.359 4	−5.128 7	4.872 4
Mark	市场化程度	517	0.018 4	0.009 5	0.001 0	0.057 0
Road	城市交通因素	517	4.348 5	0.755 5	−0.050 6	8.260 9
Internet	信息化水平	517	8.720 0	28.730 0	0.000 0	666.30
Green	城市绿化水平	517	3.579 6	0.377 3	−1.021 6	5.957 4
Resource	旅游资源禀赋	517	2.077 2	1.221 5	0.000 0	5.442 4

6.3 高铁建设对区域旅游产业效率提高的影响

下面分别从总体样本、分地理区位样本和分旅游发展水平样本以及内生性处理几个方面，通过 Tobit 模型来分别考察高铁对中国区域旅游产业综合效率、旅游产业纯技术效率和旅游产业规模效率的提高作用。

6.3.1 总体样本

表 6-2 报告了高铁对中国区域旅游产业综合效率、旅游产业纯技术效率和旅游产业规模效率的回归结果。其中，回归（1）、回归（3）和回归（5）分别为在未加入控制变量情况下高铁对中国省域旅游产业综合效率、旅游产业纯技术效率和旅游产业规模效率的回归结果，回归（2）、回归（4）和回归（6）分别为加入控制变量后的回归结果。由此可以看出，在未加入控制变量的情况下，区域旅游产业综合效率、旅游产业纯技术效率和旅游产业规模效率的回归系数均显著为正，且加入控制变量后的回归系数低于未加入控制变量的情况，说明从整体来看，高铁的开通对中国区域旅游产业综合效率、旅游产业纯技术效率和旅游产业规模效率均起着显著的促进作用。

表 6-2　高铁开通对区域旅游产业效率的影响（总体样本）

变量	TIOE		TIPTE		TISE	
	（1）	（2）	（1）	（2）	（1）	（2）
HSR	0.065 1*** (9.123 4)	0.055 4** (7.263 5)	0.095 4*** (15.231 4)	0.047 8*** (9.265 7)	0.012 9*** (6.321 9)	0.007 1*** (1.238 9)
LQ		0.436 8*** (4.321 4)		0.913 6*** (6.235 4)		0.627 8*** (5.328 7)
Investment		-0.002 1*** (-0.257 9)		-0.129 7*** (-0.033 6)		-0.902 3*** (-1.945 7)
PGDP		1.784 1*** (6.238 9)		0.128 7*** (3.648 0)		1.975 0*** (4.223 3)
Government		0.002 4*** (3.125 6)		0.215 9 (1.236 7)		0.222 2 (4.236 7)
Open		0.215 8*** (0.698 3)		0.094 3*** (1.200 8)		0.021 0 (2.364 7)

表6-2(续)

变量	TIOE		TIPTE		TISE	
	（1）	（2）	（1）	（2）	（1）	（2）
Mark		−6. 325 4*** （−2. 365 7）		−2. 257 3*** （−1. 376 0）		−3. 215 6*** （−2. 136 4）
Road		0. 100 2*** （9. 321 5）		0. 019 1*** （4. 327 6）		0. 000 1*** （6. 231 4）
Internet		−0. 235 7*** （−3. 564 7）		−0. 002 8*** （−4. 326 9）		−0. 236 0*** （−1. 136 7）
Green		0. 101 0** （2. 315 7）		1. 268 7* （4. 267 8）		0. 997 1*** （6. 324 7）
Resource		1. 325 6*** （0. 235 7）		0. 269 7*** （0. 995 2）		0. 784 3*** （1. 200 1）
Cons-	0. 211 4*** （14. 235 6）	−0. 283 6*** （−0. 020 4）	0. 002 8*** （−3. 259 1）	−0. 333 6*** （−1. 248 7）	0. 332 4 （10. 665 4）	−0. 147 8 （−1. 258 0）

注：括号内数值为 t 值，***、**、* 分别表示在1%、5%、10%的水平上显著。

6.3.2 分地理区位样本

表6-3报告了高铁开通分别对中国东部、中部和西部省域旅游产业综合效率、旅游产业纯技术效率（TIPTE）和旅游产业规模效率的回归结果。回归结果显示，高铁的开通对中国各地区城市的旅游产业综合效率、旅游产业纯技术效率和旅游产业规模效率的促进作用存在差异性。从旅游产业综合效率的回归结果看，高铁系数在东部城市样本回归中是最大的，中部城市次之，西部城市最小，说明高铁对旅游产业综合效率的促进作用存在地区异质性，即高铁的开通对原本经济发展水平、旅游产业综合效率较高的地区旅游产业综合效率的促进作用大于原本经济发展水平、旅游产业综合效率较低的地区。从旅游产业纯技术效率回归结果看，高铁系数在西部样本回归中是最大的，中部城市次之，东部城市最小，说明高铁对旅游产业综合效率的促进作用存在地区异质性，即高铁的开通对原本经济水平、旅游产业综合效率较高的地区旅游产业综合效率的促进作用低于原本经济水平、旅游产业综合效率较低的地区。从旅游产业规模效率回归结果看，东部、西部地区回归结果中的高铁系数不显著，中部地区回归结果中的高铁系数显著为正，说明高铁的开通显著促进了中部地区旅游产业规模效率的提高，但对东部和西部地区旅游产业规模效率的促进作用不显著。

表 6-3　高铁开通对区域旅游产业效率的影响（分地理区位样本）

变量	东部地区			中部地区			西部地区		
	TIOE	TIPTE	TISE	TIOE	TIPTE	TISE	TIOE	TIPTE	TISE
HSR	1.456 7*** (15.257 8)	0.662 0** (8.244 3)	0.389 5 (5.326 8)	1.024 8** (8.234 5)	0.896 1** (5.389 4)	0.003 2** (4.236 4)	0.756 1** (6.234 1)	0.980 4** (4.321 6)	0.088 0 (4.238 2)
LQ	0.287 6** (3.257 8)	0.578 2*** (4.000 1)	0.442 1** (5.237 4)	0.548 9** (5.326 4)	0.422 4* (3.864 1)	0.361 0** (5.321 6)	0.652 34* (3.215 8)	0.658 9*** (4.002 3)	0.485 2** (4.123 4)
Investment	−0.102 6*** (−0.446 1)	−0.108 5*** (−0.847 2)	−0.630 2 (−0.578 9)	−0.125 8*** (−0.635 4)	−0.258 4*** (−0.832 7)	−0.259 1** (−0.800 1)	−0.115 4** (−0.394 1)	−0.412 1*** (−0.370 9)	−0.096 4*** (−0.159 9)
PGDP	2.349 7*** (8.245 5)	0.978 6* (4.365 7)	1.554 4* (8.254 1)	0.245 7*** (7.334 5)	1.122 2*** (6.298 1)	0.902 5*** (8.325 1)	1.002 7*** (7.254 1)	0.782 1*** (4.200 9)	1.753 1*** (4.230 0)
Government	0.754 3 (4.211 1)	0.280 6* (5.327 8)	0.885 4*** (2.364 8)	0.456 7*** (3.002 5)	0.092 6* (3.647 1)	0.129 4*** (6.321 5)	0.120 4** (6.561 4)	0.011 4** (2.374 0)	0.754 4 (3.684 1)
Open	0.552 1* (0.224 7)	0.102 8 (0.227 8)	0.248 6** (0.778 5)	0.548 9** (0.896 4)	0.854 1** (0.778 8)	0.347 4 (0.332 1)	0.519 7** (0.569 7)	0.261 8** (0.619 3)	0.259 1*** (0.121 9)
Mark	−4.258 0** (−6.321 4)	−6.000 5** (−7.358 4)	−7.556 4 (−1.852 4)	−7.356 1 (−3.258 1)	−8.631 5** (−5.325 1)	−4.321 9*** (−3.215 6)	−8.325 1 (−6.328 9)	−4.303 4 (−1.362 7)	−3.342 4*** (−1.391 7)
Road	0.221 5** (6.378 0)	0.195 1 (5.374 5)	0.002 4** (8.348)	0.257 9 (10.238 0)	0.541 3 (9.128 1)	0.129 7** (9.615 1)	0.002 8** (7.901 3)	0.143 2*** (9.258 5)	0.145 9*** (8.834 5)
Internet	−0.002 2* (−1.963 2)	−0.758 1* (−5.211 1)	−0.756 1*** (−5.542 8)	−0.124 9** (−4.297 0)	−0.610 0*** (−3.351 7)	−0.002 9 (−3.402 1)	−0.546 1*** (−4.356 1)	−0.246 5*** (−1.562 2)	−0.943 8 (−4.505 5)
Green	0.622 2 (3.021 0)	0.002 4 (1.254 9)	0.153 7*** (2.229 6)	0.224 3*** (2.973 1)	0.025 4** (1.254 1)	0.169 4 (5.369 4)	0.641 2 (3.679 4)	0.325 0** (4.300 7)	0.140 7 (2.334 9)
Resource	0.764 2*** (0.039 7)	0.225 7*** (0.557 3)	0.785 6 (0.946 3)	0.673 4*** (0.358 9)	0.315 4** (0.521 1)	0.941 0** (0.564 7)	1.367 4** (0.661 5)	1.103 6** (0.236 4)	0.811 9** (0.745 7)
Cons−	−0.328 4*** (−0.229 9)	−0.122 4*** (−0.199 7)	−0.456 1 (−0.358 4)	−0.854 6*** (−0.125 8)	−0.596 4 (−0.822 3)	−0.645 12*** (−0.394 6)	−0.321 8** (−0.102 5)	−0.255 6** (−0.089 1)	−0.583 6*** (−0.816 5)

注：括号内数值为 t 值，***、**、* 分别表示在 1%、5%、10% 的水平上显著。

6.3.3　分旅游发展水平样本

　　表 6-4 报告了高铁开通分别对旅游发展水平较高省域、中等旅游发展水平省域和旅游发展水平较低省域旅游产业综合效率、旅游产业纯技术效率和旅游产业规模效率的回归结果。从旅游产业综合效率的回归结果看，高铁系数在中等旅游发展水平省域样本回归中是最大的，较小城市规模样本次之，旅游发展水平较高省域样本最小，说明高铁对旅游产业综合效率的促进作用存在地区异质性，即高铁的开通对中等旅游发展水平省域旅游产业综合效率的促进作用大于旅游发展水平较高省域和旅游发展水平较低省域。从旅游产业纯技术效率回归结果看，高铁系数在旅游发展水平较低省域样本回归中是最大的，中等旅游发展水平省域样本次之，旅游发展水平较高省域样本最小，说明高铁对旅游产业综合效率的促进作用存在城市规模异质性，即高铁的开通对旅游发展水平

较低省域旅游产业综合效率的促进作用大于旅游发展水平较高省域和中等旅游发展水平省域。从旅游产业规模效率回归结果看，旅游发展水平较低省域样本回归结果中的高铁系数不显著，旅游发展水平较高省域和中等旅游发展水平省域的回归结果中的高铁系数显著为正，说明高铁的开通显著促进了较大规模城市的旅游产业规模效率的提高。

表6-4 高铁开通对区域旅游产业效率的影响（分旅游发展水平样本）

变量	旅游发展水平较高省域			旅游发展水平中等省域			旅游发展水平较低省域		
	TIOE	TIPTE	TISE	TIOE	TIPTE	TISE	TIOE	TIPTE	TISE
HSR	0.549 6*** (1.254 0)	0.128 9*** (3.568 0)	0.619 7*** (3.657 1)	1.002 1*** (8.641 5)	0.264 1*** (3.919 4)	0.064 2** (7.310 4)	0.841 3*** (5.618 7)	0.336 4*** (3.221 1)	0.928 0 (4.200 2)
LQ	0.649 3*** (4.235 6)	0.112 2*** (2.314 0)	0.336 4*** (6.328 8)	0.647 9* (5.910 4)	0.658 1*** (7.141)	0.399 0*** (6.314 6)	0.865 1*** (6.358 7)	0.778 5*** (3.654 7)	0.752 2*** (4.195 1)
Investment	0.002 8*** (0.459 7)	-0.005 9*** (-0.632 7)	-0.112 2** (-0.367 4)	-0.333 8*** (-0.456 4)	-0.167 4*** (-0.624 7)	-0.222 1*** (-0.866 7)	-0.694 4*** (-0.665 9)	-0.685*** (-0.610 9)	-0.120 4*** (-0.012 8)
PGDP	2.364 1*** (9.221 2)	0.269 7*** (4.001 0)	0.002 9*** (6.331 4)	0.591 7*** (7.000 5)	1.662 1*** (5.617 8)	0.407 8*** (6.991 0)	2.951 3*** (7.221 3)	0.746 1*** (3.628)	1.000 1*** (4.961 0)
Government	0.055 2*** (3.227 9)	0.045 3*** (6.347 8)	0.069 3*** (2.984 1)	0.048 7*** (3.995 0)	0.093 1*** (2.361 1)	0.034 4*** (6.330 5)	0.025 8*** (4.589 0)	0.051 4*** (2.753 0)	0.089 4*** (3.225 1)
Open	0.356 4*** (0.995 4)	0.269 4*** (0.642 1)	0.266 0*** (0.851 3)	0.444 9 (0.808 4)	0.951 3*** (1.364 7)	0.315 4*** (0.647 1)	0.668 7*** (0.455 5)	0.008 8*** (0.691 3)	0.237 1*** (0.119 9)
Mark	-3.216 9 (-5.333 3)	-3.657 4 (-4.326 5)	-7.000 1 (-1.953 4)	-6.270 1 (-3.000 1)	-6.325 8 (-1.236 0)	-3.611 9 (-1.369 6)	-7.326 6 (-3.658 9)	-3.684 1 (-0.998 1)	-4.368 4 (-1.002 8)
Road	0.453 9*** (7.529 1)	0.100 2*** (3.215 6)	0.943 4*** (3.761 5)	0.291 9*** (8.324 6)	0.500 2*** (7.651 2)	0.100 7*** (7.362 1)	0.446 9*** (6.871)	0.753 2*** (6.200 5)	0.957 9*** (7.364 8)
Internet	-0.339 3 (-1.005 8)	-0.339 1 (-3.264 8)	-0.910 1 (-5.003 6)	-0.100 9* (-4.667 7)	-0.956 7*** (-2.996 4)	-0.044 2 (-3.129 7)	-0.226 8 (-3.954 1)	-0.951 7 (-1.000 2)	-0.586 3 (-5.362 8)
Green	0.825 4*** (6.321 5)	0.169 4* (1.200 9)	0.915 6* (2.614 7)	0.620 3 (2.881 1)	0.167 4** (1.336 0)	0.127 4** (5.640 4)	0.778 8*** (2.666 4)	0.651 0* (5.361 0)	0.456 7* (2.941 9)
Resource	0.569 4*** (0.009 7)	0.226 97*** (0.649 1)	0.852 0** (0.116 3)	0.688 3*** (0.645 9)	0.333 4*** (0.684 1)	0.801 0*** (0.641)	0.541 3*** (0.889 5)	1.068 7** (0.614 4)	0.764 1** (0.496 7)
Cons-	-0.652 6*** (-0.268 9)	-0.193 4*** (-0.096 3)	-0.445 6*** (-0.951 4)	-0.661 2*** (-0.104 8)	-0.641 4*** (-0.800 4)	-0.602 2*** (-0.344 6)	-0.648 8*** (-0.289 5)	-0.466 6*** (-0.114 1)	-0.575 3*** (-0.800 3)

注：括号内数值为 t 值，***、**、*分别表示在1%、5%、10%的水平上显著。

6.3.4 内生性检验

上述分析并没有考虑到变量间的内生性问题，如旅游产业效率较低的地区，为了提高旅游产业效率，可能在开通高铁的意愿上更为积极。这会造成被解释变量对解释变量的反向因果，且因为其产生的内生性问题导致回归结果出现偏误。因此，使用一阶差分 GMM 和系统 GMM 做进一步检验，并采用两步估计法消除异方差的影响（结果见表6-5）。表6-5 的回归（1）至回归（6）

中高铁的系数显著为正。这与 Tobit 模型的结果一致，说明高铁的开通对旅游产业综合效率、旅游产业规模效率和旅游产业纯技术效率有着积极的影响。

表 6-5　一阶差分 GMM 和系统 GMM 的回归结果

变量	一阶差分 GMM			二阶差分 GMM		
	TIOE	TIPTE	TISE	TIOE	TIPTE	TISE
	(1)	(2)	(3)	(4)	(5)	(6)
L.TIOE	0.954 6*** (21.367 8)			0.742 8* (25.300 8)		
L.TIPTE		2.365 4*** (45.322 6)			2.147 2*** (46.002 1)	
L.TISE			0.975 1*** (20.365 4)			0.775 1** (21.951 7)
HSR	0.091 2*** (0.567 8)	0.508 9*** (3.258 0)	0.019 2* (2.627 2)	0.021 8*** (6.601 5)	0.040 1*** (1.915 8)	0.066 2*** (2.389 4)
LQ	0.057 89*** (3.681 2)	0.648 2* (1.345 0)	0.038 8*** (5.315 8)	0.040 9*** (4.500 4)	0.554 6*** (6.155 1)	0.352 17** (1.561 6)
Investment	0.005 4* (0.654 8)	-0.004 9*** (-0.281 8)	-0.012 7*** (-0.351 3)	-0.320 8*** (-0.826 4)	-0.067 4*** (-0.654 5)	-0.771 9*** (-0.556 7)
PGDP	1.324 8*** (7.569 2)	0.065 8** (5.250 8)	0.105 9*** (4.328 4)	0.128 7** (6.025 5)	0.600 1*** (3.647 8)	0.255 8*** (5.955 0)
Government	0.256 63*** (1.235 8)	0.552 1*** (5.355 8)	0.061 3*** (2.251 7)	0.025 7** (1.928 5)	0.018 1** (2.317 1)	0.566 4*** (5.355 5)
Open	0.025 4 (0.298 4)	0.056 4** (0.222 1)	0.950 1*** (0.125 1)	0.455 1*** (0.608 2)	0.451 4*** (0.578 1)	0.325 2*** (0.111 5)
Mark	-1.130 3*** (-4.893 4)	-1.684 1*** (-3.861 2)	-6.021 9*** (-1.281 4)	-3.200 1** (-1.021 8)	-4.355 5 (-1.790 1)	-1.665 6 (-1.399 6)
Road	0.028 6** (6.518 1)	0.090 9*** (1.222 6)	0.023 4*** (3.177 2)	0.201 2** (4.321 6)	0.410 7*** (6.661 6)	0.080 7*** (6.366 1)
Internet	-0.039 6 (-0.285 8)	-0.039 1** (-1.124 8)	-0.110 1*** (-5.299 8)	-0.020 9*** (-2.052 5)	-0.056 7 (-3.926 1)	-0.772 2*** (-1.815 8)
Green	0.862 8*** (8.355 7)	0.091 4*** (1.420 9)	0.045 6* (1.620 7)	0.242 1*** (3.856 4)	0.027 4*** (0.320 3)	0.568 5*** (4.611 5)

表6-5(续)

变量	一阶差分 GMM			二阶差分 GMM		
	TIOE	TIPTE	TISE	TIOE	TIPTE	TISE
	（1）	（2）	（3）	（4）	（5）	（6）
Resource	0.486 1 **	0.645 8 ***	0.252 1 ***	0.515 3 **	0.561 4 ***	0.582 1 ***
	（0.852 3）	（0.891 1）	（0.226 3）	（0.241 9）	（0.622 1）	（0.971 3）
Cons-	−0.058 9 **	−0.093 2 ***	−0.571 6 ***	−0.021 2 ***	−0.781 4 ***	−0.054 9 ***
	（−0.651）	（−0.125 3）	（−0.354 4）	（−0.259 8）	（−0.276 4）	（−0.612 2）

注：括号内数值为 t 值，***、**、* 分别表示在1%、5%、10%的水平上显著。

此外，表6-5的回归（1）至回归（6）中被解释变量的滞后项系数均显著为正，说明被解释变量会受到其上一期的影响，而且各控制变量的系数也更为显著。

6.4　本章小结

为从省级城市层面探究高铁的开通对中国旅游产业效率的影响效应，本书利用2004—2020年中国30个省份的平衡面板数据，使用 Tobit 模型验证了高铁开通对旅游产业效率的影响，得出以下结论：

第一，从整体来看，高铁的开通对中国省域旅游产业综合效率、旅游产业纯技术效率和旅游产业规模效率均起着显著的促进作用。

第二，高铁的开通对中国各地区的旅游产业综合效率、旅游产业纯技术效率和旅游产业规模效率的促进作用存在差异性。从旅游产业综合效率回归结果看，高铁系数在东部样本回归中是最大的，中部次之，西部最小。从旅游产业纯技术效率回归结果看，高铁系数在西部样本回归中是最大的，中部次之，东部最小。从旅游产业规模效率回归结果看，东部、西部地区回归结果中的高铁系数不显著，中部地区回归结果中的高铁系数显著为正。

第三，从整体来看，高铁的开通对中国不同旅游发展水平的省份旅游产业综合效率、旅游产业纯技术效率和旅游产业规模效率均起着显著的促进作用。

第四，使用一阶差分 GMM 和系统 GMM 做内生性检验发现，高铁的开通对旅游产业综合效率、旅游产业规模效率和旅游产业纯技术效率有着积极的影响，不存在内生性问题。

7 高铁建设与四川省旅游经济发展分析

　　四川省拥有得天独厚的"世界级别"的旅游资源。四川是中国的世界遗产资源大省，也是中国世界自然遗产最多的省份。四川还拥有联合国教科文组织授予的"世界美食之都"和"中国最佳旅游城市"等世界城市品牌。四川省2019年印发的《关于大力发展文旅经济加快建设文化强省旅游强省的意见》中指出，四川省将经过5年努力，通过建设"一核五带"旅游格局实现"四力"提升，建设成为文旅产业深度融合的文化高地和世界重要旅游目的地。从四川省政府发布的数据来看，2019年四川省接待旅游人数近8亿人次，旅游收入达1.16万亿元，四川省旅游总量体现了四川省是中国的旅游大省，在旅游发展上成果显著。四川省旅游产业发展成果显著的背后除了旅游资源条件优越、景点建设好等支撑外，旅游交通工具的发展也起到了不可忽视的作用。

　　近年来，四川省大力推动高速铁路建设，省际高铁、城际高铁相继建成通车。高速铁路网络的建成不仅改变了旅游业客源市场的空间分布格局，也有效加强了高铁线路节点城市之间的联系，对推动旅游经济发展具有重大意义。通过对四川省交通基础设施可达性进行研究，已有研究表明高铁的开通能够显著提高沿线城市的可达性水平，并且大幅度提升各个城市之前的经济联系总量[①]。2020年年初，中央财经委员会第六次会议提出"推动成渝地区双城经济圈"的国家区域战略，使成渝地区成为全国首个中西部区域经济发展战略核心地区。

---

　　① 陈亚楠.基于可达性的四川省交通基础设施空间溢出效应研究［D］.成都：成都理工大学，2018.

7.1 出省高铁对四川沿线城市旅游经济的影响

如今，我国已经进入大众旅游时代，社会各界普遍认同旅游业的幸福产业定位，并将其列为"五大幸福产业之首"，旅游能最好地满足人们追求更高层次的服务体验和精神享受，所以，关注旅游产业发展具有必要性和重要性。而推动旅游业发展的因素是多种多样的，概括为内部推力和外部拉力。旅游行业的影响因素为旅游业发展的内部推力，主要包括旅游市场营销、旅游者旅游动机、旅游企业媒体宣传、旅行投资等。社会环境是旅游发展的外部拉力，社会经济发展状况、教育水平、相关政策法规、科技创新能力和交通设施建设等都在一定程度上对旅游产业产生影响。交通是旅游业发展的前提和基础，是旅游活动进行的重要载体。利用动态因子分析法对我国旅游业发展影响因素进行分析发现，我国的东部和中部地区占据旅游业发展主导地位的因素是旅游交通因子[1]。由此可见，"改善交通条件、缩短时空距离"已经成为影响我国旅游业发展的一项重大任务。随着我国交通服务设施的不断完善，形成了以公路、铁路为主，以航运、水运等其他方式为辅的交通格局。

从 2008 年中国第一条高铁诞生到 2016 年提出的"八横八纵"战略格局，再到如今高铁以其速度快、安全性高、舒适便捷等优势已经成为中国当今社会重要的交通形式，中国城市旅游交通格局得到了很大程度上的改变。近年来，高铁的快速发展，高铁交通网的不断完善，降低了旅游者对旅游目的地的感知距离，高铁的开通极大地扩大了旅游客源地范围。高铁的建设缩短了城市之间人流、物流、信息流的时空距离，放大了城市都市圈的同城效应，加快了以大都市为中心的区域板块融合与共赢[2]。高铁加快了区域旅游合作进程，推动了区域旅游资源整合，有助于实现区域旅游一体化，高铁对旅游经济发展带来了新机遇。已有文献利用旅游流网络进行研究，发现高铁影响下成渝城市群旅游流空间差异呈现扩大的态势[3]。由此可见，四川省高铁交通网路的完善带来了显著的四川省区域时空压缩效应。

---

① 王新越，芦雪静，朱文亮. 我国主要旅游城市旅游业发展影响因素分析与评价 [J]. 经济地理，2020，40（5）：1-12.

② 徐长乐，郇亚丽. 高铁时代到来的区域影响和意义 [J]. 长江流域资源与环境，2011，20（6）：650-654.

③ 刘大均，陈君子，贾垚焱. 高铁影响下成渝城市群旅游流网络的变化特征 [J]. 世界地理研究，2020，29（3）：549-556.

虽然四川省高铁的时空效应和经济效应已经显现，但之前针对四川出省高铁对沿线城市旅游经济发展的相关研究较少。因此，本小节选取四川省作为研究区域，以宁蓉线、兰渝高铁、西成高铁三条高铁线路作为研究对象，运用可达性模型和修正重力模型分析高铁对沿线城市可达性的影响以及对沿线城市旅游经济联系带来的变化，并在 ArcGIS 技术支撑下进行可视化呈现，从而为推动未来四川省高铁旅游经济发展提供参考建议。

7.1.1 文献综述

高铁的迅速发展对旅游业带来了巨大的影响。近年来，涌现了很多研究高铁与旅游相关关系的文献。其中，高铁开通对旅游空间格局的影响受到广泛学者的青睐。黄爱莲（2011）较为全面、清晰地分析了高铁开通下旅游业的发展动态，以新经济地理模型为理论基础，发现高铁开通促使城市之间的旅游经济出现"同城化效应"，进而实现区域旅游网络化与网格化①；汪德根（2013）运用"首位度和位序—规模法则"分析武广高铁对湖北省区域旅游空间格局变化的影响，研究表明武广高铁对湖北省"鹤立鸡群"的集聚型旅游空间结构形态发挥了"催化剂"效应②；汪德根（2014）运用旅游场理论和社会网络分析方法，通过比较京沪高铁开通前后 9 个主要高铁站点的旅游流时空分布变化特征，发现高铁的开通提高了原本缺乏区位优势的旅游资源型站点的可进入性，区域核心城市的交通依赖程度明显下降③。

目前，学术界基于不同的视角对旅游经济联系进行研究。主要概括为区域尺度、省域尺度、城市群尺度和城市角度四个角度。从区域尺度看，杨丽花和王明慧（2018）采用了社会网络方法和引力模型等对区域旅游经济联系进行定量研究④；从省域尺度看，多数文献采用社会网络方法，分析了黑龙江⑤、江苏⑥、

---

① 黄爱莲. 高速铁路对区域旅游发展的影响研究：以武广高铁为例 [J]. 华东经济管理, 2011, 25 (10)：47-49.

② 汪德根. 武广高速铁路对湖北省区域旅游空间格局的影响 [J]. 地理研究, 2013, 32 (8)：1555-1564.

③ 汪德根. 京沪高铁对主要站点旅游流时空分布影响 [J]. 旅游学刊, 2014, 29 (1)：75-82.

④ 杨丽花, 刘娜, 白翠玲. 京津冀雄旅游经济空间结构研究 [J]. 地理科学, 2018, 38 (3)：394-401；王明慧. 渝黔铁路对区域旅游经济联系强度的影响 [J]. 交通运输工程与信息学报, 2013, 11 (4)：10-12.

⑤ 于洪雁, 李秋雨, 梅林, 等. 社会网络视角下黑龙江省城市旅游经济联系的空间结构和空间发展模式研究 [J]. 地理科学, 2015, 35 (11)：1429-1436.

⑥ 王馨, 管卫华. 江苏旅游经济联系的空间结构及其驱动机制研究 [J]. 现代城市研究, 2018 (10)：45-51.

山东①、河南②和海南③等省份的旅游经济联系的空间结构特征；从城市群尺度看，不少学者通过搜集城市群的相关数据，采用引力模型等方法和借助 Arc-GIS10.5 软件，进行城市群的旅游经济联系相关分析④；从城市角度看，通过对城市间旅游经济联系分析，冯英杰和汤澍（2020）将城市划分为不同层次的高铁驱动型城市⑤。倪维秋和廖茂林（2018）研究发现，从整体上看，中国城市之间的高铁旅游经济联系较为松散，高铁旅游经济联系强度的城市相对较少⑥。

关于高铁线路的实例研究的选取，一是以某一单一高铁线路为例；二是结合多条高铁线路，在高铁网络格局下进行研究，其中大多数研究线路选取的是某一条具体的高铁线路。以单一线路为例，部分学者均以兰新高铁为例，探究其对城市旅游经济联系的空间影响⑦。在高铁网络格局下，基于长三角高铁网络、中国"四纵四横"骨干高铁网、中国十大城市群高铁，探究高铁网络下的城市交通格局及城市间的经济联系变化情况⑧。

此外，也有一些关于四川省域的高铁旅游的研究。以四川省为例，杨国良等人（2007，2010）借助旅游经济关联模型，探究四川省系统内旅游经济联

① 颜文静. 山东省旅游经济联系的空间结构及发展模式研究［J］. 无锡商业职业技术学院学报，2019，19（5）：56-61.

② 董引引，王淑华. 河南省旅游经济网络结构特征及影响因素研究［J］. 旅游论坛，2018，11（6）：122-134.

③ 鄢慧丽，徐帆，熊浩，等. 社会网络视角下海南省旅游经济网络空间特征及定位研究［J］. 华中师范大学学报（自然科学版），2018，52（2）：264-270.

④ 喻琦，叶持跃，马仁锋，等. 泛长江三角洲城市群 2005—2015 年旅游经济网络特征与效应演化研究［J］. 华中师范大学学报（自然科学版），2018，52（1）：115-121；马超君，肖洋. 长江中游城市群旅游经济增长空间关联性分析［J］. 江南大学学报（人文社会科学版），2018，17（6）：90-98；杨莎莎，邓闻静. 我国城市群旅游经济与高铁交通网络格局关系比较实证［J］. 统计与决策，2019，35（3）：133-136.

⑤ 冯英杰，汤澍. 高速铁路对江苏省城市旅游经济联系的影响研究［J］. 江苏科技信息，2020，37（7）：68-73.

⑥ 倪维秋，廖茂林. 高速铁路对中国省会城市旅游经济联系的空间影响［J］. 中国人口·资源与环境，2018，28（3）：160-168.

⑦ 刘强，杨东. 高速铁路对西北城市旅游经济联系的空间影响［J］. 地域研究与开发，2019，38（1）：95-99；孔令章，李晓东，白洋，等. 长距离高铁对沿线城市旅游经济联系的空间影响及角色分析：以兰新高铁为例［J］. 干旱区地理，2019，42（3）：681-688.

⑧ 穆成林，陆林，黄剑锋，等. 高铁网络下的长三角旅游交通格局及联系研究［J］. 经济地理，2015，35（12）：193-202；鄢慧丽，王强，熊浩，等. 中国"四纵四横"高铁对沿线站点城市可达性及其经济联系的影响［J］. 经济地理，2020，40（1）：57-67；杨莎莎，邓闻静. 高铁网络下的中国十大城市群旅游交通格局及其经济联系的比较研究［J］. 统计与信息论坛，2017，32（4）：102-110.

系强度和方向①。在空间网络背景下，冯晓兵（2017）等人和黄连云（2018）采用引力模型和社会网络分析法，对四川省旅游经济空间网络结构进行优化研究②。义旭东等人（2015）基于回归—灰色关联度分析，选取多个指标及多年数据，对影响四川旅游发展的因素进行研究③。

综上，旅游经济联系的研究呈现多视角的特征，区域、省域、城市群、城市等视角均有涉及，采取定量与定性相结合的研究方法，选取不同高铁线路和研究区域进行探讨。但是，大多数学者以某一高铁线路作为实例研究，甚至对该高铁线路进行反复研究，又或者部分学者选择相同高铁线路进行研究，极少数选择多条高铁线路，在高铁网络格局下进行深度探究。针对某一条具体高铁线路的实例研究，较为单一，适用性不足，不能充分、全面地反映高铁对于时空格局带来的影响与改变。基于此，以宁蓉线、兰渝高铁、西成高铁三条高铁线路作为本书的实例研究，在这三条高铁线路网下进行深度研究。此外，学术界大都将研究目光聚集在高铁网络发达的东部区域，而忽视了近年来高铁快速发展的西南地区，关于四川省域的高铁与旅游关系的研究更少。基于该缺陷，本书选取四川省作为研究区域。一方面，采用研究时空压缩效应常用的可达性研究，计算由高铁带来的各节点城市加权平均旅行时间变化及变化率，利用对比高铁开通前后一小时经济圈的变化两个方法得出高铁对于沿线城市可达性的影响；另一方面，利用修正重力模型研究四川出省高铁对沿线城市旅游经济发展的影响。

7.1.2　研究设计

7.1.2.1　研究对象

选取了宁蓉线、兰渝高铁、西成高铁三条高铁线路作为本书的实例研究。宁蓉线（又称宁蓉铁路），是中国规划的"四纵四横"铁路骨干网中沪汉蓉快

---

① 杨国良，张捷，艾南山，等. 旅游系统空间结构及旅游经济联系：以四川省为例 [J]. 兰州大学学报（自然科学版），2007（4）：24-30；杨国良，张捷，彭文甫，等. 区域旅游关联与景区（点）系统分形结构的关系：以四川省为例 [J]. 四川师范大学学报（自然科学版），2010，33（2）：257-265，140.

② 冯晓兵，郑元同，郭剑英. 四川省旅游经济空间网络结构优化研究 [J]. 西华大学学报（哲学社会科学版），2017，36（3）：71-78；黄连云. 民族地区旅游经济空间结构与合作格局分析：以四川省阿坝藏族羌族自治州为例 [J]. 重庆第二师范学院学报，2018，31（4）：13-18，30，127.

③ 义旭东，高巍，彭崇焰. 基于回归—灰色关联度的四川旅游影响因素分析 [J]. 西部经济管理论坛，2015，26（3）：80-85.

速客运通道的主要组成部分，线路连接了中国长三角地区、华中地区与西南地区，促进了我国东西部地区间的旅游经济联系。兰渝高铁是《重庆市中长期铁路网规划（2016—2030年）》中的高速客运通道之一，是一条北起兰州、南至重庆的南北向铁路干线，它的建成将形成"米"字形高铁网，对促进城市群的快速发展起着重要作用。西成高铁是"八纵八横"高铁主通道之一，是中国首条穿越秦岭的高铁，对于促进关中-天水经济区与成渝经济区的交流合作，提高人民群众出行质量，具有十分重要的意义。

依据是否被本书所研究的三条高铁线路贯穿、沿线旅游经济及旅游业发展水平是否突出、是否开通高铁且与本书研究高铁线路连接这三方面情况，选取了成都、合肥、武汉、重庆、南京、兰州、西安七个城市作为可达性和旅游经济联系的研究对象。选取的研究对象均为中国旅游城市，成都、合肥、南京、西安和武汉也是"国家历史文化名城"，拥有丰富的自然旅游资源和历史文化资源，对研究旅游经济发展起着代表性作用。

7.1.2.2 研究方法

（1）可达性研究

一般而言，可达性是指利用一种特定的交通系统从某一给定区位到达活动地点的便利程度。简单来说，可达性是指一个地方到另一个地方的容易程度，即容易程度高可达性高；反之，可达性低。可达性已经成为决定个人生活方式和区域前景的一个关键性的因素，而区域可达性的改变将直接影响区域经济的发展。

第一，加权平均旅行时间。加权平均旅游时间从空间距离、时间节约或成本节约的角度来衡量区域内城市的可达性水平，能够直观地表示可达性水平及变化。其计算公式为

$$A_i = \frac{\sum_{j=1}^{n} (T_{ij} \times M_j)}{\sum_{j=1}^{n} M_j} \tag{1}$$

式（1）中：j 表示区域中的城市节点；A_i 值越高，节点 i 可达性越低，反之亦然；n 为除了 i 点以外的城市数量；T_{ij} 为通过某种交通工具从 i 节点到达 j 节点所需的最短通行时间；M_j 为研究区域范围内 j 节点城市的社会经济要素流量。本书中采用 j 节点城市地区生产总值、人口数量这两项数据测度，具体表示为 $\sqrt{P \times \mathrm{GDP}}$（$P$ 为城市 j 的总人口数，GDP 为城市 j 的生产总值）。

第二，一小时经济圈。"一小时经济圈"又叫作"一小时生活圈"或"一小时都市圈"。它是指以主城为中心向外辐射，交通能够在一小时到达的范围

内形成的具有聚集效应的地区圈。一般而言，一小时经济圈覆盖范围越广可达性越好；反之，可达性较差。本书利用 ArcGIS10.5 软件来绘制一小时经济圈从而描绘城市可达性范围。

（2）旅游经济联系

根据重力模型对旅游经济关系进行修正，不仅可以反映旅游目的地城市与客源地城市的旅游发展关系，又能体现两城市距离远近对旅游经济联系的影响。其计算公式为

$$R_{ij} = \frac{\sqrt{P_i V_i}\,\sqrt{P_j V_j}}{D_{ij}^2} \tag{2}$$

$$C_i = \sum_{j=1}^{n} R_{ij} \tag{3}$$

$$L_{ij} = \frac{R_{ij}}{\sum\limits_{1}^{n} R_{ij}} \tag{4}$$

上式中：P_i、P_j 分别表示 i 城市和 j 城市的旅游接待总人次（单位为万人次），V_i、V_j 分别表示 i 城市和 j 城市的旅游总收入（单位为亿元），D_{ij} 代表 i 城市和 j 城市的最短旅行时间（单位为分钟）。R_{ij} 是旅游经济联系量，反映了两个城市间旅游经济联系程度及紧密程度，C_i 为 i 城市的旅游经济联系总量，反映了城市在区域旅游中的地位和作用。L_{ij} 为旅游经济联系隶属度，表示城市 i 和城市 j 的旅游经济联系强度占城市 i 对外旅游经济强度总和的比例。

7.1.2.3　数据来源

根据所选高铁线路开通时间，选取了高铁开通前（2012 年）、高铁开通后（2018 年）的相关数据作为研究数据。其中，两城市间的高铁最短通行时间数据来源火车票订票系统 12306 官方网站，输入出发地城市与目的地城市，将查询到的车次信息分为两类：一类将一天内所有以 G、D、C 开头列车运行时间平均值作为自高铁开通后的平均最短通行时间，另一类以除 G、D、C 开头以外的其他列车运行时间平均值作为自高铁开通前的平均最短通行时间，还选择了利用高德地图线路查询工具获得的驾车旅游时间作为自高铁开通前的平均最短通行时间（当两节点城市间不存在除 G、D、C 开头以外的其他列车运行时选用此方法计算），平均最短通行时间的查询获取工作截至 2020 年 4 月 18 日。各城市地区生产总值和人口数据来源于中华人民共和国国家统计局官方网站。衡量高铁开通前后旅游经济联系的主要经济指标的各城市的旅游总人次、旅游总收入数据来源于 2012 年、2018 年各城市统计局公布的国民经济与社会发展公报。

7.1.3 实证分析

7.1.3.1 可达性分析

本次对节点城市的可达性研究主要从两个方面来考虑：一是分析各节点城市之间在高铁开通前后的加权平均旅游时间的变化情况；二是利用 ArcGIS10.5 软件对四川省省会城市成都市的一小时通勤圈进行绘制，从而衡量高铁对沿线城市可达性的影响。

（1）加权平均旅行时间分析

将搜集到的最短通行时间、地区生产总值和人口数量三项数据代入公式（1），通过 Excel 软件计算分析得出各节点城市高铁开通前后的加权平均时间的变化程度，如表 7-1 所示。

表 7-1　高铁开通前后城市加权平均旅行时间及减少率

城市	高铁开通前、后时间	加权平均旅行时间(A_i)	加权平均旅行时间减少率/%
成都	2012 年	13:03:58	56.29
	2018 年	5:42:42	
合肥	2012 年	13:38:59	55.32
	2018 年	6:05:54	
武汉	2012 年	12:16:25	50.66
	2018 年	6:03:21	
重庆	2012 年	12:44:09	52.72
	2018 年	6:01:18	
南京	2012 年	18:53:16	58.63
	2018 年	7:48:48	
兰州	2012 年	12:15:57	50.39
	2018 年	6:05:07	
西安	2012 年	12:25:34	59.36
	2018 年	5:03:01	

由计算结果可知，自三条高铁线路开通运营后，节点城市的加权平均旅行时间呈现较大的降幅，由高铁开通前的平均 13.36 小时下降到 6.07 小时，高铁的时空压缩效应得到了充分体现。加权平均旅行时间降幅最大的前三名为西

安、南京、成都；自三条高铁线路开通运营后，所有节点城市的加权平均时间降幅均达到50%以上，可达性得到明显提高，各节点间的时间成本也随之降低。高铁沿线站点城市加权平均旅行时间减少率最高的城市为西安，主要原因是西成高铁的开通，穿秦岭，破蜀道，打破了城市间地形的限制，使可达性大大提高。可达性最差的是兰州，兰州属于西北地区，处于黄土高原与青藏高原交界过渡地带，地区可达性相对较差。由此可见，冲破地理环境的阻隔，可达性将会提高不少。

（2）一小时经济圈

成都市是四川省的省会城市，作为四川省乃至西南片区的经济文化中心，成都市是四川省出省对外最重要的交通枢纽之一，也是省内高铁枢纽城市。目前，四川省所开通的出省高铁大多以连接成都市及外省大城市为主，这样四川省就形成了以成都市为核心的高铁运输系统。

本书采用ArcGIS10.5软件中服务区选择方法进行网络路径分析，从而绘制成都市在高铁开通前后的一小时经济圈。服务区分析主要应用于商业选址，分析商场等设施的服务范围，在城市规划建设中更多应用于研究城市公共设施服务范围情况，除了可以达到对城市公共设施本身服务范围及吸引力的研究之外，还可以针对距离及空间可达性进行有效分析。本次研究利用高铁线性、公路线性、地级市驻地和省界范围等数据，通过创建服务区分析图层、加载服务设施图层、设置分析选项、运行分析过程、创建OD矩阵分析图层再分析等一系列步骤对成都市一小时经济圈进行绘制，将得到的成都市高铁开通前后的一小时经济圈进行对比，从而得到高铁开通对于区域可达性以及空间距离的影响。

自高铁开通前，以成都为核心的一小时经济圈的腹地区域范围大部分是成都市区域，一小时通勤圈涵盖的核心范围，仅有成都市所属的简阳市以及德阳市、眉山市的一部分地区。其他经济较发达的城市中心均在成都市一小时通勤圈的腹地范围之外。由此可见，在高铁没有开通、客运方式以汽车为主的情况下，时空距离较长，城市之间联系不便捷，可达性较差，以至于经济要素流动效率低。而自高铁开通后，高铁沿线更多地区纳入了成都一小时通勤圈的范围覆盖。一小时通勤圈腹地范围有了明显扩大，且延伸涵盖了绵阳、资阳、遂宁等城市。自高铁开通后，高铁沿线城市间的资源流动加快，高铁沿线城市旅游交通可达性提高，使得高铁的"时空压缩"效应得以体现。高铁网络缩短了起止城市的距离，不仅打破了短距离的交通限制，也加强了成都市与腹地地区节点城市之间的联系，高铁的建成使更多的区域纳入成都市的一小时经济圈的腹地范围，改变了成都市的时空格局，加强了城市间的联系，对促进成都市旅游经济发展具有重要意义。

7.1.3.2 旅游经济联系分析

(1)旅游经济联系强度分析

将搜集到的最短通行时间、旅游总收入、旅游总人次三项数据代入公式(2),分析得出各节点城市高铁开通前后的旅游经济联系量的变化程度,具体结果如表7-2所示。

表7-2 高铁运营前后沿线城市旅游经济联系度

城市	成都	合肥	武汉	重庆	南京	兰州	西安
成都	–	128.16	387.30	28 531.51	151.56	110.00	2 035.68
合肥	3.58	–	5 064.19	358.90	9 967.92	32.27	362.19
武汉	35.09	77.41	–	1 014.66	2 432.47	108.44	1 165.41
重庆	825.22	7.97	157.84	–	356.97	181.51	1 565.53
南京	5.11	96.45	81.15	11.38	–	38.47	569.94
兰州	4.21	0.50	2.29	10.36	1.37	–	543.02
西安	12.06	5.15	25.33	49.72	14.08	5.77	–

注:左下部分为自高铁开通前的数据,右上部分为自高铁开通后的数据。

表7-2为7个城市的旅游经济联系强度矩阵表。在高铁网络下城市之间的旅游经济联系强度数值显示:自高铁开通运营前,沿线城市间旅游经济联系强度差异明显。成都—重庆旅游经济联系强度值最高,两地距离较近,且在社会文化上具有很多相似之处,同城效应早已凸显。合肥—兰州联系最低,仅为0.5,原因是合肥、兰州旅游经济基础薄弱且交通和旅游基础服务设施及配套服务设施落后,可达性较差,旅游资源相对匮乏,旅游吸引力不足。自高铁开通运营后,强度最低的依旧是合肥—兰州,仅为32.27,与其最高值相差近900倍,主要原因是兰州旅游业发展的相关政策不配套,旅游资源开发和市场营销宣传投入不足。区域整体旅游经济联系强度大幅提升,绝大多数城市的旅游经济联系强度增加了数十倍,只有成都—武汉、武汉—重庆的增加幅度较低,其中成都—西安、合肥—南京的旅游经济联系强度增幅最大。这表明,高铁带来的旅游交通格局的变化对区域旅游经济发展格局产生影响。在交通可达性提高的基础上,各节点城市之间的旅游经济联系强度也随之得到较大增加。

(2)旅游经济联系总量分析

宁蓉线、兰渝高铁、西成高铁三条高铁网络下城市的旅游经济联系总量

（见表 7-3）呈现出成都为西翼核心、重庆为中翼核心、合肥为东翼核心的格局，西翼的兰州—成都占比达到区域经济联系总量的 28%，中翼的重庆—武汉—西安占比达到为区域经济联系总量的 44%，东翼的合肥—南京占比达到区域经济联系总量的 28%。自高铁开通运营后，重庆、成都、合肥成为区域旅游经济联系总量的核心。高铁加速了区域旅游之间的联系，使得以核心城市为辐射，带动周边城市或高铁沿线城市的区域旅游经济得到更加快速的发展。

表 7-3　高铁网络下 7 个城市之间的旅游经济联系总量

统计	成都	合肥	武汉	重庆	南京	兰州	西安
C_i	29 308.53	15 913.63	9 018.43	32 009.08	14 512.91	1 013.71	6 241.78
排序	2	3	5	1	4	7	6
占比/%	27%	15%	8%	30%	13%	1%	6%

7.1.3.3　旅游联系隶属度分析

表 7-4 为旅游经济联系隶属度矩阵表。其中，右上（横向）百分比表示横向中每个城市与纵向城市的旅游经济联系隶属度，左下（纵向）百分比表示纵列中每个城市与横向城市的旅游经济联系强度占该城市旅游经济强度总和的比例。

表 7-4　高铁网络下 7 个城市之间的旅游经济联系隶属度　　单位:%

城市	成都	合肥	武汉	重庆	南京	兰州	西安
成都	-	0.44	1.32	97.35	0.52	0.38	6.95
合肥	0.81	-	31.82	2.26	62.64	0.20	2.28
武汉	4.29	56.15	-	11.25	26.97	1.20	12.92
重庆	89.14	1.12	3.17	-	1.12	0.57	4.89
南京	1.04	68.68	16.76	2.46	-	0.27	3.93
兰州	10.85	3.18	10.70	17.91	3.79	-	53.57
西安	32.61	5.80	18.67	25.08	9.13	8.70	-

由表 7-4 可知，以旅游经济联系隶属度 10% 为界，得出各城市旅游经济联系的主要方向为：成都—重庆—西安—兰州；合肥—南京—武汉；武汉—合肥—西安—南京—兰州；重庆—成都—西安—兰州—南京；南京—合肥—武汉；西安—兰州—武汉。其中，兰州与其他城市的旅游经济联系隶属度都偏低，与相邻城市西安的经济联系隶属度最强，但也仅为 8.7%。

高铁网络下旅游经济联系隶属度呈现核心城市指向性和空间区位邻近指向性的分布特征。兰州、西安两城市间的经济联系紧密，但紧密程度不及东翼城市和中西翼核心城市；东翼区域的核心城市为合肥，原因是合肥分别与武汉和南京两城市相邻，且属于宁蓉铁路沿线城市，使得彼此经济联系隶属度较强；中翼区域的核心城市为重庆，西翼的区域的核心城市为成都，是经济联系隶属度最强的两个城市，平均达到90%以上，两翼城市间的联系指向严密，产生旅游经济联系的群效应。其中，高铁沿线相邻城市的旅游经济联系隶属度普遍比高铁沿线非相邻城市的旅游经济联系隶属度高。另外，经济联系隶属度的极差较大，其原因主要为城市旅游业发展水平相差大，旅游总收入差距大，两个城市间的交通可达性差。

（3）城市间的旅游经济联系的时空压缩效应

表7-5报告了宁蓉线、兰渝高铁、西成高铁三条高铁的开通后沿线城市旅游经济联系的变化率。

表7-5　旅游经济联系变化率　　　　　　　　单位:%

城市	成都	合肥	武汉	重庆	南京	兰州	西安
旅游经济联系的变化率	97.02	98.80	95.80	96.68	98.31	97.58	98.61

由表7-5可知，宁蓉线、兰渝高铁、西成高铁三条高铁的开通促进沿线城市旅游经济联系的变化率超过95%，其中对合肥、南京、西安的带动更加明显，提升幅度均在98%以上。三条高铁的开通在短时间内能够实现大量人员运输，游客因为高铁所带来的时空便利性在旅游过程中获得了更多休闲时间。同时，时空便利性使得城市间的生产要素、知识信息的流动加快，区域经济辐射半径迅速扩大，对城市间的旅游经济联系产生了时空压缩效应，将更有效促进西南地区生产要素流动，带动旅游产业经济快速发展。

7.1.4　研究结论与启示

7.1.4.1　结论

随着高铁区域网络格局的逐渐明显，高铁已经成为旅游出行的主要交通方式之一。为研究四川出省高铁对城市旅游经济联系的影响情况，本书选取了宁蓉线、兰渝高铁、西成高铁三条高铁开通前后的相关数据，以成都、合肥、武汉、重庆、南京、兰州、西安七个城市作为研究对象。本书通过对各节点城市之间在高铁开通前后平均旅行时间的变化及一小时经济圈覆盖范围的变化进行比较探究，得出可达性的变化情况；通过对高铁开通前后各节点城市之间的旅游经济联系强度、总量、隶属度进行定量研究，得出高铁对旅游经济联系的影响。通过研究得出以下结论：

第一，高铁沿线城市可达性水平提高，产生了时空压缩效应，高铁开通使成都一小时经济圈得到明显扩大。

第二，城市间的旅游经济联系明显提升，以核心城市为辐射带动周边城市旅游经济发展。

第三，高铁沿线相邻城市的旅游经济联系隶属度普遍比高铁沿线非相邻城市的旅游经济联系隶属度高。

7.1.4.2　研究启示

高铁开通降低了高铁沿线站点城市的交通-时间成本，缩短了城市间的时空距离，使得高铁沿线站点城市的可达性水平得到大幅度提高，同时加快了生产要素的流动，提高了城市间的经济联系强度，沿线区域经济发展得到较大拉动。为了进一步推动高铁沿线站点城市社会经济发展水平，本书依据研究结论，提出以下建议：

第一，充分利用高铁的建设打破地理上的阻碍，提高旅游目的地的可进入性，减少旅游者旅游出行的感知距离，降低旅游者出行的时间成本，增强旅游者的出行意愿。充分发挥高铁运输的主导作用，同时加强除高铁以外的城市交通基础设施建设，优化综合交通布局，改善与高铁相配套的其他交通运输方式，提升与高铁站点的衔接程度，方便游客出行，有效促进高铁沿线站点城市的可达性水平提高。

第二，巩固旅游产业的支柱产业地位，大力推进旅游产业发展。充分发挥区域旅游资源优势，开发精品旅游产品，开拓旅游市场，加强旅游营销，完善旅游服务设施，同时加强区域间的旅游合作和旅游经济联系。

第三，完善四川出省高铁网络建设，使高铁通勤圈腹地范围涵盖更多的旅游城市和旅游景点，串联起一条黄金旅游路线，促进以成都市为核心城市，辐射周边城市或四川出省高铁沿线城市的城市群的旅游经济发展。

7.2　高铁通达性与四川城市旅游经济耦合关系研究

改革开放 40 多年来，随着我国居民人均可支配收入不断提高，旅游观光日益成为许多城乡居民常态化的生活内容。国家文化和旅游部的数据显示，

2018 年全国旅游业总收入达 5.97 万亿元，对我国国内生产总值的综合贡献为 9.94 万亿元，占我国国内生产总值总量的 11.04%。目前，我国已成为全球第一大旅游消费国、第一大国内旅游市场和第四大旅游目的地国。旅游业能带动相关产业的发展，是我国经济发展的支柱性产业之一。习近平总书记在党的十九大报告中明确指出："我国经济已由高速增长阶段转向高质量发展阶段。"这也就要求我国旅游业要顺应时代的潮流，走高质量发展的道路。

交通是连接旅游目的地与客源地的纽带，是开展旅游活动的基础条件。2018 年，全国铁路营业里程达 13.1 万千米，公路里程到 484.65 万千米，定期航班航线里程达 837.92 万千米，全年客运量总计达 179.382 亿旅客，客运周转总量达 34 218.2 亿人千米。其中，民航、铁路、汽车和轮船的国际旅游外汇收入达 366.31 亿美元，占国际旅游总收入的 28.8%。交通网络的优化缩短了旅游目的地与客源地的时空距离，拓展了旅游业发展的空间，交通设施的建设对旅游业发展具有重要的现实意义①。

高铁作为一种新兴的交通工具，具备准时、舒适、安全、快速等优点。自 2008 年中国第一条高铁开通运营以来，高铁在中国得到快速发展。截至 2019 年年底，高铁里程达 3.5 万千米，位居世界第一，运营里程是第二名西班牙的 10 倍之多。在"八纵八横"高铁网络的背景下，高铁是重要的交通设施，也是拉动经济发展的动力。高铁能极大地缩短旅行时间，降低运输成本，加速人才、资金、技术、信息等要素的流动，促进区域间的经济活动，推动现代化和城市化进程，最终拉动整个区域的经济增长。

我国高铁网络的发展水平不平衡，东部地区发展状况最好，其次是中、西部地区。截至 2018 年年底，四川省铁路营业总里程达到了 5 000 千米，其中高铁里程约为 720 千米，在全省铁路的总里程中占 14.4%。由于四川省位于我国西南地区，地理位置较为特殊，复杂的地形极大地影响了陆路交通的发展，高铁线路密度相对较小，其旅游经济发展也受到一定影响。

研究高铁对区域旅游经济发展的影响和协调机理，有利于更好地认识高铁与区域旅游经济间的联系，有助于合理规划高铁线路，以及促进区域旅游经济的合理规划和管理。基于这样的背景，本书以四川省为例，拟从宏观层面、区域协同发展和耦合关系的角度，对高铁系统与区域旅游经济系统分别建立综合

---

① 李丹. 交通网络演化对区域旅游发展的影响研究 [D]. 吉首：吉首大学，2017；李磊，孙小龙，陆林，等. 国内外高铁旅游研究热点、进展及启示 [J]. 世界地理研究，2019，28 (1)：175-186.

的评价指标体系，运用耦合协调度模型分析两个系统的时空演变并进行对比，探求四川省高铁通达度与区域旅游经济的耦合关系，以期为高铁与区域旅游经济发展提供参考。

7.2.1　文献综述

交通是旅游业发展重要的支撑。交通与旅游经济之间的关系一直受到国内外学术界的广泛关注。国外研究主要集中在交通对旅游业发展的影响[①]、交通对旅游需求的影响[②]、交通对目的地发展的影响[③]等方面；国内研究主要集中于交通对旅游空间结构的影响[④]、旅游及经济发展与旅游交通关联的研究[⑤]。区域间的交通发展水平与旅游经济之间存在相互影响、相互制约的关系。有学者采用模糊评价法、层次分析法和TOPSIS法对交通与不同区域的旅游经济间的作用程度进行了定性分析和定量评价，如陈晓等[⑥]、何昭丽[⑦]。还有学者采用耦合协调度模型对不同区域的交通系统与旅游经济系统的耦合协调度进行了实证分析，如叶茂等[⑧]、郭向阳等[⑨]、余菲菲等[⑩]。

高铁是一种新兴的交通工具，具有交通工具的一般特征。国外对于高铁与旅游关系的研究起步较早，发展较快，并注重定量分析和实证研究。这些研究

---

① NGUYEN VAN TRUONG, TETSUO SHIMIZU. The effect of transportation on tourism promotion: literature review on application of the computable general equilibrium (CGE) model [J]. Transportation research procedia, 2017, 25: 3100-3119.

② MARTIN CHRISTINE A, WITT STEPHEN F. Substitute prices in models of tourism demand [J]. Annals of tourism research, 1988, 15 (2): 255-268.

③ BRUCE PRIDEAUX. The role of the transport system in destination development [J]. Tourism management, 2000, 21 (1): 53-63.

④ 殷平. 高速铁路与区域旅游新格局构建：以郑西高铁为例 [J]. 旅游学刊, 2012, 27 (12): 47-53；杨仲元, 卢松. 交通发展对区域旅游空间结构的影响研究：以皖南旅游区为例 [J]. 地理科学, 2013, 33 (7): 806-814.

⑤ 魏洁. 四川省经济、交通运输、旅游网络关联研究 [D]. 成都：西南交通大学, 2003: 21-43.

⑥ 陈晓, 李悦铮. 城市交通与旅游协调发展定量评价：以大连市为例 [J]. 旅游学刊, 2008 (2): 60-64.

⑦ 何昭丽. 乌鲁木齐市交通与旅游协调发展定量评价研究 [J]. 特区经济, 2013 (2): 93-95.

⑧ 叶茂, 王兆峰. 武陵山区交通通达性与旅游经济联系的耦合协调分析 [J]. 经济地理, 2017, 37 (11): 213-219.

⑨ 郭向阳, 穆学青, 明庆忠. 云南省旅游经济与交通系统耦合空间态势分析 [J]. 经济地理, 2017, 37 (9): 200-206.

⑩ 余菲菲, 胡文海, 荣慧芳. 中小城市旅游经济与交通耦合协调发展研究：以池州市为例 [J]. 地理科学, 2015, 35 (9): 1116-1122.

主要集中于高铁对旅游消费者行为的影响、高铁对区域旅游经济的影响、高铁开通对区域旅游业影响等方面①。例如，José M. Ureña 通过研究高铁对地中海旅游的影响，认为高铁开通激发了旅游消费者的旅游欲望，促进了旅游消费者行为和旅游形式的变化②。Hyun-Woo Kim 等人通过研究京釜高铁对当地经济发展的影响，认为高铁对当地经济增长存在负面影响③。Juan Luis Campa 等人通过研究西班牙高铁对区域旅游业的影响，认为高铁有利于促进旅游收入增长。国内研究主要集中于高铁对游客行为方式的影响、高铁对旅游空间格局的影响以及高铁对旅游经济的影响等方面④⑤，如何赢通过研究高铁对京津冀地区旅游空间结构的影响，认为高铁使得整个区域旅游空间结构向均衡化方向发展⑥。李京文通过研究京沪高铁对沿线区域经济发展的影响，认为高铁对沿线各地区经济发展具有不同作用⑦。郭建科等人通过研究哈大高铁对东北城市间的旅游经济联系的空间影响，认为高铁使得旅游市场在空间分布上出现了"极化"效应⑧。

---

① JOSÉ M UREñA, PHILIPPE MENERAULT, MADDI GARMENDIA. The high-speed rail challenge for big intermediate cities: a national, regional and local perspective [J]. Cities, 2009, 26 (5): 266-279; ROGER VICKERMAN. High-speed rail in Europe: experience and issues for future development. The annals of regional science, 1997, 31 (1): 21-38; HYUN-WOO KIM, DU-HEON LEE, HEE-SUNG PARK. The impact of Gyeongbu high speed rail construction on regional economic growth [J]. KSCE Journal of civil engineering, 2013, 17 (6): 1206-1212.

② JOSÉ M UREñA, PHILIPPE MENERAULT, MADDI GARMENDIA. The high-speed rail challenge for big intermediate cities: a national, regional and local perspective [J]. Cities, 2009, 26 (5): 266-279.

③ HYUN-WOO KIM, DU-HEON LEE, HEE-SUNG PARK. The impact of Gyeongbu high speed rail construction on regional economic growth. KSCE Journal of civil engineering, 2013, 17 (6): 1206-1212.

④ 崔莉，厉新建，张芳芳. 郑西高铁乘客行为偏好与旅游发展分析 [J]. 地域研究与开发，2014 (2): 94-98.

⑤ 杜果，杨永丰. 高铁网络对重庆市旅游空间结构的影响 [J]. 地域研究与开发，2018, 37 (4): 104-109; 何赢. 高铁影响下京津冀区域旅游空间结构演变研究 [D]. 北京：北京交通大学，2016; 汪德根，牛玉，陈田，等. 高铁驱动下大尺度区域都市圈旅游空间结构优化：以京沪高铁为例 [J]. 资源科学，2015, 37 (3): 581-592; 李鑫. 京沪高铁对德州市城市空间结构的影响研究 [J]. 美与时代（城市版），2015 (6): 87-88; 王洁洁. 高铁对河南旅游产业集聚区规划的影响 [J]. 资源开发与市场，2014 (1): 101-104; 陶世杰，李俊峰. 高铁网络可达性测度及经济潜力分析：以安徽省为例 [J]. 长江流域资源与环境，2017, 26 (9): 1323-1331.

⑥ 何赢. 高铁影响下京津冀区域旅游空间结构演变研究 [D]. 北京：北京交通大学，2016.

⑦ 李京文. 京沪高速铁路建设对沿线地区经济发展的影响 [J]. 中国铁路，1998 (10): 44-50, 5.

⑧ 郭建科，王绍博，李博，等. 哈大高铁对东北城市旅游经济联系的空间影响 [J]. 地理科学，2016 (4): 521-529.

综上所述，现有对于高铁与旅游经济间的联系的研究呈现出以下特点：在研究区域方面，倾向于将单一高铁沿线区域或经济联系密切的城市群作为研究对象；在研究思路方面，倾向于研究高铁对旅游经济的影响，但关于高铁系统与旅游经济系统的耦合协调关系及评价研究仍显薄弱，针对西南地区高铁系统与旅游经济系统耦合协调发展的研究鲜见。基于此，本书将以我国四川省为实证研究对象，对高铁系统和旅游经济系统分别建立评价指标体系，运用耦合协调度模型分析两个系统的时空演变并进行对比，尝试分析四川省高铁和旅游经济互相作用的关系，以期为四川省高铁规划建设与旅游产业协调发展提供参考。

7.2.2　研究设计

7.2.2.1　研究对象

（1）研究区位

四川省介于东经 97°21′~108°33′和北纬 26°03′~34°19′之间，位于中国西南腹地，地处长江上游。其地势西高东低，由西北向东南倾斜，地形复杂多样。与 7 个省（自治区、直辖市）接壤，东邻重庆，北连青海、甘肃、陕西，南接云南、贵州，西衔西藏。四川省是西南、西北和中部地区的重要结合部，是承接华南华中、连接西南西北、沟通中亚南亚东南亚的重要交汇点和交通走廊。

考虑到四川省的个别地级市在 2010 年及以前未开通高铁，影响部分高铁通达性指标的计算，所以本书选取四川省 2010 年及以前开通了高铁的 9 个地级市为研究区域，它们分别是成都市、德阳市、广安市、乐山市、眉山市、绵阳市、南充市、遂宁市和达州市，并以 2010 年、2014 年、2018 年的高铁数据及旅游经济数据为基础，对高铁通达性与区域旅游经济的耦合协调关系进行分析。

（2）旅游资源

四川省位于我国西南地区，以盆地为主要特色，平原、高原和丘陵分界明显。四川省气候宜人，属于亚热带湿润地区，多样的地形地貌造就了四川省旅游资源类型多样、规模宏大、资源组合状况良好等特点，许多景点享誉世界。

四川省是我国拥有世界自然文化遗产和国家重点风景名胜区最多的省份。其中，2 处被列入世界自然遗产：九寨沟、黄龙；1 处被列入世界文化遗产：都江堰-青城山；1 处被列入世界文化和自然双重遗产：峨眉山-乐山大佛；15 处被列入国家级风景名胜区：九寨沟-黄龙、峨眉山、青城山-都江堰、蜀南竹海、贡嘎山、四姑娘山、西岭雪山、剑门蜀道、石海洞乡、邛海—螺髻山、白龙湖、光雾山—诺水河、天台山、龙门山和米仓山大峡谷。这些优质的旅游资源为四川省带来了大批的国内外游客，带动了大量相关产业的发展，为四川省旅游经济发展提供了有力支持。

（3）高铁现状

交通运输与人们的生产生活息息相关。交通建设对于一个区域乃至国家的发展至关重要。四川省受地理区位制约，自古在物资、人口、信息等方面的流动上相对受限。一直以来，四川省的各级主管部门都高度重视交通发展，努力克服地形困难，大力推进铁路网络建设，并取得了显著成效。截至 2018 年年底，四川省铁路营业里程达到了 5 000 千米，其中高铁里程约为 720 千米，高铁在全省铁路总里程中占比约为 14.4%，高铁发展水平位居西南地区前列[1]。已开通的高铁（包括动车）路线包括成绵乐铁路、成渝铁路、成遂渝铁路、达成铁路、兰渝铁路、西铁成路和成灌铁路。

四川省的高铁正在如火如荼地发展。由四川省交通规划可知，四川省正在着力构建内联外畅、通江达海、干支衔接、高效便捷的高铁网络，计划到2020 年，实现全省高铁运营里程超过 2 100 千米，并建成以成都为核心的区域铁路网络。随着四川省各地级市之间的高铁网络被逐渐建立、优化起来，各地级市之间的旅游经济发展的联系性也逐渐增强，四川省高铁系统与旅游经济系统的耦合关系也呈现出新的发展格局。

7.2.2.2 研究方法

（1）高铁通达性模型

本书借鉴了金凤君等人[2]提出的通达性系数概念，以此来构建高铁通达性模型。本书采用最短时间距离指标计算各节点的高铁通达性，通达性系数越大，表示该地区的通达性越差；反之，表示该地区的通达性越好。其计算公式为

$$A_i = \sum_{j=1}^{n} (T_{ij} \times M_j) \bigg/ \sum_{j=1}^{n} M_j \qquad (5)$$

上式中：A_i 代表每个城市 i 的经济可达性；T_{ij} 指城市 i 到另外城市 j 的最短时间距离；n 为城市个数；M_j 为各市地区生产总值，表示该地经济实力对周边地区

---

① 陈镜宇，李卫东，肖永青. 高铁建设对四川区域经济的影响研究：以成绵乐高铁为例 [J]. 物流科技，2020，43（11）：74-76，82.

② 金凤君，王成金，李秀伟. 中国区域交通优势的甄别方法及应用分析 [J]. 地理学报，2008，63（8）：787-798.

的辐射能力。

（2）引力模型

引力模型源于牛顿提出的万有引力定律。经济动力学中的经济引力论认为，"万有引力原理也适用于经济联系，即区域经济联系也存在着相互吸引的规律性"。旅游经济联系量能够反映区域间旅游经济联系的密切程度，是衡量区域旅游经济联系强度的重要指标。本书引入了引力模型，并对其进行了相应的修改，以研究四川省各地级市之间的旅游经济联系。其计算公式为

$$F_{ij} = (\sqrt{X_i Y_j} \times \sqrt{X_j Y_i}) \div D_{ij}^2 \tag{6}$$

上式中：F_{ij} 为城市 i、j 间的旅游经济联系度；X_i、X_j 分别为 i、j 城市的旅游总人次；Y_i、Y_j 分别为 i、j 城市的旅游总收入；D_{ij} 是 i、j 城市间的高铁最短里程。最后，为了计算出某个城市的旅游经济联系量 C_i，将该城市与区域内其他城市的旅游经济联系度进行加总。其计算公式为

$$C_i = \sum F_{ij} \tag{7}$$

（3）耦合协调模型

耦合是指两个及以上的系统通过各种相互作用，彼此之间相互影响，并最终实现协同的现象[1]。高铁通达性与区域旅游经济之间存在相互影响、相互制约的关系。借鉴物理学中的耦合协调度模型对高铁系统和旅游经济系统之间的协调程度进行定量分析，以体现高铁与区域旅游经济的协同作用。其计算公式为

$$C_2 = \sqrt{(u_1 \times u_2)} \big/ (u_1 + u_2) \tag{8}$$

$$T = au_1 + bu_2 \tag{9}$$

$$D = \sqrt{C \times T} \tag{10}$$

上式中：D 为耦合协调度，D 越大，系统之间及内部要素之间耦合协调状况越好；C 为耦合度；T 为协调指数；u_1、u_2 分别为高铁系统和区域旅游经济系统的综合指数；a、b 为待定系数，由于高铁系统与旅游经济系统同等重要，因此 a、b 均为 0.5。

为了直观地反映高铁系统与旅游经济系统的耦合协调度，参考王永明和马耀峰（2011）的研究对耦合协调等级进行了划分[2]，如表 7-6 所示。

---

① 王新越，赵文丽. 我国高铁通达性与区域旅游经济耦合关系及空间特征分析[J]. 中国海洋大学学报(社会科学版)，2017(1)：77 - 83.

② 王永明，马耀峰. 城市旅游经济与交通发展耦合协调度分析：以西安市为例 [J]. 陕西师范大学学报（自然科学版），2011，39 (1)：86-90.

表 7-6 耦合协调度等级划分

耦合协调度 D	协调等级
0.00~0.09	极度失调
0.01~0.19	严重失调
0.20~0.29	中度失调
0.30~0.39	轻度失调
0.40~0.49	濒临失调
0.50~0.59	勉强协调
0.60~0.69	初级协调
0.70~0.79	中级协调
0.80~0.89	良好协调
0.90~1.00	优质协调

7.2.2.3 数据来源

高铁数据主要包括四川省各个地级市间的高铁开通时间、高铁里程、高铁的设计速度等数据，主要来源于中国研究数据服务平台、铁路客户服务中心网站及统计年鉴。旅游统计数据主要包括 2010 年、2014 年和 2018 年四川省各个地级市的地区生产总值、旅游总收入、旅游总人数等，由《四川统计年鉴》和四川省统计网站公布的《国民经济和社会发展统计公告》查询所得。

7.2.3 实证分析

7.2.3.1 高铁通达性分析

本书采用最短时间距离指标，依据交通通达性模型，计算出 2010 年、2014 年、2018 年四川省高铁通达性数值。如果两个地级市间没有直达车次，则通行时间为经过中转后的最短时间，各地级市的高铁通达性指数如表 7-7 所示。

表 7-7 四川省各地级市高铁交通可达性指数

城市名称	2010	2014	2018
成都市	0.35	0.35	0.32
达州市	1.36	1.36	1.39
德阳市	0.51	0.53	0.49

表7-7(续)

城市名称	2010	2014	2018
广安市	1.09	1.10	1.11
乐山市	0.92	0.87	0.87
眉山市	0.62	0.59	0.59
绵阳市	0.69	0.72	0.67
南充市	0.81	0.81	0.83
遂宁市	0.65	0.65	0.65

从各市的数值来看,在三个时间段内,成都市可达性指数始终保持最小,德阳市和眉山市紧随其后。因为成都市是四川省的省会城市,而且处于整个四川省高铁交通网络的核心位置,政府高度重视成都市的高铁的规划、投资以及建设。德阳市和眉山市因为紧邻成都市,受到成都市的辐射带动作用较大,两个地级市在三个时间节点内的高铁通达性指数均较小,高铁通达状况良好。而达州市和广安市因为处于边缘地区,高铁发展状况相对落后,在三个时间节点内高铁通达性指数均较大。从高铁通达性指数的数值变化程度来看,乐山市的高铁可达性数值变化程度最大,从2010年的0.92降至2018年的0.87,这与乐山市重视旅游基础设施的建设、积极推动旅游交通的发展相关。总体看,四川省高铁线路的不断建设及发展缩短了游客与旅游目的地之间的时空距离,多数地级市的高铁通达性指数呈现下降趋势,高铁可达性得到一定程度的提高。

四川省位于我国西南腹地,受地理因素的影响,交通条件相对较差,因此交通条件是制约四川省旅游业发展的重要因素。目前,四川省的高铁网络建设还有较大的延伸和拓展的空间。因此,政府应秉持"旅游发展,交通先行"的理念,科学规划高铁网络,加大高铁的建设力度,提高游客的出行效率与出行体验,为区域旅游业的发展提供坚实的基础显得尤为重要。

7.2.3.2 区域旅游经济联系的测算

高铁网络的建设及优化缩短了游客到旅游目的地的时间、距离,提高了游客的出行效率,也影响着区域间旅游经济的联系强度。本书根据四川省的旅游相关数据,依据公式(2)、公式(3)分别计算出2010年、2014年和2018年四川省各地级市的旅游经济联系总量及其所占比例。

由表7-8的结果可知,2010年、2014年和2018年,四川省各地级市整体上的旅游经济联系强度不断加强。2010年,这9个地级市的经济联系总量为0.846 4。至2018年,这9个地级市的经济联系总量上升至25.692 2。

表7-8　四川省各地级市的旅游经济联系总量及占比

城市名称	2010	2014	2018
成都市	0.316 6 （37.41%）	2.328 3 （38.59%）	9.413 8 （36.64%）
达州市	0.010 8 （1.28%）	0.042 7 （0.71%）	0.225 3 （0.88%）
德阳市	0.121 4 （14.35%）	0.923 5 （15.31%）	4.613 3 （17.96%）
广安市	0.031 3 （3.70%）	0.215 9 （3.58%）	0.786 1 （3.06%）
乐山市	0.064 5 （7.62%）	0.403 9 （6.70%）	1.554 4 （6.05%）
眉山市	0.101 4 （11.98%）	0.713 1 （11.82%）	2.735 2 （10.65%）
绵阳市	0.067 4 （7.96%）	0.586 1 （9.71%）	2.699 4 （10.51%）
南充市	0.059 2 （6.99%）	0.381 7 （6.33%）	1.605 9 （6.25%）
遂宁市	0.073 7 （8.71%）	0.437 7 （7.26%）	2.058 9 （8.01%）

　　从旅游经济联系总量上看，2010年、2014年和2018年，旅游经济联系总量排名前三位的分别是成都市、德阳市和眉山市。2010年，除了成都市外，四川省各市间的高铁通达性程度并不发达，但德阳市和眉山市受到成都市的辐射带动作用，旅游业得以快速发展，这些使得他们在旅游经济联系度中表现出优势。2014年，整个区域内的高铁交通体系初步建成，区域内各地级市的旅游经济联系总量呈现上升趋势。到了2018年，随着高铁交通体系的进一步发展，处于中心区位的成都市、德阳市和眉山市与其他地级市的交通距离缩短，各个地级市间的可达性明显提高，旅游人数增多，旅游收入增加，旅游经济得到了进一步的发展。

　　从总体变化趋势上看，2010年、2014年和2018年，成都市、德阳市和眉山市分别占四川省旅游经济联系总量的63.74%、65.72%和65.25%。这三个地级市的旅游经济联系总量所占的比例在前期呈现出上升趋势，后期呈现出下滑趋势。主要原因是四川省地处我国西南地区，高铁发展相对缓慢。在初期，成都市旅游业的繁荣和高铁的发展对其周边的德阳市、眉山市起到一定的辐射作用，使得这三个地级市旅游经济联系总量所占的比例较大。但随着高铁线路的不断开通，其他地区的旅游业也得到了迅速发展，且发展速度相对较快，它们的旅游经济联系总量所占的比例得到提高。

高铁的建设有利于缩短客源地与旅游目的地之间的时空距离，提高旅游目的地的交通可达性，增强区域内的旅游吸引力和竞争力，从而带动旅游产业的发展。由对上文的分析可知，要合理规划四川省各市高铁的密度和建设时序，增加高铁有效供给，提升高铁的运输效率，让高铁为旅游者出行提供更多便利，推动四川省旅游产业的高质量发展。

7.2.3.3 耦合协调度分析

高铁和旅游经济间存在着互相作用的关系。利用耦合协调度模型的公式（4）至公式（6）计算得出 2010 年、2014 年和 2018 年三个时间截面四川省各地级市高铁交通系统与旅游经济系统的综合评价指数 u_1、u_2 以及耦合协调度值 D。

从表 7-9 可知，成都市在 2010 年、2014 年和 2018 年高铁系统与旅游经济系统的耦合协调度最大，在 2018 年达到了 0.93，德阳市紧随其后，达到了0.87，达州市与广安市的耦合协调度分别为 0.53 和 0.68，相对而言有很大发展空间。总体来看，四川省各地级市高铁系统与旅游经济系统的耦合协调度在不断提升。2010 年，成都市处于濒临失调，达州市处于中度失调，其他地级市均处于轻度失调；到 2014 年，成都市处于初级协调，广安市处于濒临失调，达州市处于轻度失调，其他地级市处于勉强协调；2018 年，成都市处于优质协调，德阳市、眉山市和绵阳市处于良好协调，乐山市、南充市和遂宁市处于中级协调，广安市处于初级协调，达州市处于勉强协调。

表 7-9 四川省各地级市的耦合协调度和协调发展指数表

城市名称	2010 年	2014 年	2018 年
成都市	0.41（濒临失调）	0.67（初级协调）	0.93（优质协调）
达州市	0.25（中度失调）	0.35（轻度失调）	0.53（勉强协调）
德阳市	0.35（轻度失调）	0.59（勉强协调）	0.87（良好协调）
广安市	0.30（轻度失调）	0.49（濒临失调）	0.68（初级协调）
乐山市	0.35（轻度失调）	0.55（勉强协调）	0.76（中级协调）
眉山市	0.35（轻度失调）	0.57（勉强协调）	0.80（良好协调）

表7-9(续)

城市名称	2010 年	2014 年	2018 年
绵阳市	0.33 （轻度失调）	0.57 （勉强协调）	0.82 （良好协调）
南充市	0.33 （轻度失调）	0.53 （勉强协调）	0.76 （中级协调）
遂宁市	0.33 （轻度失调）	0.52 （勉强协调）	0.76 （中级协调）

从整体趋势上分析，四川省各地级市的高铁系统和旅游经济系统的耦合协调程度存在明显的空间集聚性，整体呈现出中部高、四周低的特征。而且在不同发展阶段，四川省各地级市的高铁通达性与旅游经济协调程度的差距扩大。这是因为高铁通达性与区域旅游经济之间的耦合协调机制影响了整个地区的资源流动，由于马太效应的作用，资源在旅游经济发展优势地区聚集。成都市因为地理位置优越，高铁通达性好，旅游经济繁荣，从而成了两系统协调发展的增长极。而且旅游经济发展是一个长期且持续的过程，但高铁线路的开通能够使得通达性迅速提高，两者不协调的情况必然出现，从而导致两系统间的协调程度的差距扩大。

7.2.4 研究结论与启示

7.2.4.1 研究结论

高铁的发展极大地提高了区域的可达性，促进了区域旅游经济发展。依据高铁通达性和区域旅游经济之间的相互作用，选取四川省 2010 年、2014 年和 2018 年的区域旅游经济数据和高铁通达性的数据，利用高铁交通通达性模型、引力模型和耦合协调模型，分析了四川省 9 个地级市高铁交通通达性与区域旅游经济发展的耦合协调度水平及空间特征，并进一步阐述了两者之间的耦合协调机制。

第一，借助高铁通达性模型研究 2010 年、2014 年和 2018 年四川高铁通达性水平，通过研究可以发现，四川省各个地级市的高铁通达性从 2010 年、2014 年和 2018 年发生显著变化的地级市较少，成都市、德阳市、乐山市、眉山市和绵阳市高铁可达性数值呈逐渐下降的趋势，其他地级市略有增加。其中，2010 年达州市高铁通达性指数最大、为 1.36，广安市以 1.09 的指数紧随其后，成都市的高铁通达性指数最小、为 0.35。随着高铁网络的不断建设和发展，到了 2018 年成都市高铁通达性指数最小、为 0.32，与通达性最差的达州市相差 1.07。四川省各地级市的高铁建设虽然正在逐步发展，但仍有延伸和拓展的空间。

第二，利用旅游经济联系的引力模型分析了四川各地级市旅游经济联系的强度。从整体上来看，2010 年、2014 年和 2018 年，四川省各地级市的旅游经济联系强度不断提高。2010 年，9 个地级市的经济联系总量为 0.846 4。至 2018 年，9 个地级市的经济联系总量上升至了 25.692 2。从变化趋势上看，2010 年、2014 年和 2018 年旅游经济联系量前 3 名的地区均是成都市、德阳市和眉山市，且这三市之间的旅游经济联系量所占比例较大，分别占四川省旅游经济联系总量的 63.74%、65.72%、65.25%。随着高铁网络的逐渐优化，旅游目的地的可达性得到提高，从而使得四川省的旅游业得到快速发展。

第三，耦合协调模型描述了四川省各地级市高铁系统与旅游经济系统的耦合协调度在不断提升。但高铁系统和旅游经济系统的耦合协调程度存在明显的空间集聚性，整体呈现出中部高、四周低的特征。高铁通达性与区域旅游经济之间的耦合协调机制还促使资源在旅游经济发展优势地区聚集，使成都市成了两系统协调发展的增长极。

7.2.4.2 研究启示

针对以上结论，提出如下对策建议：

第一，成都市、德阳市、绵阳市和眉山市要充分利用资源和区位优势，积极促进旅游业与高铁之间的产业融合，依托高铁线路打造具有当地特色的精品旅游项目，推进高铁旅游持续健康发展。同时，还应积极加快旅游品牌建设，塑造良好的旅游形象。成都市作为发展的增长极，应积极发挥对周边地区的辐射带动作用，加强同其他地区的交流与合作，促进地区共同繁荣。

第二，达州市和广安市的高铁网络建设有较大延伸和拓展的空间，应加快高铁网络的规划建设，提高周边景区的交通通达性，并充分利用国家的政策支持，依托高铁所带来的便利条件，吸引更多优质资源的流入，并深入挖掘自身自然、人文等方面的优势资源，完善当地旅游服务基础设施，提高旅游服务的水平和质量，发展独具当地特色的旅游业，并联合周边具有较为良好条件的地区进行合作发展。

第三，乐山市、遂宁市和南充市作为过渡地带，拥有较为良好的区位优势、旅游资源和相对完善的旅游基础设施，高铁网络建设也较为良好。这些地区同样需要积极推进高铁建设和旅游业的融合发展，更需要加强区域间的交流合作，一方面要依托高铁网络加强与成都市、德阳市、绵阳市和眉山市的经济、文化、人才等方面的交流，吸收借鉴其发展经验来促进自身发展；另一方面，要积极向达州市和广安市传授发展经验，促进资金、技术、人才等资源流通和融合，实现资源互享、市场互动，促进区域旅游经济的协同发展。

7.3 高铁建设对四川省旅游经济发展的影响研究

"十三五"期末，四川省旅游总收入比 2015 年翻一番，约达到 1.2 万亿元，年均增速为 16.89%，旅游业已成为四川省国民经济的战略性支柱产业。"十三五"圆满收官，"十四五"扬帆起航。在"十四五"规划中，党中央明确要求共建巴蜀文化旅游走廊，以做大区域旅游市场，做强区域旅游品牌，提升区域旅游品质。在此背景下，四川省基于国际国内双循环新发展格局提出了文旅产业发展的新规划和新目标：以打造巴蜀文化旅游走廊为牵引，着力构建文旅融合发展新格局，推动文化旅游产业高质量发展，高水平建设文化强省旅游强省。四川省作为"一带一路"沿线上的重要衔接点和新一轮西部大开发的主要阵地，近年来高铁建设迅猛发展。目前，四川省高铁建设已进入"高峰期"，未来五年高铁建设里程将突破 2 300 千米，届时将有 6 条时速达 350 千米的高铁。高铁作为一种现代旅游交通方式，四川省高铁经过提质提速不仅产生了时空压缩效应，加快了旅游流流动，而且通过有效降低时间成本和提升交通舒适性改变了旅游消费行为和旅游流的空间扩散方向，增加了旅游景区客流量，促进了区域旅游合作和旅游经济发展，为四川省建设文化旅游强省注入了更多的活力和动力。

2008 年，中国第一条高铁的开通运行意味着中国铁路开启了历史新纪元。随着高铁的飞速发展，旅客出行的需求从"走得了"变为"走得好"，也使"来一场说走就走的旅行"变得更易实现。旅游业作为国民经济的战略性支柱产业和现代服务业的重要组成部分，已成为促进消费、加快区域经济发展的最活跃力量，而交通作为经济发展的基础性先导产业，是旅游业发展的推力。交通发展改变了区域和城市的空间结构、分布结构和层级结构[①]。高铁为旅游发展提供了新助力。高铁开通扩大了旅游地的客源市场半径，辐射范围更广[②]。高铁网的完善使整体区域可达性得到优化，沿线站点城市经济联系总量高于非

---

① 王雨飞，倪鹏飞. 高速铁路影响下的经济增长溢出与区域空间优化 [J]. 中国工业经济，2016 (2)：21-36.

② 汪德根. 旅游地国内客源市场空间结构的高铁效应 [J]. 地理科学，2013，33 (7)：797-805.

沿线站点城市且差异显著①。高铁开通改变了人们日常出行方式，促进了中国社会经济变革，同时也深深影响着高速发展中的旅游业。总体来看，高铁建设对旅游业发展既有"利"也有"弊"，既存在"同城效应""集聚效应"等积极影响，还存在"过道效应""扩散效应""马太效应"等消极影响。依托高铁的积极带动效应，催生了同城效应，形成了多个一小时旅游经济圈或一小时经济圈，加快了生产要素的流动，从而促进了旅游经济发展②。但是，对大多数站点城市而言，高铁仅作为城市的"过道"，没能成为拉动旅游业发展的"引擎"，高铁开通的旅游效应不显著③。甚至高铁的开通促使旅游产业集聚水平降低，促进旅游产业扩散④。还会产生"强者愈强，弱者愈弱"的现象，中心城市将外围和边缘城市的旅游优势吸引过来转化为自身优势，从而使中心地区的旅游产业发展趋势越好，外围和边缘地区因失去优势，其旅游产业发展越差。因此，高铁对四川省旅游的带动效应到底是"利"还是"弊"？是"利"大于"弊"，还是"弊"大于"利"？高铁开通是否能促进四川省旅游业发展？因此，深入探究高铁对四川省旅游带动效应具有重大意义。

基于此，本书选取 2003—2017 年四川省地级市面板数据，采用双重差分分析法，实证研究分析高铁对四川省旅游发展的影响效应。与既往研究文献相比，本书的边际贡献主要有以下三点：一是通过定量分析，选取多个指标来回归估计旅游经济发展水平，得到了更为丰富稳健的估计结果和研究结论；二是剥离了其他影响因素的影响，采用双重差分法实证高铁带来旅游经济发展的净效应；三是本书丰富了四川省高铁建设和旅游发展研究文献，研究结论为四川省旅游发展提供了理论指导意见。

7.3.1　文献综述

随着中国铁路跨越式发展，高铁网规模也不断扩大，国内学者开始探究高铁与旅游的联系，研究内容主要集中在高铁对旅游消费、旅游空间格局及旅游发展的影响等方面。

① 郗慧丽，王强，熊浩，等. 中国"四纵四横"高铁对沿线站点城市可达性及其经济联系的影响 [J]. 经济地理，2020，40（1）：57-67.

② 刘强，杨东. 高铁网络对西北城市旅游经济联系的空间影响 [J]. 地域研究与开发，2019，38（1）：95-99.

③ 冯烽，崔琳昊. 高铁开通与站点城市旅游业发展："引擎"还是"过道"？ [J]. 经济管理，2020，42（2）：175-191.

④ 郇雪，张红. 高铁对旅游产业集聚和扩散的影响：以京津冀为例 [J]. 资源开发与市场，2019，35（7）：986-992.

关于高铁对旅游消费的影响研究，研究方向主要是旅游消费经济的增长和旅游消费行为的改变两个方面。从经济增长角度来看，高铁开通条数或者代表城市在高铁网络中的地位对人均消费性支出有显著的影响①。高铁开通对旅游消费的促进、旅游消费潜能的发挥②产生了重要的影响。从行为改变角度来看，高铁开通扩大了国内旅游客源市场、增加了游客旅游频次和停留时间、提高了游客旅游的积极性和满意度、改变了旅游方式和偏好，促进了旅游消费支出③。

关于高铁对旅游空间结构的影响研究，一般基于 ArcGIS 和 SPSS 平台，采用引力模型、网络分析法等研究方法，相关研究成果也较为丰富④。众多研究结果表明，高铁开通提高了旅游交通可达性⑤，产生了时空压缩效应⑥，改变了旅游空间格局及旅游客源市场结构⑦。高铁网的空间格局存在明显的空间特征差异，对中国城市空间结构的重组产生了一定影响。

学术界对高铁开通是否促进区域旅游业发展的看法尚未达成一致。大多数学者认为高铁开通促进了旅游业发展。在定性分析中，有学者认为高铁对东北旅游发展⑧、四川旅游业多方面⑨起着积极作用。在定量研究中，其结果表明，

① 张燕燕. 高铁建设对城市居民消费影响研究：基于 285 个地级以上城市高铁开通的面板数据 [J]. 商业经济研究, 2019 (19)：60-63.

② 赵华. 高铁开通对旅游消费潜能发挥的影响：基于中原经济区的分析 [J]. 商业经济研究, 2020 (20).

③ 张宇, 朱成李, 李春美. 高铁对旅游消费行为的影响：基于四川市场的分析 [J]. 商业经济研究, 2019 (13)：152-155；姚梦汝, 罗聪, 夏晓丽, 等. 高铁游客旅游消费行为研究：基于宁杭高铁沿线城市的分析 [J]. 江苏商论, 2015 (7)：8-12；梁志华. 高铁变革与消费变迁互动影响研究 [J]. 河南社会科学, 2018, 26 (5)：50-54.

④ 周慧玲, 王甫园. 基于修正引力模型的中国省际旅游者流空间网络结构特征 [J]. 地理研究, 2020, 39 (3)：669-681；杜果, 杨永丰. 高铁网络对重庆市旅游空间结构的影响 [J]. 地域研究与开发, 2018, 37 (4)：104-109；喻琦, 马仁锋, 叶持跃, 等. 长三角城市群旅游空间结构分析 [J]. 统计与决策, 2018, 34 (13)：113-116.

⑤ 高玉祥, 董晓峰. 高速铁路建设对甘肃省时空可达性的影响作用研究 [J]. 北京交通大学学报, 2020, 44 (6)：82-89.

⑥ 郭建科, 王绍博, 李博, 等. 哈大高铁对东北城市旅游经济联系的空间影响 [J]. 地理科学, 2016, 36 (4)：521-529.

⑦ 李顶. 高速铁路对区域旅游空间结构演化的影响 [J]. 铁道运输与经济, 2017, 39 (11)：28-33.

⑧ 王晓路, 杨瑜, 彭志勇, 等. 以高铁为核心的东北旅游发展对策研究 [J]. 中国铁路, 2017 (6)：31-35.

⑨ 郭剑英, 熊明均. 城际高速铁路建设对四川旅游业的潜在影响 [J]. 乐山师范学院学报, 2011, 26 (7)：53-57.

高铁建设增加了站点城市的旅游人数和旅游收入[①]，促进了高铁沿线城市[②]和地区[③]旅游业发展，给中国旅游产业发展与布局[④]带来积极影响。但是，还有学者认为，高铁开通对旅游业发展带来消极影响，甚至抑制旅游业发展。张颖（2020）研究表明，京沪高铁对沿线区域旅游业发展有一定的抑制作用[⑤]。

以上文献丰富了高铁旅游方面的研究内容。从上述文献可以看出，相关研究结论尚未达成一致。其主要原因有以下两点：其一，定性分析与定量分析两者的理论基础不同，关于高铁旅游的相关研究主要以定性描述为主，缺少定量分析研究；其二，由于旅游行业的特殊性，旅游统计数据的搜集和处理都存在巨大挑战，在具体的实践中，存在一定的误差，且此误差较大。同时，在文献检索过程中，发现鲜有研究从计量经济学角度来观察四川高铁开通对旅游的影响，且大多数研究是针对某一条具体高铁线路的实例研究，没有从长期、大范围的面板数据中体现四川高铁网络对旅游方面的影响。此外，现有研究旨在分析高铁开通是否促进了四川旅游业的发展，忽视了它是如何促进旅游业发展的。基于现有研究的不足，本书直接突破对比高铁开通后旅游发展变化的"单一"对比视角，从有无高铁和高铁开通前后的"双重"对比视角考察，避免产生"单一"对比视角的估计效应精准程度较低问题。将从 2003—2017 年四川省各地级市的数据来进行双重差分法分析，第一次差分得到高铁过境城市和高铁未过境城市在高铁开通前后各自的差值，第二次差分得到高铁过境城市与高铁未过境城市的差值，经过两次差分得到高铁开通的政策效应，从而更全面、直观地研究四川高铁对旅游发展的影响净效应。

7.3.2　研究假说

高铁建设情况决定着旅游目的地和客源地的可进入性，高铁已成为旅游交通工具的首选，从供给和需求两个层面对旅游业发展产生作用。从旅游供给层

①　曾玉华，陈俊.高铁开通对站点城市旅游发展的异质性影响：基于双重差分方法的研究 [J].旅游科学，2018，32（6）：79-92.

②　余泳泽，伏雨，庄海涛.高铁开通对区域旅游业发展的影响 [J].财经问题研究，2020（1）：31-38.

③　辛大楞，李建萍.高铁开通与地区旅游业发展：基于中国 287 个地级及以上城市的实证研究 [J].山西财经大学学报，2019，41（6）：57-66.

④　王欣，邹统钎.高速铁路网对我国区域旅游产业发展与布局的影响 [J].经济地理，2010，30（7）：1189-1194.

⑤　张颖.京沪高铁对沿线区域旅游业发展的影响：抑制还是促进 [J].经济研究导刊，2020（7）：150-152.

面看，高铁有助于带动城市旅游交通设施建设，从而完善旅游交通体系，优化站点城市区位条件，提高旅游目的地的可进入性；从旅游需求来看，高铁网络化实现了旅客同站换乘，缩短了旅游交通时间，增加了游客游玩时间，停下欣赏沿途风光的时间增多，使旅游变得更加容易和惬意，由原来的"慢旅快游"变成了"快旅慢游"，旅游品质大大提升。交通的便捷性缩短了游客对旅游目的地的感知距离，使游客更愿意选择与旅游客源地相聚较远的旅游地，旅游目的地选择更趋多样性。从高铁带来的"时空压缩"效应来看，沿线旅游城市辐射范围扩大，由中心城市为核心向邻近城市辐射，产生聚集和扩散效应使一小时经济圈进一步扩大。有利于实现旅游经济带、经济圈、经济区等经济板块的互联互通，实现区域旅游协调发展和旅游高质量发展。可见，高铁建设是促成区域旅游发展的重要环节和因素。基于以上分析，本书提出假设1。

假设1：高铁开通可以促进四川省旅游经济发展。

中国旅游业呈现出入境旅游经济发展的非均衡特征[①]，国内旅游和出境旅游蓬勃发展，但入境旅游经济发展速度相对缓慢。有研究发现，旅游地形象[②]、环境风险[③]、旅游地可进入性[④]是外国游客来华旅游的重要因素。文化差异的双面效应、旅游服务和接待质量不佳、旅游产品和宣传信息的不对称会对入境游客产生负面感知[⑤]，从而影响中国旅游品牌形象，进而影响入境旅游规模，最终影响入境旅游经济发展。从入境旅游市场来看，高铁已成为中国旅游对外宣传的"新名片"，虽然越来越多的入境旅游游客愿意将高铁作为在城市间移动的交通工具首选，但高铁是否能成为促进入境旅游经济发展的主要因素？从国内旅游市场来看，高铁带动下的旅游市场空间结构逐渐形成以高铁为轴、中心城市为核心，向周边依次扩展，呈现"圈层+轴心"的分布特征，旅游客源市场规模不断扩大。高铁对国内外旅游市场的影响效应是否相同呢？基于以上分析，本书提出假设2。

假设2：高铁开通对四川省国内外旅游市场发展影响效果具有异质性。

① 宋芳秀. 中国出入境旅游：特征、问题及对策 [J]. 国际贸易, 2020 (11)：77-84.

② 何琼峰, 李仲广. 基于入境游客感知的中国旅游服务质量演进特征和影响机制 [J]. 人文地理, 2014, 29 (1)：154-160.

③ 程德年, 周永博, 魏向东, 等. 基于负面IPA的入境游客对华环境风险感知研究 [J]. 旅游学刊, 2015, 30 (1)：54-62.

④ 唐弘久, 保继刚. 我国主要入境客源地游客的时空特征及影响因素 [J]. 经济地理, 2018, 38 (9)：222-230, 239.

⑤ 王丽娜, 李华. 入境旅游者对中国旅游目的地形象的负面感知研究 [J]. 世界地理研究, 2019, 28 (6)：189-199.

7.3.3 研究设计

7.3.3.1 研究策略

2003—2017 年，四川省各地级市陆续开通高铁，在选取的 18 个地级城市中，有 11 个城市开通了高铁，其余 7 个城市暂未开通高铁，故将高铁开通情况作为"准自然实验"，考察高铁对四川省旅游经济发展的影响。特别地，参考钱雪松等人（2021）[①] 的方法，将结合旅游经济发展水平和高铁开通情况来构造"处理组"和"控制组"。首先，将各地级市旅游总人数的平均值从高到低进行排列，以 50% 作为界限，将样本分为两组，把旅游总人数的平均值较高的 1/2 预选为"处理组"、较低的 1/2 预选为"控制组"；然后，将高铁开通情况考虑进去，在预备"处理组"中只有在研究时间内开通高铁的城市才能作为"处理组"，未开通高铁的城市则作为"控制组"；最后，选取了 7 个城市作为"处理组"、11 个城市作为"控制组"。

7.3.3.2 计量模型设定

高铁开通显著促进了旅游业发展，且存在除高铁之外的其他因素影响着四川省旅游业发展。此外，四川省高铁系统是分阶段逐步开通的。为了更准确探究高铁开通对四川省旅游业发展的影响效应，本书参考曾玉华和陈俊（2018）[②] 关于高铁开通对站点城市旅游发展的影响研究，采用双重差分法实证高铁开通对四川省地级城市旅游发展的影响净效应，构建以下回归模型：

$$\text{Tourism}_{it} = \beta_0 + \beta_1(\text{HST}_{it} \times T_{it}) + \beta_j X_{it} + V_i + u_t + \varepsilon_{it} \qquad (11)$$

上式中，Tourism_{it} 表示 i 城市 t 时期旅游业发展水平，用旅游总人数、国内旅游人数、入境旅游人数、旅游总收入、国内旅游收入、国际旅游收入 6 项指标表示；HST_{it} 为政策虚拟变量，若样本城市属于控制组（未开通高铁），则取值为 0，其中有 11 个地级市作为控制组；若样本城市属于处理组（开通高铁），则取值为 1，7 个地级市作为处理组；T_{it} 为时间虚拟变量，高铁开通前取值为 0，高铁开通后取值为 1。交叉项 $\text{HST}_{it} \times T_{it}$，该值为 1 表示 t 时期 i 城市已开通高铁，否则取值为 0。X_{it} 为控制变量，V_i 为个体固定效应，u_t 为时间固定效应，β_0 是常数项，ε_{it} 表示残差项。β_j 是控制变量的回归系数，$j = 2, 3, \cdots, 9$。按照 DID 模型要求，交叉乘积项 $\text{HST}_{it} \times T_{it}$ 前面的系数 β_1 是倍差估计量，反映了政

---

① 钱雪松，丁滋芳，陈琳琳. 缓解融资约束促进了企业创新吗？基于中国《物权法》自然实验的经验证据 [J]. 经济科学，2021（1）：96-108.

② 曾玉华，陈俊. 高铁开通对站点城市旅游发展的异质性影响：基于双重差分方法的研究 [J]. 旅游科学，2018，32（6）：79-92.

策实施的净效应，当 β_1 为正，且在一定统计水平下显著，则表示高铁开通显著促进了四川省旅游业发展。

7.3.3.3 变量选取及测量

（1）被解释变量

本书选取旅游总人数（total number of tourists，TNT）、国内旅游人数（domestic tourist numbers，DTN）、入境旅游人数（inbound tourist numbers，ITN）作为被解释变量来衡量旅游经济发展水平。在稳健性检验中，采用旅游总收入（total revenue of tourism，TRT）、国内旅游收入（domestic tourism revenue，DTR）、国际旅游收入（international tourism revenue，ITR）作为因变量，对回归结果进行重新考察。

（2）核心解释变量

高铁开通情况（Did）作为核心解释变量。为便于计算，本书令 Did = HST_{it} × T_{it}。T_{it} 为时间虚拟变量，如果城市在 t 年开通了高铁，那么对该城市来说，t 年及以后的年份取值为 1，t 年及以前的年份则取值为 0。HST_{it} 为是否开通高铁的虚拟变量，如果城市在 2014 年 9 月前开通了高铁，则 i 取值为 1，即该城市为处理组；相反，若在此期间内没有开通高铁，则 i 取值为 0，即该城市为控制组。交互项回归系数 β_1 是本书主要关注的变量，其系数反映了开通高铁对地区旅游经济发展的影响。

（3）控制变量

为保证回归模型的稳健性，参考以往研究和相关文献，选取以下变量作为控制变量。

旅游专利（Patent）。旅游专利的数量反映了区域旅游业的创新意识、地区旅游产业竞争力和地区旅游业的发展水平。本书用旅游专利数量表示。

旅游资源禀赋（Resource）。本书参考王宇楠等人（2016）[①] 的做法，采用旅游资源加权赋值的方法来量化旅游资源禀赋的大小。对世界遗产、国家级风景名胜区、5A 级旅游区和 4A 级旅游区分别赋予 10、6、4、2 的权重。某些旅游景区拥有多个称号，为避免重复以等级最高的作为统计数据。

对外开放度（Open）。对外开放政策直接影响中国出入境旅游发展，是中国文旅产业稳健发展的必要条件。本书用实际利用外资与国民生产总值的比值表示对外开放力度。

---

① 王宇楠，王晶，吴相利. 哈大高铁对沿线城市旅游流空间结构的影响 [J]. 哈尔滨师范大学自然科学学报，2016，32（6）：74-78.

财政支出（Fiscal）。为应对新冠肺炎疫情对旅游业的负面影响，增加财政支持有助于为旅游业减压，是帮助旅游业渡过难关的重要手段。通过对国民生产总值进行平减得到。

政策控制（Government）。政府的干预和调控直接影响地区旅游经济发展，是可持续旅游发展的必由之路。本书选取财政支出与国内生产总值的比值来衡量政府控制。

网络通达度（Network）。互联网蓬勃发展对智慧旅游建设具有重大意义，人均电信业务收入在一定程度反映了互联网发展程度。故本书用人均电信业务收入来衡量网络通达度。

服务业经济状况（Service）。服务业已经成为经济发展的主角，在中国经济增长和社会发展中的地位不断提升。本书用第三产业占国内生产总值的比重来表示服务业经济状况。

陆路交通线路（Road）。从城市道路建设可以看出该城市道路交通设施的发达程度，而交通基础设施建设直接影响旅游目的地的可达性，对旅游业发展发挥着巨大作用。本书用地均年末实有道路铺装面积衡量，即年末实有铺装道路面积与土地面积的比值。

7.3.3.4 描述性统计

本书选取了四川省 18 个地级城市 2003—2017 年的面板数据，共 270 个样本量，变量的描述性统计结果见表 7-10。

表 7-10 变量的描述性统计

变量名称	计算方式	观测值	平均数	标准差	最小值	最大值
高铁是否开通（HST）	已开通为 1，未开通为 0	270	0.667	0.472	0	1
高铁开通前后（T）	高铁开通前为 0，开通当年及后为 1	270	0.274	0.447	0	1
高铁开通情况（did）	did $= \mathrm{HST}_{it} \times T_{it}$	270	0.274	0.447	0	1
国内旅游人数（DTN）		270	19.48	27.58	1.425	207.0
入境旅游人数（ITN）		270	0.083 8	0.354	0	3.013
旅游总人数（TNT）	国内旅游人数与入境旅游人数之和	270	19.57	27.90	1.426	210.1
国内旅游收入（DTR）		270	116.1	211.2	2.580	1 982
国际旅游收入（ITR）		270	1.632	7.243	0.000 281	67.12

表7-10(续)

变量名称	计算方式	观测值	平均数	标准差	最小值	最大值
旅游总收入（TRT）	国内旅游收入与国际旅游收入之和	270	117.7	217.8	2.586	2 041
旅游专利（Patent）		270	0.607	3.083	0	31
旅游资源禀赋（Resource）	为世界遗产、国家级风景名胜区、5A 级旅游区和 4A 级旅游区分别赋予 10、6、4、2 的权重。	270	12.08	17.73	0	114
对外开放（Open）	实际利用外资占地区生产总值的比重	270	1.630	2.729	0	20.72
财政支出（Fiscal）	GDP 平减	270	53.43	54.44	11.27	336.7
政府控制（Government）	财政支出占 GDP 的比重	270	18.58	9.783	7.157	68.76
网络通达度（Network）	人均电信业务收入	270	355.2	365.2	0	2 925
服务业经济状况（Service）	第三产业占 GDP 的比重	270	31.51	6.583	20.66	53.20
陆路交通线路（Road）	地均年末实有道路铺装面积衡量（年末实有铺装道路面积与土地面积的比值）	270	9.854	12.83	0	75.10

7.3.3.5 数据来源

本书选择 2003—2017 年四川省 18 个地级市的面板数据，数据来源于《中国区域经济统计年鉴》《中国城市统计年鉴》以及《四川省统计年鉴》；高铁开通情况整理自国家铁路局官网（www.nra.gov.cn）、高铁网（www.gaotie.cn）、中国铁路 12306 网站（www.12306.cn）、《中国铁道年鉴》（2017）以及相关新闻报道或公告；旅游景区数据来源于《世界遗产名录》《国家级风景名胜区名单》以及文化和旅游部发布的《全国 A 级景点名录》。

7.3.4 实证分析

7.3.4.1 基准回归分析

为了检验高铁开通对四川省旅游经济发展的影响，本书使用双重差分法，分别选取旅游总人数、国内旅游人数、入境旅游人数为被解释变量进行检验，并同时固定了个体和时间效应。表7-11报告了不加控制变量和加入系列控制变量的回归结果。

表7-11　基准回归分析

变量	被解释变量：TNT		被解释变量：DTN		被解释变量：ITN	
	(1)	(2)	(3)	(4)	(5)	(6)
did	36.726***	4.921**	36.399***	5.000**	0.327***	−0.078***
	(4.83)	(2.33)	(4.86)	(2.38)	(2.97)	(−2.70)
Patent		1.713***		1.682***		0.031***
		(3.15)		(3.13)		(2.89)
Resource		0.789***		0.783***		0.006***
		(8.63)		(8.66)		(4.27)
Open		1.079		1.045		0.035***
		(1.50)		(1.46)		(4.17)
Fiscal		0.071		0.069		0.002***
		(1.63)		(1.61)		(2.84)
Government		−0.128*		−0.123		−0.004***
		(−1.67)		(−1.62)		(−4.27)
Network		−0.009*		−0.009*		−0.000*
		(−1.93)		(−1.93)		(−1.72)
Service		−0.305**		−0.305**		0.000
		(−2.45)		(−2.46)		(0.23)
Road		0.499***		0.496***		0.003***
		(5.60)		(5.59)		(2.99)
Constant	13.037***	12.748***	13.011***	12.802***	0.026***	−0.054
	(18.16)	(3.01)	(18.19)	(3.04)	(4.30)	(−1.05)
N	270	270	270	270	270	270
R^2	0.254	0.882	0.256	0.880	0.125	0.899

注：*、**、***分别表示10%、5%、1%的显著性水平，括号内数值为t值。

在表7-11中，第（1）（3）（5）列是控制了时间和地区效应的结果，第（2）（4）（6）列是分别在第（1）（3）（5）列的基础上增加系列控制变量后的回归结果。在下文的分析中，我们以加入系列控制变量后的模型来解读高铁开通的旅游发展净效应。由表7-11可知，以旅游总人数、国内旅游人数作为被解释变量时，交互项系数为正值，且通过了5%的显著性水平的检验。高铁开通使四川省旅游总人数增加了4.921万人。由此可知，高铁开通的确能促进四川省旅游经济发展。而当被解释变量为入境旅游人数，并加入系列控制变量后，系数为负且在5%的水平上显著，说明高铁开通并不能促使四川省入境旅游人数增加。由此可知，研究假设1基本得到验证。

时间和地区虚拟变量交叉项系数衡量了高铁开通对被解释变量旅游人数影响的净效应。由第（4）列和第（6）列的实证结果可知，第（4）列交叉项系数为5，在5%的水平上显著为正。但高铁开通对沿线城市入境旅游人数的影响系数为负，第（6）列交叉项系数为-0.078。高铁开通虽然能够提高四川省国内旅游经济发展质量，但却不能促进其入境旅游发展，这也说明高铁对国内外旅游市场的影响效果具有异质性，这恰好验证了研究假设2。这也进一步反映出高铁对国内游客的旅游带动效应比入境游客强。

由不加入系列控制变量和加入系列控制变量可知，自加入系列控制变量后，高铁对旅游业的影响系数减小，这说明四川省旅游经济发展的影响因素呈现多元化特征，这与国内外研究结论较一致。在第（2）（4）（6）列中，旅游专利、旅游资源禀赋、陆路交通线路情况的系数均为正，且在1%的水平上显著，说明旅游专利每增加1万件，将使四川省旅游总人数增加1.713万人；旅游资源禀赋指数每提高1个单位，将使四川省旅游总人数增加0.789万人；年末实有道路铺装面积每增加1个单位，将使四川省旅游总人数增加0.499万人，这有利于四川省旅游业发展。而对外开放和财政支出的系数均为正值，对四川省旅游经济发展起正向作用，尤其对入境旅游经济发展具有显著效果。另外，政府控制、网络通达度和服务业经济状况对旅游经济发展起反向作用。

7.3.4.2 平行趋势检验

双重差分法的前提条件之一是必须满足平行趋势假设，即若不存在高铁开通这一外生政策冲击，控制组和处理组的旅游发展趋势应该是平行的。为验证这一假设，本书参考曾玉华等人（2018）[①] 的做法，进行了如下一系列平行趋势检验。

第一，对高铁开通前后处理组和控制组的旅游总人数增长趋势进行平行趋势检验（见图7-1）。由图7-1可知：首先，控制组和处理组的旅游总人数发展均呈现稳步上升趋势，说明高铁开通并没有产生负向效果；其次，旅游总人

---

① 曾玉华，陈俊.高铁开通对站点城市旅游发展的异质性影响：基于双重差分方法的研究 [J].旅游科学，2018，32（6）：79-92.

数的变化趋势在 2010 年之前基本平行；最后，自 2011 年之后，随着高铁逐渐开通处理组的旅游总人数的增长趋势明显增大，处理组和控制组的旅游发展水平逐渐提高，差异越来越明显。由此初步判断高铁开通对旅游发展具有正向影响。

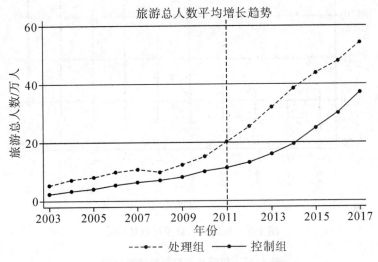

图 7-1　处理组和实验组的旅游发展趋势

第二，为了判断是否满足平行假设这一假设，采用事件分析法进行验证，具体模型为：

$$\text{Tourism}_{it} = \beta_0 + \sum \beta_n \text{before}_{it}^{\,n} \times D_{it}^{\,n} + \sum \beta_k \text{after}_{it}^{\,k} \times D_{it}^{\,k} + \beta_j X_{it} +$$
$$V_i + u_t + \varepsilon_{it} \tag{12}$$

其中，D_{it}^{k} 表示高铁开通这一"事件"的虚拟变量，$\text{before}_{it}^{n} = 1$ 表示 i 城市在年份 t 高铁开通前的第 n 年（$n = 1，2，\cdots$），否则为 0；$\text{after}_{it}^{k} = 1$ 表示 i 城市在年份 t 是自高铁开通后的第 k 年（$k = 0，1，2，\cdots$），否则为 0；本书将 k、n 的最大值分别取 5、4。假设处理组和控制组之间的旅游发展趋势一致，不随时间变化而变化，即说明高铁开通对处理组并未产生显著影响，则 $\text{before}_{it}^{n} \times D_{it}^{n}$ 的估计系数显著为负或者不显著，则 $\text{after}_{it}^{k} \times D_{it}^{k}$ 的估计系数显著为正，则表示满足平行趋势假设。模型的回归结果如图 7-2 所示，纵坐标表示估计系数。从表 7-12 可以看出，高铁开通前的估计系数为负，高铁开通后的估计系数为正，且在滞后 5 期后回归系数显著为正，这说明高铁开通对处理组产生了正向影响。

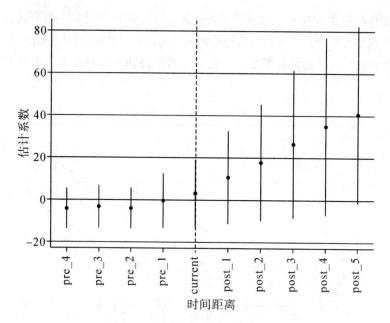

图 7-2　旅游总人数平行趋势检验

表 7-12　旅游总人数平行趋势检验

时间距离	估计系数
pre_4	−4. 192
	(−0. 85)
pre_3	−3. 163
	(−0. 62)
pre_2	−3. 961
	(−0. 80)
pre_1	−0. 371
	(−0. 06)
current	3. 217
	(0. 41)
post_1	10. 674
	(0. 96)
post_2	17. 659
	(1. 25)
post_3	26. 369
	(1. 48)

表7-12(续)

时间距离	估计系数
post_4	34. 792
	(1. 63)
post_5	40. 436*
	(1. 90)
Constant	16. 417***
	(9. 97)
N	270
R^2	0. 122

注：*、**、***分别表示10%、5%、1%的显著性水平，括号内数值为t值。

7.3.4.3 内生性检验

在高铁开通推动了四川省旅游经济发展时，四川省旅游经济快速发展也可能促进高铁的建设，两者可能存在双向因果关系，故需要进行内生性检验。为了准确估计高铁开通对旅游总人数、国内旅游人数、入境旅游人数的影响，本书参考秦光远等人（2020）[①]的做法，使用工具变量回归来处理内生性问题。为解决内生性问题，利用两阶段最小二乘数回归（2SLS），且控制变量与基准模型一致。选取坡度（Slope）和人均城市道路面积（Perroad）作为高铁建设的工具变量。主要满足以下两点要求：一是满足工具变量"外生性"要求，坡度和人均城市道路对四川省旅游发展影响较小，且通过了不可识别检验和过度识别检验，过度识别检验的结果显示其p值分别为0. 229 1、0. 237 6，说明接受了工具变量具有外生性的假设，因此工具变量的估计结果是有效的。二是满足工具变量与内生变量的相关性要求，在第一阶段回归中，工具变量（Slope，Perroad）对内生变量均有较好的解释力，最小特征值统计量$F=16.3$，大于10这一经验取值，表明所选工具变量不存在弱工具变量特征。

表7-13报告了两阶段最小二乘数估计的回归结果。第一阶段回归结果显示，坡度对旅游经济发展的系数为负，在1%的水平上显著，表明坡度越大，修建高铁的技术难度越大、成本就越高，越不容易修建高铁。人均城市道路对旅游经济发展的影响在1%的水平上显著为正，即人均城市道路面积越多，对旅游经济发展越好。在第二阶段回归中，高铁开通对旅游总人数、国内旅游人

---

① 秦光远，程宝栋. 保护性投资能促进森林公园的旅游发展吗？：基于森林公园层面的经验研究 [J]. 中国农村经济，2020（2）：100-117.

数和入境旅游人数的影响在方向上和显著性上均与基准回归结果高度一致。从数值上来看，与基准回归结果相比，高铁开通的估计系数在绝对值上明显增大，说明潜在的内生性问题倾向性低估了高铁开通对旅游人数的影响。

表 7-13　工具变量回归结果

变量	被解释变量：TNT		被解释变量：DTN		被解释变量：ITN	
	第一阶段	第二阶段	第一阶段	第二阶段	第一阶段	第二阶段
did		20.359***		20.747***		−0.389***
		(4.04)		(4.12)		(−5.53)
Patent	0.014*	1.572***	0.014*	1.538***	0.014*	0.034***
	(1.73)	(5.51)	(1.73)	(5.39)	(1.73)	(8.48)
Resource	0.011***	0.663***	0.011***	0.654***	0.011***	0.009***
	(4.75)	(7.41)	(4.75)	(7.31)	(4.75)	(7.05)
Open	−0.004	1.368***	−0.004	1.339***	−0.004	0.029***
	(−0.28)	(2.70)	(−0.28)	(2.64)	(−0.28)	(4.11)
Fiscal	−0.001	0.076**	−0.001	0.075**	−0.001	0.001***
	(−1.31)	(2.42)	(−1.31)	(2.37)	(−1.31)	(3.27)
Government	0.005**	−0.171**	0.005**	−0.167**	0.005**	−0.004***
	(1.97)	(−2.07)	(1.97)	(−2.02)	(1.97)	(−3.04)
Network	0.000	−0.009***	0.000	−0.008***	0.000	−0.000***
	(0.61)	(−3.51)	(0.61)	(−3.45)	(0.61)	(−3.64)
Service	−0.001	−0.197	−0.001	−0.195	−0.001	−0.002
	(−0.30)	(−1.40)	(−0.30)	(−1.38)	(−0.30)	(−0.92)
Road	−0.007*	0.323***	−0.007*	0.317***	−0.007*	0.007***
	(−1.80)	(2.94)	(−1.80)	(2.88)	(−1.80)	(4.28)
Slope	−0.054***		−0.054***		−0.054***	
	(−6.03)		(−6.03)		(−6.03)	
Perroad	0.057***		0.057***		0.057***	
	(6.13)		(6.13)		(6.13)	
Constant	−0.007	9.928**	−0.007	9.925**	−0.007	0.003
	(−0.05)	(2.27)	(−0.05)	(2.26)	(−0.05)	(0.05)
N	270	270	270	270	270	270
R^2	0.386	0.849	0.386	0.845	0.386	0.816

注：*、**、***分别表示10%、5%、1%的显著性水平，括号内数值为 t 值。

7.3.4.4 稳健性检验

（1）替换被解释变量

为了减轻指标度量问题对实证结果带来的影响，将被解释变量替换为旅游总收入增长率重新进行回归，检验结果见表7-14。此稳健性检验结果与基准回归结果基本一致，这也说明该检验结果具有稳健性。

表7-14 稳健性检验结果——替换被解释变量

变量	被解释变量：TRT		被解释变量：DTR		被解释变量：ITR	
	（1）	（2）	（3）	（4）	（5）	（6）
did	273.089***	22.154	266.850***	24.300	6.239***	−2.145***
	(4.41)	(1.22)	(4.46)	(1.36)	(2.77)	(−3.30)
Patent		23.186***		22.473***		0.713***
		(3.79)		(3.80)		(3.23)
Resource		6.120***		6.000***		0.120***
		(7.42)		(7.56)		(2.94)
Open		2.206		1.816		0.390*
		(0.44)		(0.38)		(1.66)
Fiscal		0.552*		0.514*		0.039***
		(1.71)		(1.66)		(2.61)
Government		−1.728***		−1.637***		−0.091***
		(−3.04)		(−2.97)		(−3.37)
Network		−0.081**		−0.078**		−0.003
		(−2.18)		(−2.20)		(−1.54)
Service		−2.484***		−2.505***		0.020
		(−2.66)		(−2.73)		(0.53)
Road		3.719***		3.628***		0.090***
		(5.50)		(5.44)		(3.45)
Constant	69.173***	95.046***	68.651***	96.555***	0.522***	−1.509
	(14.61)	(3.15)	(14.72)	(3.28)	(3.65)	(−1.21)
N	270	270	270	270	270	270
R^2	0.231	0.894	0.234	0.892	0.109	0.870

注：*、**、***分别表示10%、5%、1%的显著性水平，括号内数值为 t 值。

（2）反事实检验

除高铁开通这一政策变化外，一些其他政策或者因素也会影响四川省旅游经济发展。为了排除这类因素的影响，通过改变高铁这一外生政策执行时间进行反事实检验，故将高铁开通时间均提前一两年，以旅游总人数作为被解释变量来检验结果的稳健性，检验结果见表 7-15 中的第（1）（2）列。若估计结果不显著，则表明旅游发展的增量来源于高铁开通。该结果表明，高铁开通时间统一提前两年，此时估计系数不显著，这表明高铁是影响旅游发展的因素。

（3）改变样本量

成都市系四川省的省会城市，既是中国西南地区科技、商贸、金融中心，也是重要的交通枢纽。成都市的政治、经济、社会等方面的发展位于四川省首位，且与其他地级城市相差甚远。相较于其他 17 个地级市，成都市的旅游人次和旅游收入多很多，故剔除成都市，观察其余地级市高铁开通对旅游经济发展的净效应。回归结果如表 7-15 的第（3）（4）列所示。其结果表明，高铁开通对四川省旅游经济发展依旧起着促进作用，这也说明基准回归结果具有稳健性。

表 7-15　稳健性检验—反事实检验和改变样本量

变量	被解释变量：TNT			
	高铁开通时间提前 1 年	高铁开通时间提前 2 年	改变样本量	
	（1）	（2）	（3）	（4）
did	2.749	1.234	15.908***	1.352
	(1.50)	(0.74)	(7.06)	(0.93)
Patent	1.750***	1.759***		0.504*
	(3.20)	(3.24)		(1.68)
Resource	0.805***	0.818***		0.746***
	(8.76)	(8.85)		(14.48)
Open	1.061	1.024		0.159
	(1.45)	(1.40)		(0.39)
Fiscal	0.067	0.067		0.204***
	(1.47)	(1.47)		(5.07)
Government	−0.121	−0.116		−0.334***
	(−1.49)	(−1.41)		(−6.78)

表7-15（续）

变量	被解释变量：TNT			
	高铁开通时间提前1年	高铁开通时间提前2年	改变样本量	
	（1）	（2）	（3）	（4）
Network	−0.009*	−0.009*		−0.000
	（−1.90）	（−1.88）		（−0.17）
Service	−0.318**	−0.331***		0.119
	（−2.55）	（−2.63）		（1.06）
Road	0.526***	0.543***		0.636***
	（6.11）	（6.49）		（9.73）
Constant	13.065***	13.388***	12.365***	−2.753
	（3.09）	（3.16）	（18.17）	（−0.67）
N	270	270	255	255
R^2	0.879	0.879	0.227	0.705

注：*、**、***分别表示10%、5%、1%的显著性水平，括号内数值为 t 值。

7.3.5 结论与启示

7.3.5.1 研究结论

本书采用2003—2017年四川省各地级市高铁和旅游面板数据，进行双重差分法分析，探究了四川高铁对旅游经济发展的影响效应，并对国内外旅游市场进行了异质性分析。主要得出以下研究结论：一是高铁建设对四川省旅游经济发展起着显著积极作用，使旅游总人数增加4.921万人；二是高铁开通能够显著促进四川省国内旅游发展，而对国际旅游发展具有负向影响，使国内旅游人次增加5万人，入境旅游人次却减少0.078万人；三是旅游专利数量增多、旅游资源禀赋提高、陆路交通线路改进，使四川省旅游总人次分别增加了1.713万人、0.789万人、0.499万人，则可以通过增加旅游专利数量、提升旅游资源禀赋和完善陆路交通线路等途径促进四川省旅游经济发展。

7.3.5.2 研究启示

为了促进四川旅游经济高质量发展，基于以上研究结论，提出以下建议：第一，旅游相关管理部门会同交通部门，力争开通更多的旅游高铁线路，优化高铁网络布局和站点停靠，同时做好城市公交、景区专线等公共交通服务接驳，更好地发挥高铁在旅游流空间扩散过程中的导向作用。第二，强化省内外区域旅游合作，以及高铁沿线城市之间与非高铁沿线城市之间的旅游部门之间的信息互通和游客引导服务工作，充分发挥站点城市的高铁旅游集散作用。第三，旅游企业在旅游产品开发、线路设计和旅游营销方面应充分考虑高铁因素，不断扩大旅游市场半径，塑造地方旅游品牌，形成"快旅慢游"特征的高铁旅游空间新态势。

7.4 西成高铁对四川省沿线城市旅游经济的影响

改革开放以来，我国旅游经济发展迅速，2019 年我国国内旅游总收入达到 57 250.92 亿元人民币，比 2018 年增长 11.7%，旅游业综合贡献占国内生产总值的比重为 11.05%。数据显示，旅游业发展对我国经济增长起到较大的促进作用，迅速发展的旅游业也逐渐超越了其他产业的发展速度，强有力地推进着经济发展[①]。尤其是在地域经济[②]、乡村经济[③]、循环经济[④]、低碳经济[⑤]、生态经济[⑥]等发展层面，旅游业能够升级旅游资源和各类生产要素的调配，对经济结构进行各方面的改善，从而促进我国旅游业与经济互相衬托，实现持续协调发展。旅游业逐渐成为我国各省（自治区、直辖市）的支柱性产业、先导产业和重点产业。

旅游是一种地理现象，在空间结构上呈现为游客从客源地—旅游目的地—客源地的移动过程[⑦]。旅游过程中，交通要素依赖其便捷、高效的属性成为联通旅游需求与供给、游客与目的地之间的重要节点，不断发展的交通能力可以使游客的出行需求得到时空层面的满足。由此可以说，交通这一基础设施是国家及地区用以提高旅游目的地吸引力的重要因素，旅游业的蓬勃发展不可脱离交通要素的伟大贡献。我国铁路、公路和航空运输业等交通设施的发展与旅游业的发展皆具有较高水平的相关性。"十三五"时期出台的《中长期铁路网规划》提出了"八纵八横"交通网络建设规划，自此后高铁这一高效率、高性价比

① 吴国新. 旅游产业发展与我国经济增长的相关性分析 [J]. 上海应用技术学院学报（自然科学版），2003 (4)：238-241.

② 生延超，钟志平. 旅游产业与区域经济的耦合协调度研究：以湖南省为例 [J]. 旅游学刊，2009，24 (8)：23-29.

③ 王继庆. 我国乡村旅游可持续发展问题研究 [D]. 哈尔滨：东北林业大学，2007.

④ 蔡萌，汪宇明. 低碳旅游：一种新的旅游发展方式 [J]. 旅游学刊，2010，25 (1)：13-17.

⑤ 刘啸. 论低碳经济与低碳旅游 [J]. 中国集体经济，2009 (13)：154-155.

⑥ 刘定惠，杨永春. 区域经济-旅游-生态环境耦合协调度研究：以安徽省为例 [J]. 长江流域资源与环境，2011，20 (7)：892-896.

⑦ 卢松. 旅游交通研究进展及启示 [J]. 热带地理，2009，29 (4)：394-399.

的交通工具逐渐凭借自身难以替代的优势在我国旅游业与交通运输行业中占据一席之地，将"高铁时代"带入人们的视野。当今社会，高铁依托其速度快、效率高的优势已成为交通运输业的新宠。高铁的不断进步与发展必将对中国旅游业的格局产生重要影响，重塑中国旅游业面貌[①]。

2008年1月10日，四川省与原铁道部协议共同加快四川铁路建设，提出建设西安-成都高铁，于2017年12月6日，西成高铁全线正式通车。西成高铁是联通中国陕西省和四川省的一条高铁，是"八纵八横"规划的主干线铁路之一，是国内首条跨越秦岭的高铁。从原始山路到210国道，从西汉高速公路横穿秦岭再到如今时速250千米的西成高铁。西安-成都高铁已成为中国中部和东部的一个完善的铁路网络结构。该铁路缩短了贯穿秦岭的时间，改善了空间结构，为西部地区城市集群发展提供了便利交通水平，使得川陕两省从"蜀道难"变成"蜀道通"。西成高铁的建设不仅完善了区域高铁网络架构，而且以推动全面脱贫、乡村振兴和协调发展战略使得让秦岭贫困地区协同发展。西安-成都高铁已形成西部铁路网骨架艰巨任务中不可或缺的一部分，同时也肩负起推动西部经济建设的重大责任。

7.4.1 文献综述

目前，国内学者对高铁带来的经济影响方面的研究主要分为以下三个层次：其一，高铁的建设对城市或区域可达性方面影响的研究，如罗鹏飞[②]、蒋海兵[③]、孟德友[④]、文婷[⑤]等人的研究都表明高铁的建设在改善和提高地区可达性层面起着显著的作用，并且离中心城市越近的城市的可达性水平提高越快。其二，高铁对区域及城市经济增长及产业发展产生的影响，高铁开通使得站点城市的旅游人数和旅游收入增长，带动了旅游经济腾飞[⑥]；例如，王凤

---

① 魏小安，金准. "高速时代"的中国旅游业发展 [J]. 旅游学刊，2012，27（12）：40-46.

② 罗鹏飞，徐逸伦，张楠楠. 高铁对区域可达性的影响研究：以沪宁地区为例 [J]. 经济地理，2004（3）：407-411.

③ 蒋海兵，徐建刚，祁毅. 京沪高铁对区域中心城市陆路可达性影响 [J]. 地理学报，2010，65（10）：1287-1298.

④ 孟德友，陆玉麒. 高速铁路对河南沿线城市可达性及经济联系的影响 [J]. 地理科学，2011，31（5）：537-543.

⑤ 文婷，韩旭. 高铁对中国城市可达性和区域经济空间格局的影响 [J]. 人文地理，2017，32（1）：99-108.

⑥ 曾玉华，陈俊. 高铁开通对站点城市旅游发展的异质性影响：基于双重差分方法的研究 [J]. 旅游科学，2018，32（6）：79-92.

学①、董艳梅②等人的研究表示高铁建设引导了当地产业的升级，是促进经济增长的强大推动力量。其三，高铁对区域空间结构产生的影响，如王雨飞③、文嫱④、孙健韬⑤等人的研究综合得出了高铁会对经济发展产生区域经济一体化效应、同城化效应、产业集聚效应、增长效应、扩散效应与结构效应；王雨飞等人的研究还提出高铁建设会对区域和城市的空间结构、分布结构和等级结构造成改变⑥。刘勇政等人的研究得出高铁的建设加速了城市产业结构调整和城镇化进程的结论⑦。国内学者对西成高铁开通造成的经济影响主要进行以下两个方面的学术研究：其一，许多学者以西成高铁模型为辅助研究某一课题，并以此提出可发展性的指导建议。例如，张宇等人的研究以西成高铁为例，证实高铁开通促进了游客的旅游消费支出增长，促进了目的地旅游业的发展⑧。王晓蕾通过分析西成高铁开通前后沿线城市的加权平均时间与城市旅游经济潜能的变化及差异，证实了高铁对沿线城市的旅游业发展产生了促进作用⑨。其二，是以某个沿线城市或区域为例进行阐述西成高铁开通后带来的益处。孙瑞洁等人的研究表明，西成高铁开通后汉中客流量显著增加，交通的可达性大幅度提高，西成高铁对汉中的旅游效益影响巨大⑩。

基于对上述研究背景的分析，西成高铁开通对沿线城市带来的经济影响具有研究意义。本书经过对西成高铁的相关文献进行分析，发现现阶段学者对于西成高铁开通前后沿线城市旅游经济联系度的研究还存在空缺，旅游经济联系测度模型这一研究方法还未被广泛运用到关于西成高铁的研究之中。基于上述分析，本书将以四个西成高铁四川省沿线城市为样本，运用城市旅游经济潜能

① 王凤学. 中国高速铁路对区域经济发展影响研究 [D]. 长春：吉林大学，2012.

② 董艳梅，朱英明. 高铁建设能否重塑中国的经济空间布局：基于就业、工资和经济增长的区域异质性视角 [J]. 中国工业经济，2016（10）：92-108.

③ 王雨飞，倪鹏飞. 高速铁路影响下的经济增长溢出与区域空间优化 [J]. 中国工业经济，2016（2）：21-36.

④ 文嫱，韩旭. 高铁对中国城市可达性和区域经济空间格局的影响 [J]. 人文地理，2017，32（1）：99-108.

⑤ 孙健韬. 高速铁路对区域经济的影响分析 [D]. 北京：北京交通大学，2012.

⑥ 王雨飞，倪鹏飞. 高速铁路影响下的经济增长溢出与区域空间优化 [J]. 中国工业经济，2016（2）：21-36.

⑦ 刘勇政，李岩. 中国的高速铁路建设与城市经济增长 [J]. 金融研究，2017（11）：18-33.

⑧ 张宇，朱成李，李春美. 高铁对旅游消费行为的影响：基于四川市场的分析 [J]. 商业经济研究，2019（13）：152-155.

⑨ 王晓蕾. 高铁开通对沿线城市旅游业影响研究 [J]. 中国铁路，2019（9）：84-89.

⑩ 孙瑞洁，熊静静，李璐瑶，等. 高铁带动下汉中旅游效益的调查分析 [J]. 中国集体经济，2019（6）：17-18.

研究法和旅游经济测度模型分析西成高铁开通后对四川省沿线城市带来的经济影响。

7.4.2 研究设计

7.4.2.1 研究对象

（1）区域概况

四川省位于中国大陆西南腹地，坐落长江上流，是西南地区的重要交汇处和交通走廊。四川拥有 6 处世界遗产和 14 处国家级风景名胜区，是国内著名的旅游文化大省。四川铁路现已形成包括宝成铁路、达成铁路、成渝铁路、成昆铁路、内六铁路 5 条铁路干线、8 条铁路支线和 4 条地方铁路组成的铁路网，为全国各地的游客来川旅游提供了便利快捷的交通出行条件。

（2）时间节点确定

2008 年 1 月 10 日，四川省与中华人民共和国铁道部商定，加快四川铁路建设，提出建设西安—成都高铁；同年 8 月 27 日，中华人民共和国国务院审议批准了汶川地震恢复重建国家总体规划，其中包括西安—成都高铁；同年12 月 29 日，成绵乐城际高铁江油至成都段正式开工建设。

西成高铁于 2012 年 10 月 27 日正式动工；2014 年 12 月 20 日，江油至成都段铁路正式投入运营；2017 年 12 月 6 日，西成高铁全线正式通车。本书采用西成高铁开工前（2010 年）、西成高铁全新正式通车前（2014 年）与西成高铁全线正式通车后（2019 年）三个节点作为研究的时间数据。利用这三个时间节点数据，能够更全面、客观地反映西成高铁开通对四川省沿线样本城市旅游经济带来的影响。

（3）样本城市确定

首先，本书旨在反映西成高铁开通后对四川省沿线城市的旅游经济潜能和旅游经济联系度的影响，则研究对象应锁定在西成高铁沿线的四川省内城市；其次，考虑到研究的"代表性"，研究对象应定为在西成高铁开通前后经济潜能变化显著（可观性强）的城市。统计数据显示，西成高铁跨越了陕西与四川两省共 14 个县市，沿途设置了 22 个高铁站。其中包含了四川省成都、德阳、绵阳、广元 4 个地级市以及江油市、广汉市两个县级市，设立了成都东站、新都东站、青白江东站等 14 个川内高铁站。

城市的旅游发展水平与居民的收入和交通的便达程度紧密相关，所以样本城市的社会经济要素以及居民的旅游出行能力对研究至关重要。考虑到川内沿线县级市的经济水平不高，经济变化也相对不够显著且不具代表性，并且城市的旅游文化积淀相对薄弱。本书选取成都、德阳、绵阳、广元四个地级市作为样本城市，研究西成高铁开通对四川省沿线城市经济潜能和旅游经济联系度造成的影响。

本书选取的样本城市成都市、绵阳市、德阳市、广元市位于四川省东北部，与陕西、甘肃等毗邻。2019年，这四个城市的平均年旅游经济收入达1 593亿元，平均年旅游人次可达10 530万人次；城市的旅游经济发展前景广阔，潜力巨大，是川内深受国内外游客喜爱的旅游城市。

7.4.2.2　研究方法

（1）旅游经济潜能研究法

旅游经济潜能是指一个城市的接待服务能力，是该城市与其他城市之间旅游业的相互影响程度。旅游经济潜能的独立变量是该城市经济发展水平和其城市旅游成本的最低成本；两者相互影响，共同反映人口变量情况（旅游经济潜力与该城市年末地区生产总值水平的关系）。通过分析特定城市旅游经济的潜在可能性，其可呈现在样本时间内城市旅游可达性以及旅游产业发展水平反映出的可视化情况，对城市经济、旅游产业的未来发展并制订客观有效的指导计划做出贡献。

旅游经济潜能的计算公式如下：

$$P_i = \frac{\sum_{j=1}^{n} M_j}{D_{ij}^a} \tag{13}$$

上式中，P_i 表示为目的地城市 i 的旅游经济潜能指标，该指标越大，城市的旅游可达性越高。M_j 为评估客源地 j 的某种社会经济要素的指标，用来表示该城市居民出行旅游的能力，本书采用城市的年末地区生产总值进行评估。D_{ij}^a 表示客源地 j 居民到达目的城市 i 所花费的时间成本、交通成本等。a 为两个城市间的距离摩擦系数，通常取 1 表示。n 为除 i 城市以外参与研究的其他样本城市数量。

（2）旅游经济联系测度模型

牛顿引力模型最早用于经济研究内，后来地理学家根据研究需要对重力模型进行了修正，并最终将其应用于旅游经济关系的研究中。本书以修改后的城市旅游经济联系的测度模型为基础[①]，测算四川省各地级市之间的旅游经济联系度和各地级市的旅游经济联系量，从而反映城市之间旅游经济联系的紧密性

---

① 刘晓萌，胡叶星寒，刘妮雅. 京津冀城市群旅游经济联系分析：基于改进引力模型［J］. 中国流通经济，2020，34（2）：121-128.

以及内在联系。

旅游经济联系度的计算公式如下：

$$R_{ij} = \frac{\sqrt{P_i G_i} \times \sqrt{P_j G_j}}{D_{ij}^2} \quad (14)$$

上式中，R_{ij} 为 i 和 j 两个城市的旅游经济联系度；P_i、P_j 分别为 2010 年和 2019 年（或 2014 年和 2019 年）城市接待旅游者总人数（包括国内旅游人数和入境旅游人数）；G_i、G_j 分别为 2010 年和 2019 年（或 2014 年和 2019 年）城市的旅游总收入（包括国内旅游收入和旅游外汇收入，其中旅游外汇收入以当年汇率均价换算）；D_{ij} 为 i 和 j 两个城市间最短的交通距离，本书采用最短旅游时间（小时）表示。

旅游经济联系总量，指的是某城市与其周边城市间旅游经济联系的强弱程度以及在指定研究区域中旅游、经济等方面的地位和作用。F_{ij} 表示 i 市与其他各市的旅游经济联系总量，体现了该城市在区域旅游经济发展中的地位和作用。

具体计算公式如下：

$$F_{ij} = \sum_{j=1}^{n} R_{ij} \quad (15)$$

7.4.2.3 数据来源

选取西成高铁四川省沿线成都市、德阳市、绵阳市、广元市作为样本城市。地区生产总值、年旅游接待人次、年旅游总收入来源于《四川省统计年鉴 2020》《四川省统计年鉴 2015》《四川省统计年鉴 2011》《成都市统计年鉴 2011》《绵阳市统计年鉴 2011》《德阳市统计年鉴 2011》和《中国区域统计年鉴 2011》。最短旅行时间、最低交通费用来源于中国铁路 12306 网站。

本书所选研究数据中，样本城市的地区生产总值的变化如图 7-3 所示。从图 7-3 可以看出，成都市地区生产总值从 2014—2019 年总体呈现上升趋势，在 2014—2015 年时间段曲线增长趋势平缓，在 2015—2017 年时间段曲线增长趋势陡峭，表明此时间段地区生产总值增速加快。由图 7-4 可知，绵阳市、德阳市、广元市三个城市于 2014—2019 年时段地区生产总值总体处于上升趋势，但在 2018 年曲线出现显著变速节点。由研究背景分析可知，2014 年 12 月 20 日西成高铁江油—成都段投入运行，2015 年成都市地区生产总值增长速度加快，不难推断出西成高铁开通对成都市地区生产总值发展起着一定的促进作用。2017 年 12 月 6 日，西成高铁全线正式通车，绵阳市与广元市的地区生产总值增速加快，而德阳市的地区生产总值增速却相对减缓。"成都—绵阳""成都—德阳"与"成都—广元"交通距离中,"成都—德阳"的距离最近,仅有85千米(以两市政治中心为起始点,查询百度地图得到),自高铁开通后缩短了各省中心城市间的交通时间,使得往返中心城市的成本降低幅度加大,由此使得经济活动从中心城市周围的小城市向中心城市聚集,即产生了虹吸效应①。从而自高铁开通后中心城市的发展逐渐顺利,而其周边小城市的发展受挫,具体表现为地区生产总值增速减缓。

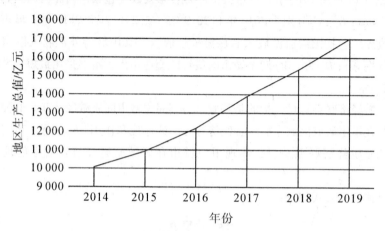

图 7-3　2014—2019 年成都市地区生产总值变化趋势

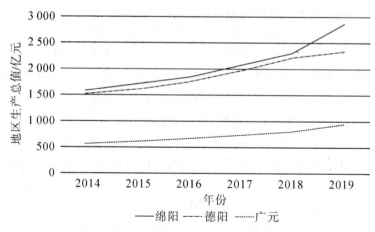

图 7-4　2014—2019 年绵阳市、德阳市、广元市的地区生产总值变化趋势

---

① 孙健韬. 高速铁路对区域经济的影响分析 [D]. 北京:北京交通大学, 2012.

7.4.3 实证分析

西成高铁的建设为沿线城市带来了大量经济流，提高了城市间的可达性，促进了目的地城市旅游业的发展。下文以四川省沿线城市为样本，分别运用公式（13）、公式（14）、公式（15）计算出了各沿线样本城市的旅游经济潜能、旅游经济联系度和旅游经济联系总量，就西成高铁开通后对四川省沿线城市带来的经济影响进行了分析。

7.4.3.1 旅游经济潜能分析

高铁开通为沿线城市带来了经济利益，促进了目的地城市的各个产业发展，也影响着目的地城市的旅游发展潜能。依据公式（13）分别按时间成本、费用成本、"0.5 时间成本+0.5 费用成本"计算出 2010 年、2014 年和 2019 年各样本城市的旅游经济潜能及其增长率。

（1）按时间成本计算

表 7-16 是以客源地到目的地的最短旅行时间作为旅游经济潜能公式中的 D_{ij}，依次代入公式（13）进行运算，得到了 2010—2019 年各目的地旅游经济潜能。由表 7-16 可知，自 2010 年起各目的地城市的旅游经济潜能逐渐增加，2019 年各目的地城市的旅游经济潜能数值由大到小依次是德阳>绵阳>广元>成都，且德阳市的始末增长率最大。

表 7-16 以时间成本为指标的样本城市旅游经济潜能

城市	成都	绵阳	德阳	广元
2010	4 232.920 273	12 872.106 38	18 179.946 83	5 842.634 129
2011	5 236.478 099	16 060.568 14	22 716.385 13	7 285.853 511
2012	5 917.333 082	18 619.333 69	26 434.218 47	8 432.425 283
2013	6 436.077 576	20 701.675 98	29 396.405 76	9 345.256 05
2014	6 989.899 67	22 757.688 81	32 354.809 61	10 264.154 64
2015	7 452.006 773	24 544.332 64	35 049.929 61	11 085.706 62
2016	8 092.067 284	27 223.582 69	38 843.981 73	12 254.821 91
2017	9 095.106 791	30 906.789 93	44 261.426 69	13 934.364 37
2018	10 185.918 04	34 302.242 92	48 929.112 96	15 449.334 67
2019	11 523.967 85	37 675.128 06	55 368.258 48	17 364.304 49
始末增长率	172.246%	192.688%	204.557%	197.200%

（2）按费用成本计算

表 7-17 是以客源地到目的地的最低旅游费用作为旅游经济潜能公式中的 D_{ij}，依次代入公式（13）进行运算，得到 2010—2019 年各目的地旅游经济潜能。由表 7-17 可知，自 2010 年起各目的地城市的旅游经济潜能逐渐增加，2019 年各目的地城市的旅游经济潜能数值由大到小依次是德阳>绵阳>广元>成都，且德阳市的始末增长率最大。

表 7-17　以费用成本为指标的样本城市旅游经济潜能

年份	成都	绵阳	德阳	广元
2010	132. 527 319 3	393. 727 402 4	539. 346 534 7	171. 676 079
2011	163. 950 495 8	491. 528 187 9	674. 111 259 7	214. 148 023 9
2012	185. 274 169 1	570. 744 828 6	785. 088 87	248. 069 152
2013	201. 487 324 4	635. 239 145 7	873. 804 712 9	275. 130 684 9
2014	218. 823 588 5	698. 803 049	962. 134 363 6	302. 305 19
2015	233. 337 729 7	754. 393 824 2	1 042. 497 943	326. 620 267 5
2016	253. 331 385 1	837. 471 906 6	1 156. 316 761	361. 316 362 1
2017	284. 786 678 3	951. 556 253 3	1 317. 833 401	410. 954 079
2018	318. 884 496 8	1 055. 272 136	1 456. 658 547	455. 502 269
2019	361. 516 027 9	1 160. 937 248	1 643. 922 101	511. 423 061
始末增长率	172. 786%	194. 858%	204. 799%	197. 9%

（3）按"0.5 时间成本+0.5 费用成本"计算

表 7-18 是以客源地到目的地的最短旅行时间和最低旅行费用按照 1∶1 比例混合作为旅游经济潜能公式中的 D_{ij}，依次代入公式（13）进行运算，得到 2010—2019 年各目的地城市的旅游经济潜能。由表 7-18 可知，自 2010 年起各目的地城市的旅游经济潜能逐渐增加，2019 年各目的地城市的旅游经济潜能数值由大到小依次是德阳>绵阳>广元>成都，且德阳市的始末增长率最大。

表7-18 以"0.5时间成本+0.5费用成本"为指标的样本城市旅游经济潜能

年份	成都	绵阳	德阳	广元
2010	201. 827 420 3	601. 973 172 6	831. 253 701 8	265. 244 305 2
2011	249. 681 011 7	751. 412 228 2	1 038. 897 567	330. 842 447 3
2012	282. 152 499 4	872. 215 958 2	1 209. 718 767	383. 173 075 5
2013	306. 853 982 8	970. 559 401 9	1 346. 179 033	424. 902 551 2
2014	333. 256 746 5	1 067. 521 144	1 482. 132 616	466. 828 756 7
2015	355. 343 559 3	1 152. 205 333	1 605. 858 767	504. 336 751 6
2016	385. 808 933	1 278. 854 039	1 780. 870 712	557. 826 493 6
2017	433. 693 716 8	1 452. 810 343	2 029. 545 18	634. 420 627 4
2018	485. 641 559 2	1 611. 428 079	2 243. 392 514	703. 237 500 3
2019	550. 294 434 2	1 772. 166 698	2 533. 227 665	789. 754 714
始末增长率	172. 656%	194. 393%	204. 748%	197. 746%

（4）小结

从总体情况分析，西成高铁的开通加快了四川省沿线城市的旅游经济发展速度，使得沿线城市的旅游经济潜能得到蓬勃发展。在西成高铁开通之前，成都、绵阳、德阳和广元四个城市的旅游经济潜能较西成高铁开通后偏低。以时间成本、费用成本、"0.5时间成本+0.5费用成本"分别作为指标测算时，自高铁开通后城市的旅游经济潜能增长率均大于172.2%。

从图7-5来看，德阳、广元、绵阳和成都四个样本城市的旅游经济潜能增长幅度从高到低依次是德阳>广元>绵阳>成都。省会成都由于旅游发展基础本身较好且旅游发展已逐渐趋于饱和，所以其旅游经济潜能指标数值在高铁开通前后皆相较于其他三个样本地级市低。德阳市毗邻成都，位于丝绸之路经济带和长江经济带的交汇处，并且政府正致力于将德阳市打造成为成都国际化大都市的北方新城，因而德阳市的旅游发展潜力巨大，城市旅游经济潜能指标也是4个样本城市中最高的。这一测算结果符合德阳市城市旅游发展战略规划，充分体现了西成高铁开通对城市旅游经济潜能的带动效果显著。

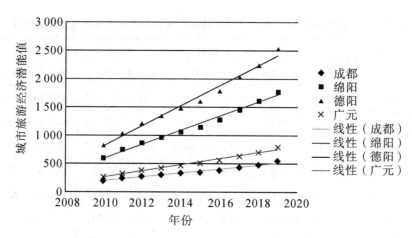

图 7-5　2010—2019 年各沿线城市旅游经济潜能变化

7.4.3.2　旅游经济联系度分析

高铁开通为沿线各城市间经济、政治等多个要素的便捷互通提供了依托手段，使得各沿线城市间的联系交流愈加频繁。表 7-19、表 7-20 和表 7-21 依据公式（14）计算出 2010 年、2014 年和 2019 年各样本城市的旅游经济联系度；表 7-23 根据引力模型的计算，运用公式（15）得出各城市旅游经济联系总量和旅游经济联系总量的占比及排名。

（1）旅游经济联系总量

表 7-19　2010 年高铁开通前西成高铁沿线各城市之间的旅游经济联系度

城市	成都	绵阳	德阳	广元
成都		1.58E+06	1.00E+06	8.49E+05
绵阳	1.58E+06		1.37E+05	1.16E+05
德阳	1.00E+06	1.37E+05		7.37E+04
广元	8.49E+05	1.16E+05	7.37E+04	

表 7-20　2014 年高铁开通前西成高铁沿线各城市之间的旅游经济联系度

城市	成都	绵阳	德阳	广元
成都		1.37E+07	7.32E+06	1.03E+07
绵阳	1.37E+07		1.16E+06	1.63E+06
德阳	7.32E+06	1.16E+06		8.69E+05
广元	1.03E+07	1.63E+06	8.69E+05	

表 7-21　2019 年高铁开通后西成高铁沿线各城市之间的旅游经济联系度

城市	成都	绵阳	德阳	广元
成都		4.72E+07	4.94E+07	5.38E+07
绵阳	4.72E+07		6.33E+06	6.89E+06
德阳	4.94E+07	6.33E+06		7.21E+06
广元	5.38E+07	6.89E+06	7.21E+06	

表 7-22　高铁开通前后各样本城市旅游经济联系总量占比及排名

城市	2010 年			2014 年			2019 年		
	数值	占比/%	排名	数值	占比/%	排名	数值	占比/%	排名
成都	3.44E+06	45.65	1	3.13E+07	44.77	1	1.50E+08	44.02	1
绵阳	1.84E+06	24.40	2	1.65E+07	23.60	2	6.04E+07	17.68	4
德阳	1.22E+06	16.15	3	9.35E+06	13.36	4	6.30E+07	18.43	3
广元	1.04E+06	13.80	4	1.28E+07	18.27	3	6.79E+07	19.87	2

（2）小结

从旅游经济联系度的角度分析，2010—2019 年，各样本城市间的旅游经济联系度普遍增大，最大可达 53 800 000；各样本城市的旅游经济联系强度大幅提升，跨度为 73 700~53 800 000。2010 年，西成高铁动工前，成都与绵阳之间的经济联系度最大，成都与德阳次之，其余城市间的旅游经济联系度均位于 10 万以下。2014 年，西成高铁开通前，成都与绵阳间的旅游经济联系度最大，成都与广元次之，其余城市的旅游经济联系度均位于 100 万以下。

从旅游经济联系总量来看，2010—2019 年这四个样本城市的旅游经济联系总量普遍增长。从表 7-22 可以看出，2010 年，这四个样本城市的旅游经济联系总量从大到小依次为：成都>绵阳>德阳>广元；2014 年，这四个样本城市的旅游经济联系总量从大到小依次为：成都>绵阳>广元>德阳；2019 年，这四个样本城市的旅游经济联系总量从大到小依次为：成都>广元>德阳>绵阳。由此可以看出，2010—2019 年，成都作为四川省省会，其旅游经济联系总量始终位于样本城市之首，它是全省的政治和经济中心，对周边城市起着强大的辐射作用。广元市的旅游经济联系总量逐年增长，数值由 1 040 000 增长至 67 000 000，排名也由第四名上升至第二名。而德阳市的旅游经济联系总量排名基本不变，绵阳市的旅游经济联系总量排名逐年下降。说明高铁开通对中心城市带来了大量的游客与经济流，但随着时间发展其周边的旅游经济发展也会因其辐射带动作用得到提升。

从城市角度来看，2014年前除了成都市以外，绵阳市的旅游经济效益最具优势。绵阳市（2014年）拥有星级酒店30家，AAAA级以上景区10处，丰富的旅游资源使得成都与绵阳两地在高铁开通前旅游经济联系密切，同时高铁开通前成都和绵阳两地可以便捷往返。2014年，成都与广元间的旅游经济联系度位居第二，这主要是由于此时广元市已经作为四川省的重要枢纽城市，其与其他城市间的旅游经济联系密不可分。而在2010年西成高铁开工前，广元市的旅游经济联系总量位于四个样本城市末尾。对其交通状况进行分析不难得出以下结论：2010年年末，京昆高速广陕段、兰海高速广蓝广甘段还未通车，广元市的交通枢纽作用相较于2014年薄弱，并未带动旅游经济蓬勃发展。成都与德阳两者之间的距离相较于其他两个城市更近，同时德阳拥有三星堆等独特的旅游资源，但由于其不是中心城市且城市基础建设相较于绵阳市差，同时相较于广元市的交通枢纽作用较逊色，因此德阳与其他城市的联系度一般；虽然其旅游资源开发潜能巨大，但由于长期旅游产业基础不够成熟，所以德阳市的旅游业始终处于相对劣势地位。2019年，德阳和绵阳联系度最低，仅有6 330 000。从这两座城市间的旅游吸引力方面考虑，绵阳与德阳两个城市的主要旅游文化都属于巴蜀文化，城市间的旅游资源差距相对较小；从城市间的旅游经济联系方面分析，德阳与绵阳均为成都的周边城市，高铁开通后周边城市的客流与经济会优先向中心城市流动，退而求其次才会考虑中心城市辐射范围内的周围城市①。近些年来，广元和德阳在四川省的发展愈来占据重要地位，随着高铁技术的进步，两者对于整个四川省旅游经济的拉动作用逐渐显现，成为除成都以外样本城市中旅游经济联系总量增长最快的两个城市。

随着全球化趋势的日益加强已成为世界经济发展的一个重要特征，经济全球化和区域一体化并行不悖②。区域与区域之间、城市与城市之间不再是一个个孤立的单元，而是共存共生。总体来说，高铁这一方便快捷舒适的交通工具的投入运营，对城市经济发展带来的积极影响远高于原来的铁路、公路等公共交通方式所带来的影响，提高了目的地城市的可达性与可进入性，提升了游客的出游意愿，一定程度上加快了四川省旅游产业多个要素的流通。

---

① 汪德根. 武广高铁对沿线都市圈可达性影响及旅游空间优化 [J]. 城市发展研究，2014，21（9）：110-117.

② 孙平. 经济全球化与区域经济一体化 [J]. 经济评论，2001（4）：118-121.

7.4.4 研究结论与启示

7.4.4.1 研究结论

借助对西成高铁开通前后四川省内样本城市旅游经济潜能变化和旅游经济联系状况的研究，可以得到：西成高铁的开通大幅提升了交通便捷程度，提高了目的地城市的可达性，为四川省旅游、经济发展做出了巨大贡献。其一，自西成高铁开通后，四川省沿线样本城市的城市旅游经济潜能指数增加同比开通前172.2%以上；各样本城市的旅游可达性提高，城市旅游产业发展水平提高。其二，自西成高铁开通后，成都的辐射带动作用日渐显现，周边城市的旅游经济联系度在其带动下快速增长，其中广元市增长速度最快。其三，新铁路干线的铺设增加了城市间的交通方式，缩短了各地间的出行时间；同时，随着沿线城市间交流往来日益频繁，川陕两省间政治、经济、文化发展也随着国家铁路建设迈入了新时代。其四，西成高铁开通使得四川省内沿线城市旅游业结合旅游产业与区域经济发展状况逐渐趋向于走区域化①、合作式旅游线路化发展的必由之路。

7.4.4.2 研究启示

西成高铁开通对沿线城市带来的不仅有贡献，也有挑战。

第一，在高铁开通后沿线城市目的地与客源地城市间的联络方式增加，旅游时间缩短，短期旅游增多，造成了目的地的客源市场结构朝着丰富化、多样化发展的结果。而在丰富化的客源结构面前，城市景区特色难以满足所有游客，急需景区提升自身协调能力。城市政府相关部门要大力倡导当地旅游景区进行革新，将景区转型成为"服务+体验"品质优良的口碑景区；与此同时，不仅要将景区推广出去，还要在无数热门景区中保持自己的特色。景区可以秉持"创新"原则推陈出新，将悠久的文化与当今"互联网+"相结合打造贴合自身特色旅游的产品。自身旅游发展不仅将重点着眼于扩建、修缮、美化景区环境，还要从自身素质着手，增强旅游中的游客对景区服务的体验好感度；旨在众多"网红景区"中留住根骨不忘初心、竭力为游客带来良好的旅游体验，最终大力推动以旅游业为带头产业的现代服务业发展。

第二，面临大规模客流量的到来，城市旅游局、各景区负责单位也应该依据国家相关旅游规范法则加大对景区周边的管理力度，优化景区周边环境，整顿城市旅游风气，全力把握国家铁路建设给城市带来的旅游发展机会。相关部

---

① 钱雨. 旅游区域化：中国旅游业发展的新思路 [J]. 经济研究导刊，2008（18）：192-193.

门要对无证导游、绑架消费、纯购物旅游、景区天价饮食等情况进行及时的严厉打击，让抹黑城市旅游业发展、给游客带来不良感受的旅游违法行为无处遁形。

第三，周边城市应抓住中心城市的辐射带动作用的机遇，合理开发周边游、短途游等创新旅游产品，推进自身基础设施建设，增强自身旅游竞争力和自身旅游吸引力。

第四，由于交通方式的升级，高铁沿线多个城市的旅游发展皆迎来新机遇，导致各城市间的旅游业竞争尤为强烈。我国旅游业的发展模式与社会剧增的旅游服务需求激增，旅游提供能力与旅游发展渴求等之间存在矛盾，所以为了旅游业实现可持续发展，城市必须开发区域旅游。沿线城市应该加强与城市区域内的景区合作，实现旅游资源共享化、移动化，结合当地旅游产业与区域经济的发展情况，将旅游发展着眼于走区域化、合作式旅游线路化发展的必由之路。

8 研究结论、对策建议与研究展望

8.1 研究结论

本书通过梳理国内外相关文献，借鉴经济增长、新经济地理、交通经济带和旅游系统等理论，采用逻辑演绎法从理论层面分析了高铁开通影响区域旅游经济的内在机制。在此基础上，本书进一步使用面板数据实证分析了高铁开通后对区域旅游经济的整体影响效应和对不同类型城市旅游经济的异质性影响，并从旅游供给角度检验了高铁开通影响区域旅游经济的机制渠道。具体研究结论如下：

（1）从整体上看，高铁开通对区域旅游经济具有显著的正向影响效应。实证结果显示，在1%的显著性水平下，高铁开通对国内外旅游总人次和总收入、国内旅游人次和收入、入境旅游人次和收入均有促进作用；同时，从事件分析法的动态效应检验结果可以看出，高铁对区域旅游经济的正向推动力具有持续性，且推动力度随着高铁运行时间的延长而愈发强劲。形成这种正向效应的内在机制在于，高铁具有独有的客运技术优势和显著的时空压缩效应，其开通影响了旅游者的出游决策和空间范围，提升了生产要素在地区之间的流动效率，激发了旅游消费市场活力、优化了区域旅游供给，通过影响旅游市场供需进而促进区域旅游经济发展。通过对比各变量回归系数可以发现，相较于旅游收入，高铁开通对旅游人数增长的促进作用更大。其原因在于，高铁产生的时空压缩效应在有效提高旅游者的出游意愿和频率的同时，在一定程度上缩短了旅游者在同一旅游目的地的逗留时间；如若此时地区旅游供给不足或质量不高，将减少游客的旅游消费，难以实现地区旅游人次与旅游收入协同增长。在使用双重差分倾向得分匹配等方法排除模型内生性问题并进行多次稳健性检验后，"高铁开通对区域旅游经济具有显著的正向影响效应"这一核心结果没有发生本质变化，说明研究结论具有可靠性。

（2）高铁开通对区域旅游经济具有异质性影响效应。地区之间的基础旅游条件原本就存在较大差异，而自高铁开通后，被纳入高铁网络的地区会因为要素流动的加速而感受到更强烈的产业空间聚集和扩散效应；同时，随着高铁营运时间的延长，这种聚集与扩散效应将通过不断的博弈和均衡作用再次重塑旅游产业空间布局，加剧区域旅游经济的空间分异，使得高铁开通的区域旅游经济效应呈现出异质性特征。本书依据区位、规模、等级、旅游资源禀赋、旅游公共服务质量、公路和航空交通基础设施发达程度等标准对目标城市的类别进行了划分，并分别对不同类型城市高铁开通产生的异质性旅游经济影响效应进行了实证检验。

实证结果显示，在城市区位异质性方面，高铁开通对我国东部和西部地区的虹吸作用更明显，而对我国中部地区的城市产生了一定程度的过道效应。其中，从入境旅游人次和收入两个指标的回归结果来看，高铁对促进中部城市入境旅游经济发展没有显著作用，说明中部地区在提升入境旅游市场吸引力方面还有待加强。在城市规模异质性方面，相较于中型城市和小型城市，拥有更多人口规模的大型城市旅游经济受到高铁开通的影响作用更大；对中型城市和小型城市而言，高铁开通对地区旅游人次的影响效应显著优于旅游收入，且对地区入境旅游经济的影响不显著，表明在高铁建设影响下中型城市和小型城市旅游经济的上升空间在某种程度上受限于缺乏高质量、国际化旅游产品和服务的供给。在城市等级异质性方面，高铁开通对三线城市旅游经济的影响效应最为显著，对促进一线城市旅游收入和五线城市旅游人次的增长有一定影响，而对二线城市和四线城市呈现出了不显著的负向影响。在城市旅游资源禀赋和旅游公共服务的异质性方面，高铁开通对旅游资源禀赋越好、旅游公共服务质量越高的地区有更显著的正向影响效应，说明提升地区旅游资源和公共服务质量是应对高铁时代地区旅游经济外部效应的有效途径。在城市其他交通运输发达程度异质性方面，当城市的公路交通发达程度越高时，高铁开通产生的旅游经济影响效应越弱，说明高铁对公路交通的可替代性较小；而当城市的航空交通发达程度越高时，高铁开通对区域旅游经济的正向影响作用越显著。可见，对地区旅游交通系统而言，高铁建设对航空交通并不是起替代作用，而是起补充作用，因此高铁项目建设规划应充分考虑地区其他交通运输发展情况。

（3）地区劳动力市场、财政收入和创新环境三大因素在高铁促进区域旅游经济增长的过程中起到了部分中介作用。高铁的建设和运行动态影响了各类旅游生产要素的空间流动方向和范围，促使地区之间产生显著人流、资金流、信息流变动现象，有利于改善区域劳动力市场、促进财政增收、营造创新环境，进而提升地区旅游供给质量，促进区域旅游经济发展。本书基于中介效应模型对上述影响机制进行了检验。实证结果显示，地区劳动力市场、财政收入和创新环境的部分中介作用均得到验证，同时从三大机制渠道的中介效应占比可以看出，地区财政收入对高铁影响区域旅游经济增长的中介作用最强，劳动力市场次之，而对创新环境的中介作用稍弱。可以看出，政府的主导作用在高铁时代下促进地区旅游经济发展的过程中尤为重要。

（4）从整体来看，高铁的开通对中国省域旅游产业综合效率、旅游产业纯技术效率和旅游产业规模效率均起着显著促进作用，并且呈现出异质性。从旅游产业综合效率回归结果看，高铁系数在东部样本回归中是最大的，中部次之，西部最小；从旅游产业纯技术效率回归结果看，高铁系数在西部样本回归中是最大的，中部次之，东部最小；从旅游产业规模效率回归结果看，东部、西部地区回归结果中的高铁系数不显著，中部地区回归结果中的高铁系数显著为正。另外，高铁的开通对中国不同旅游发展水平的省（自治区、直辖市）旅游产业综合效率、旅游产业纯技术效率和旅游产业规模效率均起着显著促进作用。

（5）2010—2018 年四川省各市的高铁通达性变化不大，成都市、德阳市、乐山市、眉山市和绵阳市高铁可达性数值呈逐渐下降的趋势，其他地级市略有提高。但各地级市之间的旅游经济联系强度不断加强，高铁系统与旅游经济系统的耦合协调度不断提升。高铁建设对四川省旅游经济发展起着显著促进作用，但对国际旅游发展具有负向影响。尤其是自西成高铁开通后，四川省内沿线城市的旅游经济潜能指数比西成高铁开通前提高 172.2%；各城市之间的旅游可达性提高，城市旅游产业发展水平提高。

8.2 对策建议

当前，我国高铁的建设步伐还在继续，随着"八纵八横"高铁建设项目的不断推进，在未来还将有更多地区迈入社会经济发展的"高铁时代"。在高铁网络全域扩张的发展格局下，各地区旅游业发展将会迎来更多的机遇与挑战。基于此，结合本书研究结论，对各地区如何充分利用好高铁开通这一契机进一步促进区域旅游经济发展，提出以下对策建议：

8.2.1　正视高铁旅游效应，加强区域旅游合作

高铁效应具有双面性，高铁开通是否能带动区域旅游经济发展取决于区域旅游要素聚集效应和扩散效应力量对比的博弈结果。从整体上看，当前高铁的开通显著促进了区域旅游经济的整体发展，但不可忽视的是，高铁的旅游经济正向影响效应在区域之间不是均衡的。当要素总量一定时，一个地区旅游聚集效应的形成必将导致其他地区旅游扩散效应的发生，特别是对我国城市规模较小、等级较低的地级市以及部分县级市等区位优势小于地级市的地区而言，旅游扩散效应发生的概率将更大。由此，各地区应在理性分析自身区位条件、城市规模和等级的基础上，正视高铁开通可能为区域旅游经济带来的正向效应或负向效应，因地制宜地制定符合地区旅游产业实际情况的发展策略。对于没有开通高铁或受到过滤效应影响的高铁沿线城市，当负面影响效应更显著时，应树立长远发展的大局观，及时规避或降低高铁过境带来的旅游经济发展风险，采取多方举措以提升城市自身留住旅游资源的能力；这样到了高铁运行后期，这类城市将成为要素再次分散流动后的首要聚集区。

高铁的网络化建设颠覆了地域的时空关系，为城市间互通互联创造了有利条件。由此，除了加强城市自身区位优势以外，地区之间还应主动建立区域旅游发展合作机制，以进一步扩大旅游产业发展的规模效应。应充分考虑高铁沿线不同地区城市基础和旅游资源的差异与优势，加强各类基础设施的对接，实现旅游市场的互动互补、生态环境的共建共享，坚持"区域联动、客源互送"的发展战略，缓解不同地区因高铁旅游虹吸效应和过滤效应带来的极化发展局面，促进旅游要素的空间均衡分布，形成合作共赢的全域旅游发展格局。

8.2.2　了解客源市场需求，精准产品服务营销

高铁运行产生的时空压缩效应促使地区旅游客源市场范围进一步扩大，商务游、老年游、亲子游等市场群体规模扩大，周末游、近郊游等出游模式受到更多人欢迎，目标旅游客源市场的消费需求呈现出多样动态变化特征。在高铁效应的影响下，游客出行更倾向于选择散客化的自由行旅游方式，因此游客自主获取旅游目的地信息的途径成为关键。除了亲朋好友的口碑宣传外，互联网成为游客了解旅游信息的主要方式。由此，面对高铁开通引致的游客群体细分化，各地区应通过分析搜索引擎的大数据、旅游平台网络文本、现场调查等方式，及时明确客源市场目标、了解游客需求、制定切实的客源市场细分规划。

基于旅游市场动态，网络营销也是高铁旅游目的地必要的宣传途径。一方

面，应明确地区旅游定位、打造高铁旅游品牌形象。地区官方旅游网站应及时增设高铁旅游专栏，详尽介绍高铁沿线所涉及的旅游景点、酒店住宿、餐饮娱乐等具有地方特色的旅游产品；同时，通过设计地区专属高铁旅游标志标牌、拍摄以高铁旅游为主题的宣传片等方式加大宣传力度，塑造地区高铁旅游品牌。另一方面，采取企业合作营销，针对不同的高铁旅游客源市场需求和旅游消费者的价格敏感度，加强酒店餐饮、旅游交通、旅行社、景区等企业之间的合作，设计具有差异化"高铁+"旅游套餐，通过微信公众号、微博等新兴媒体平台进行宣传，形成"以游客为中心、以高铁为载体、以旅游产品为主体、以互联网为手段"的旅游营销模式。在重视国内旅游市场的同时，也不能忽视因高铁开通而显著带动增长的入境游客群体。除了在旅游产品营销时注意消除语言障碍和文化隔阂外，各地区还可以通过实行发放入境游客高铁通行证等相关服务举措为入境游客提供更多高铁旅游的便利。

8.2.3 培育旅游产品特色，提升旅游供给质量

高铁开通扩大了旅游者的出游半径，也意味他们对范围内的旅游目的地和旅游产品有了更多选择空间。在旅游者出游动机和旅游期望日益变化的今天，传统常规的旅游产品与服务已经难以完全满足其旅游需求，大众旅游消费的热点正由观光旅游向深度体验游转变。由此，如何避免因旅游产品服务结构单一、质量低端而产生的高铁过道效应是增强地区旅游竞争力、促进旅游经济发展的重要前提。

旅游管理部门和旅游企业应重视旅游产品服务开发的前期投入，在统一的区域旅游规划与不同的市场定位下引导旅游资本、劳动力、知识信息等产业要素的流向，加大旅游投资力度、提升旅游劳动力综合素质、完善旅游创新环境，为促进地区旅游业发展提供有力的基础保障。与此同时，在全面了解地方旅游资源的基础上，深入探究具有独特性和闪光点的部分旅游资源，基于旅游者需求开发出具有鲜明特色的高品质旅游产品与服务。在重点打造区域旅游核心吸引物的同时，设计规划高铁沿线旅游的精品旅游路线，加强地区景点与高铁线路的点线结合，带动周边旅游资源较为匮乏的地区的旅游业发展，同时通过增加具有地方特色的演艺娱乐项目、节庆活动方式等丰富地区旅游内涵、塑造旅游品牌形象，促使地区旅游业从观光型向休闲度假型转变，延长旅游者停留时间，创造出更多旅游消费机会，实现地区旅游人次与旅游收入的协同增长。在突出地区特色的同时，旅游产品服务的开发和宣传也要注重国际化，以提升对入境游客的吸引力。特别是对中型城市和小型城市而言，应重视当前入

境游客群体缺失的短板效应，提高符合国际化要求的旅游产品和服务水准，培育满足入境游客多样化需求和着眼世界发展趋势的旅游品牌。

8.2.4 健全公共服务体系，完善基础设施

地区接待能力是保障旅游者出游便利度和舒适度的重要前提。高铁的运行提升了地区旅游热度，为地区旅游经济发展带来机遇的同时也为地区接待能力带来了挑战。在地区旅游人数的显著增加的情况下，若没有完善的公共服务和接待设施，很容易导致游客的流失以及环境破坏。政府在高铁时代下促进地区旅游经济发展的过程中起着主导作用，由此各地政府部门更应重视地区旅游设施与公共服务的基础建设，加大财政投入力度，通过完善旅游业管理机制、维护旅游市场秩序、保障游客旅游安全等方式，为迎接高铁开通引致的大规模游客到来做好准备，以进一步提升城市旅游业发展水平。

为减少游客换乘烦恼，提升游客满意度，应加强高铁与其他交通方式的联系与合作。一方面，对于航空交通发达程度较高的城市，应重视高铁与航空交通的互补作用，加强铁路局与航空公司在旅游城市范围内合作实现"空铁联运"，合理搭配飞机航线与高铁车次，实现航铁换乘无缝衔接；另一方面，部分公路交通发达程度不高的地区应进一步加强高铁建设，其中应特别重视高铁站点接驳效率的提升。部分地区高铁站点的修建位置与主城区和主要景区之间还存在一定距离。由此可见，高铁开通对旅游城市可达性的提高并不能与地区景点可进入性的提高画上等号。由此，在城市道路规划和公共交通体系设计时，应充分考虑高铁站与核心景区的通联性，建立站点一体化的交通系统，正确规划高铁站点与旅游景区之间地铁、出租、公交车等公共交通的行车路线与停靠站点，推进汽车停车场建设，完善换乘指示标志，使旅游者能够更快捷、更安全地抵达旅游目的地，降低换乘成本。

8.3 研究展望

本书以全国地级市为研究样本，探讨了高铁开通对区域旅游经济的影响。囿于数据的可得性和自身理论基础水平，本书认为该主题研究还存在以下拓展空间：

（1）细化研究样本。高铁网络化建设对区域旅游经济的影响是全面且深远的，其影响效应不单单停留在地级市层面。在后续研究中，可以通过进一步

分析县级地区数据或补充案例研究的方式，从更微观的视角考察高铁旅游经济效应，丰富高铁对旅游经济异质性影响的研究内容。

（2）补充基于旅游需求层面的高铁开通影响区域旅游经济的机制检验。基于宏观城市面板数据，本书仅检验了高铁开通在旅游供给方面对区域旅游经济的影响机制。希望在后续的研究中，能借助中国家庭追踪调查数据等微观数据库或问卷调查数据，进一步了解高铁开通对旅游者的出游行为、旅游消费等方面的影响。